錢穆作品集

【新校本】

宋明理學概述

九州出版社

圖書在版編目（CIP）數據

宋明理學概述 / 錢穆著 . -- 北京：九州出版社 ,2021.9
ISBN 978-7-5225-0462-9

Ⅰ . ①宋… Ⅱ . ①錢… Ⅲ . ①理學 - 研究 - 中國 - 宋代②理學 - 研究 - 中國 - 明代 Ⅳ . ① B244.05
② B248.05

中國版本圖書館 CIP 數據核字 (2021) 第 177445 號

宋明理學概述

著　　者　錢　穆
責任編輯　張皖莉　張艷玲
出版發行　九州出版社
裝幀設計　吕彦秋
地　　址　北京市西城區阜外大街甲 35 號
郵　　編　100037
發行電話　（010）68992190/3/5/6
網　　址　www.jiuzhoupress.com
印　　刷　三河市興博印務有限公司
開　　本　880 毫米 ×1230 毫米　32 開
印　　張　13
字　　數　290 千字
版　　次　2022 年 6 月第 1 版
印　　次　2022 年 6 月第 1 次印刷
書　　號　ISBN 978-7-5225-0462-9
定　　價　138.00 元

版權所有　侵權必究

新校本說明

錢穆先生全集，在臺灣經由錢賓四先生全集編輯委員會整理編輯而成，臺灣聯經出版事業公司一九九八年以「錢賓四先生全集」為題出版。作為海峽兩岸出版交流中心籌劃引進的重要項目，這次出版，對原版本進行了重排新校，訂正文中體例、格式、標號、文字等方面存在的疏誤。至於錢穆先生全集的內容以及錢賓四先生全集編輯委員會的注解說明等，新校本保留原貌。

九州出版社

出版説明

中國思想史上，兩漢以後，儒學漸微，莊、老代興，而佛學東來，遞興日盛。南北朝、隋、唐，遂爲佛學之全盛時期。隋唐時有天台、華嚴、禪三宗之佛學中國化，而唐末、五代，佛學則幾全歸入禪宗。然盛極轉衰，繼之則宋學之崛起，而爲新儒學之復興，另闢新局。宋初諸儒，其議論識見、精神意氣，有跨漢唐而上追先秦之概。周濂溪以下，轉趨精微，遂爲宋明理學開山。本書自宋學之興起，下迄晚明遺老，分五十六目，將此六百年間理學發展衍變之跡，溯源窮流，作簡明扼要之敍述。錢先生別有中國學術思想史論叢，其第（五）、（六）、（七）三單元，並涉此一時期學術，可與本書互相發明。又先生撰著本書前，先撰中國思想史一書，對宋明理學亦有提綱挈領之論述，而其書通全部思想史著眼，與本書專述宋明者立旨各有所重。又有中國近三百年學術史，適與本書年代相啣接。讀本書者，宜與上述諸書並觀互參。

先生之撰是書，乃緣於一九五〇*年冬，自香港赴臺北，應張曉峯先生之約，允寫中國思想史及

*新校本編者注：原文為「民國」紀年。下同。

本書。返港後，先撰就思想史，繼撰本書。自一九五二年十月屬稿，越年而成。於一九五三年六月由中華文化出版事業社初版，收入現代國民基本知識叢書第一輯中。一九七六年八月，先生重加校閱，特於明代王學部分，案語闡釋略有改定，交由臺灣學生書局重排印行。學生書局版初刊於一九七七年四月；一九八四年二月再版，對初版誤字重加校正。此次重排，即以學生再版爲底本，除再改正若干誤植文字外，並增入私名號、書名號等，以便讀者閱讀。排校工作雖力求愼重，錯誤疏漏之處，在所難免，敬希讀者不吝匡正。

本書由陳仁華先生負責整理。

錢賓四先生全集編輯委員會　謹識

簡目

序

猶憶幼年入小學，無錫顧子重先生授國文。一日薄暮，先生舉酒微酌，諸學童環集案頭。余最稚，方十二歲。先生忽撫余頂，告諸童曰：「此兒文氣浩暢，將來可學韓文公，汝輩弗及也。」諸童競問：「韓文公何如人？」顧先生曰：「韓文公，唐代人，文起八代之衰，爲唐宋八大家鼻祖。」余懵無知，然自是時憶韓文公其人。越兩載，入中學，遂窺韓文，旁及柳、歐諸家，因是而得見姚惜抱古文辭類纂及曾滌生經史百家雜鈔。民國元年，余十八歲，以家貧輟學，亦爲鄉里小學師。既失師友，孤陋自負，以爲天下學術，無踰乎姚、曾二氏也。同校秦君仲立，年近五十，亦嗜姚、曾書，與余爲忘年交。一日，忽問余：「吾鄉浦二田先生，有古文眉詮，亦巨著，顧治古文者獨稱姚、曾，不及浦。同是選鈔古文，其高下得失何在？」余請問，秦君曰：「我固不知，故舉以問君耳。」嗣是遂知留心於文章分類選纂之義法。因念非讀諸家全集，終不足以窺姚、曾取捨之標的，遂決意先讀唐宋八家。韓、柳方畢，繼及歐、王。讀臨川集論議諸卷，大好之，而凡余所喜，姚、曾選錄皆弗及。遂悟姚、曾古文義法，並非學術止境。韓文公所謂「因文見道」者，其道別有在。於是轉治晦翁、陽明。因其文，漸入其説，遂看傳習録、近思録及黄、全兩學案。又因是上溯，治五經，治先秦諸子，遂又下迨清儒之考訂訓詁。宋明之語録，清代之考據，爲姚、曾古文者率加鄙薄，余初亦鄙薄之，久乃深好之。所讀書益多，遂知治史學。顧余自念，數十年孤陋窮餓，於古今學術略有所窺，其得力最深者莫如宋明儒。雖居鄉僻，未嘗敢一日廢學。雖經亂離困阸，未嘗敢一日頽其志。雖或名利當前，未嘗敢動其心。雖或毁譽横生，未嘗敢餒其氣。雖學不足以自成立，未嘗或忘先儒之榘矱，時切其嚮慕。雖垂老無以自靖獻，未嘗不於國家民族世道人心，自任以匹夫之有其責。雖數十年光陰浪擲，已如白駒之過隙，而幼年童眞，猶往來於我心，知天良之未泯。自問薄有一得，莫匪宋明儒之所賜。顧三十以後，雖亦粗有撰述，終於宋明理學，未敢輕有所論著。偶及者，惟民國十七年寫國學概論，十九年寫王守仁一小册，兩書而已。平居於兩學案最所潛心，而常念所見未切，所悟未深，輕率妄談，不僅獲罪於前儒，亦且貽害於當代。故雖私奉以爲潛修之準繩，而未敢形之筆墨，爲著作之題材也。民國三十三年春，在成都華西壩，患胃潰瘍甚劇，樓居數月，足不履平地，時時偃臥樓廊，讀朱子語類一百三十卷，未敢遺忽一字，歷春至夏始竟。自覺於宋明理學，又薄有長進。是年夏，避暑灌縣靈巖山，向寺僧借指月録，山居兩月，竟體細翫，於是遂通禪學；因之於宋明儒所論，續有窺悟。病中半歲，盡屏人事，心氣平澹，聰明凝聚，自幸晚年，重獲新知。民國三十七年冬，在江南大學，濱居太湖，注莊子，感觸時變，益多會心。去歲寫中國思想史，今年續成此書。此皆十年來大病大亂中所得。雖自問智慮短淺，修養工疏，而寢饋宋明理學，前後已逾三十載。聊示學者以門徑，雖或詮釋未當，衡評失理，當可見諒於古人，見諒於來者。一九五二年十月，創始屬草，越年，書既竟，因拉雜述其所感以爲序。

一九五三年二月十日錢穆識於九龍新亞書院

例言

一、宋明理學家，全祖望宋元學案，黃宗羲明儒學案兩書，都稱其别號，如周稱濂溪，二程稱明道、伊川之類。其熟稔者較易知，其疏僻者則稱其號往往不知其姓名。本書一律改稱姓名。其援引舊説，則概依原文，不復改易。

二、本書取材，十之八九根據兩學案。兹爲便利讀者之尋檢，於本書目録下，分别附注兩學案卷數，以資對勘。

三、本書取材，間有逸出兩學案外者，皆憑平日筆記。流寓中手邊無書，不易一一詳列其出處，概予節略，不復添注。

四、本書雖多援據兩學案，而取捨詳略，排比條貫，别有會心。大抵兩學案以材料爲主，而本書則以各家思想之體系爲重。作意不同，翦裁自别。

五、理學家主張各别，派系紛歧，本書力求客觀叙述，各還其本來之面目，各顯其特殊之精彩。精粗互見，得失並陳，既詳其相互間之辨難，亦采摘後人之評覈。間復私附己意，總求就各家思想之本身，批竅導隙，以助讀者之研討。門戶黨伐，入主出奴，是所力避。

六、求明一代之思想，必當溯源竟流，於全部思想史中迹其師承，踵其衍變，始可以明此一代思想之意義與價值。往年曾著中國思想史，雖篇幅有限，而綱宗犓立。讀者治此書，必與上書竝觀，始不爲此一代之思想之所囿，亦可明此一代思想之所闢。

七、前著中國思想史，宋明理學主要諸家，均已序列。本書遇與前著重出諸家，取材詳略，力避重複。闡發要點，亦求互顯。大體雖同，節目各異。讀者必就此諸家，合觀兩書，始較近於諸家之全貌。

八、舊著近三百年學術史，適與本書年代相啣接。讀者治此書竟，再閱近三百年學術史，於中國近代一千年之學術思想，大體已具，可資識途。

九、知人論世，爲治史之首要條件。近三百年學術史有附表一通，於諸學者生卒年月，仕宦出處，師友交遊，著作先後，爬羅抉剔，一一備載。觀此一表，必可對書中敍述，更多啟發。作者曾著「宋、元、明三代學者生卒出處著述通表」一編，大體亦如前表，而繁委過之。積稿已歷年歲，尚未成書。當俟將來續補，單獨刊行，作本書之補編。

十、本書較之中國思想史，篇幅已增，但視近三百年學術史，則猶見簡陋。聊示學者以途轍，無當著作之規模。大雅君子，幸希垂諒。其有紕繆，樂聞教正。

目次

一　宋學之興起

中國歷史，應該以戰國至秦爲一大變，戰國結束了古代，秦漢開創了中世。應該以唐末五代至宋爲又一大變，唐末五代結束了中世，宋開創了近代。晚清末年至今又爲一大變，這一大變的歷史意義，無疑是結束了近代，而開創了中國以後之新生。我們若要明白近代的中國，先須明白宋。宋代的學術，又爲要求明白宋代一至要之項目與關鍵。

南北朝隋唐，是佛學的全盛期。武則天以後，禪宗崛興。直到唐末五代，佛學幾乎全歸入禪宗。五代時永明禪師，他在長期黑暗與戰亂中，寫成一百卷的宗鏡錄。他是唐末五代惟一大師，他的書，也成爲唐末五代惟一巨著。然而佛學盛運，到他時代也近衰落了。他的書，極像戰國末年的呂氏春秋。呂氏春秋，想包羅和會戰國諸子各家各派的學說，永明禪師的宗鏡錄，也想包羅和會佛學各宗派之歧見。一時期的學術思想，到了包羅和會的時期，似乎便在宣告這一時期學術思想之衰歇。

除卻佛學，所賸只是晚唐以來進士輕薄的詩，以及如南唐二主之詞，這一類頹廢無力的小文藝。在此形勢下，時代需要有新的宋學之出現。但新的宋學之出現，還是遲遲其來。需要雖急迫，而產生則艱難。所謂新宋學，須到胡瑗、孫復纔像樣。所以說宋世學術之盛，安定胡泰山孫爲之先河，這已在宋興八十年的時期了。

二　胡瑗與孫復

宋學最先姿態，是偏重在教育的一種師道運動。這一運動，應該遠溯到唐代之韓愈。韓愈開始闢佛衛道，他特寫一文名師說。他說：「師者，所以傳道、授業、解惑也。」此三項中，自然尤以傳道爲主要。韓愈之所謂「道」，則是堯、舜、禹、湯、文、武、周公傳之孔子，孔子傳之孟子，孟子之後而不得其傳焉的道。換言之，韓愈所指，乃是中國歷史文化傳統之「人文道」，而非印度東來的佛教出世道。韓愈是當時的古文家，但他說：「好古之文，好古之道也。」韓愈提倡古文，所以樹異於當時進士的詩賦。韓愈提倡的道，則以樹異於當時崇尚的佛教。這一爭辨，並不盡是文字的，理論的；而更要者則是人格的，教育的。韓愈特著師說，已見到這一點，而當時並沒有大影響，影響直要待宋學之興起。

宋學興起，既重在教育與師道，於是連帶重要的則爲書院和學校。書院在晚唐五代時已有，而大盛亦在宋代。

因此我們敍述宋學興起，最先應注意的，是當時幾位大師的人格修養及其教育精神。胡瑗、孫復則恰是兩種人格的典型。後人說：「安定沉潛，泰山高明，安定篤實，泰山剛健，各得其性稟之所近。」但他們兩人的一段苦學經過，則更值稱道。

胡瑗字翼之，泰州如皋人，學者稱安定先生。他自幼家貧，無以自給，往泰山與孫復、石介同學，攻苦食淡，終夜不寢，一坐十年不歸。得家書，見上有「平安」二字，卽投之澗中，不復展，深怕干擾了他苦學的決心。他們當時的苦學處，爲今泰山南麓棲眞觀，這是一個道士廟，觀旁至今有投書澗，卽因瑗名。當時社會無學校，無師資，他們在道士觀十年的苦學，遂爲此後宋學打開一出路。

胡瑗可說是宋代第一教育家。從棲眞觀學成歸來，卽以經術教授吳中。范仲淹知蘇州，聘他爲蘇州府學教授，後又爲湖州教授，前後共二十年。他所定的「蘇湖教法」，後來遂爲中央政府所採納，並聘他去管勾太學。他畢生先後門人達一千七百餘，卽此一端，眞可當得起近代中國史上第一個偉大的教育家。他創始了相似於近代的分科教學法，設立「經義」「治事」兩齋。經義則選擇其心性疏通，有器局，可任大事者，使之講明六經。治事則人各治一事，又兼攝一事，如治民以安生，講武以禦寇，堰水以利田，算歷以明數。各使以類羣居講習，亦時時召之使各論所學，而親定其是非。或自出一義，令人人以對，而再加以可否。或卽當時政事，俾學者討論折衷。大抵經義重通才，重學理；治事重專家，重實習。他的教育法，重在各就性近，自己研修，而濟之以師友之輔助，卽以相互討論爲指導。後來宋神宗問他學生劉彝，胡瑗與王安石孰優？劉彝對：

臣師胡瑗，以道德仁義教東南諸生時，王安石方在場屋中，修進士業。臣聞聖人之道，有體有用。國家累朝取士，不以體用爲本，而尚聲律浮華之詞，是以風俗偷薄。臣師當寶元明道之間，尤病其失，遂以明體達用之學授諸生。夙夜勤瘁，二十餘年。故今學者明夫聖人體用，以爲政教之本，皆臣師之功，非安石比也。

劉彝這一對，可說已很扼要地道出了胡瑗講學的精神，也可說是當時宋學興起的精神。胡瑗的經義齋，便是要人「明體」；治事齋，則要人「達用」。晚唐五代以來，進士輕薄，只知以聲律浮華之詞，在場屋中獵取富貴，那不算是「用」。稍高的便逃向道院佛寺，求長生出世，講虛無寂滅，那不算是「體」。宗教所講，與政治所用，截然成兩事。趙普告宋太宗：「陛下以堯舜之道治世，以浮屠之教修心。」修心是做人主要條件，試問：既以浮屠之教修心，又如何能以堯舜之道治世？可見上一語還是門面話，下一語則當時幾乎羣認爲是天經地義，無可否定了。胡瑗在棲眞觀十年，正從當時這樣的政治習慣，社會風氣，宗教信仰種種問題上沉下心苦思苦學，纔始得爲此後宋學開新方向，爲當時教育奠新基礎。我們只看劉彝的一番話，便可想像其大概。

胡瑗是教育家，而孫復則可說是大師，他在當時代表著師道的尊嚴。孫復字明復，晉州平陽人，學者稱孫泰山。時徂徠石介有盛名，爲人負氣尚性，因慕復，特屈節來執弟子禮。朝臣孔道輔往見，介執杖履侍左右。復坐則介立而侍，復升降拜則介扶持之。復往回拜道輔，介侍立扶持如舊。時稱「魯人由是始識師弟子之禮」，莫不嗟歎高此兩人之所爲。當時有退位宰相李廸，見復以五十老人，獨居一室，特地要把自己姪女嫁他。復先尚力拒，後説：「宰相女不以妻公侯貴戚，而嫁一山谷衰老藜藿不充之人。這事也足以風世，我不該力辭了。」我們即據這兩件事，也可想見孫復之爲人，及其受當時之尊崇。

三 徐積與石介

胡瑗、孫復兩大弟子，徐積與石介，也如其師門，各有不同的風格。後人説：「安定，冬日之日也；泰山，夏日之日也。」故徐仲車，宛有安定風格，而泰山大弟石守道，以振頑懦，則巖巖氣象，倍有力焉。即此可見兩家淵源之不紊。

徐積字仲車，山陽人，當時稱節孝先生。他三歲而孤，事母至孝。既冠，徒步從胡瑗。時瑗門下踰千人，處之以别室。遣婢視其飲食澣濯，盛寒惟衲裘，以米投漿甕，日中食數塊而已。瑗使同門餽之食，積不受。將還，始受一飯，曰：「先生之命，不可終違。」他常說：

人當先養其氣，氣完則精神全，爲文則剛而敏，治事則有果斷，所謂先立乎大者。

他又說：

思不出其位，正以戒在位者。若學者則無所不思，無所不言。以其無責，可以行其志。若云思不出其位，是自棄於淺陋之學。

又說：

楊子稱孟子之不動心，曰：「貧賤富貴不能動其心」，大非也。夫古之山林長往之士，豈不能以貧賤富貴不動其心，世之匹夫之勇，豈非死生不動其心？孟子充養之至，萬物皆備於我，萬變悉昭於胸中，故雖以齊國卿相之重位，亦不動心思之經營而可治。

他又說：

情非不正，聖人非無情。欲求聖人之道，必於其變。

他這幾節話，可説已透露了後來宋學所談修養問題的要旨。當知宋學所重，外面看來，好像偏傾在私人的修養，其實他們目光所注，則在全人羣，全社會。所以徐積説要「無所不思，無所不言」，因此要養氣。不動心不是要無情，而是要擔當得人事萬變的重任。積又有荀子辨，只有接受孟子性善主張，纔能爲修養與教育奠深厚的基礎。這些全可當後來宋學之大輅椎輪看。

石介字守道，奉符人，當時稱徂徠先生。他是當時一怪人。他著怪説三篇，上篇排佛老，下篇斥楊億。楊億是宋初浮文小藝之代表者，他沿襲著晚唐五代進士輕薄的傳統。文藝輕薄與老佛出世，雖成兩流，而常會匯歸於一趨。太宗時，裁定景德傳燈録，頒行之者即楊億。從前韓愈闢佛，即提倡古文，石介最崇拜愈，他著有尊韓篇。又著辨惑篇，説：「天地間必然無有者三，無神仙，無黄金術，無佛。」孫復也有儒辱篇，排佛老，謂不能排佛老，乃儒者之辱。可見他們主要的攻擊對象在佛老。故介又有中國論，這猶如近人主張「本位文化」，於是纔提出中國固有的道統。道統的提出，必在學術思想宗派分歧時。唐代佛家宗派分歧，於是天台、華嚴、禪宗纔各有其道統。韓愈則想復興中國舊道統，孫復受其影響，故説：「自漢至唐，不叛不離，惟董仲舒、揚雄、王通、韓愈，介承之。」把中國道統定爲孔、孟、揚雄、王通、韓愈而至他同時的柳開、士建中與孫復。柳開初名肩愈，字紹先。後改名開，字仲塗。這表示他有志替學術界打先鋒，闢新道路。介贈張績詩有云：「有慕韓愈節，有肩柳開志。」所以他自號守道，這表示強立不返之決心。他與士建中詩亦云：「攘臂欲操萬丈戈，力與熙道（建中字。）攻浮僞。」用現代話說，他想要組織當時衛道的十字軍。孫復著有春秋尊王發微一書，他們師弟，可說一位在「尊王」，一位在「攘夷」。這是當時的啟蒙運動，似乎較之胡瑗、徐積，粗豪有餘，而精微不足。全祖望曾說：「安定似較泰山爲更醇。」又說：「徂徠先生嚴氣正性，允爲泰山第一高座，獨其析理有未精。」大抵孫、石代表宋學初興期之北方派，胡、徐代表宋學初興期之南方派。後來南派爲宋學正宗所尊，然北派在當時一種推倒一切的革命功績，也不可沒。

四　范仲淹

宋學初興，注重教育精神與師道尊嚴的風氣，很快就轉移到政治運動上。范仲淹是初期宋學中第一個政治家。仲淹字希文，蘇州吳縣人，卒謚文正。他是一窮苦的孤兒，其母攜之改嫁，曾苦讀於長白山（在山東境。）一僧寺中。後又轉至睢陽應天府書院，此書院爲五代時戚同文所創。戚同文亦是一孤兒，因感天下喪亂，思見混一，故取名同文。有一軍人趙直，敬其爲人，捐資爲他興建學舍，聚徒講學，這對此下宋學興起有絕大的貢獻。後晏殊延請仲淹爲睢陽書院之掌教。仲淹自宿學中，督課諸生皆定時刻。常夜中潛至齋舍詗察，見先寢者便詰之，若遇妄對，則取書問之，罰其不能應者。出題課諸生，必先自爲之，欲知其難易。他自爲秀才時，卽以天下爲己任，自稱欲「先天下之憂而憂，後天下之樂而樂」。後居官貴顯，不忘講學，推俸以食四方之遊士。感論國事，時至流涕。一時士大夫矯厲尚風節，自仲淹啟之。他又始終注意於教育與學校，他知蘇州時，胡瑗便受他禮聘。他爲參知政事，副宰相。便主張全國興辦學校，來代替當時的科舉。他又從教育事業外，注意到社會事業。他置負郭常稔田千畝，號義田，以養濟族人。日有食，歲有衣，嫁娶婚葬皆有贍，擇族之長而賢者主其計。這一運動，對後來影響也不小。

五 歐陽修

范仲淹以後，第二個政治人物要推歐陽修。修字永叔，吉州廬陵人，卒謚文忠。他也是一孤兒，自幼便慕效韓愈爲古文，但對闢佛一層，卻與愈見解不同。他著本論，謂佛法爲中國患，其本在於王政闕，禮義廢。他主張從政治社會問題上來轉移民間的信仰。他說：「堯、舜、三代之爲政，大要在井田、禮樂與立學校。」他的意見，先須政府能注意社會的經濟（井田）和教育，（禮樂與學校。）纔始是闢佛的基礎。他本論共三篇，上篇晚年刪去，載外集，多言理財治兵。他可說是正式由學術問題轉移眼光到政治問題上來的第一人。羅大經捫蝨新語謂：「退之原道闢佛老，欲『人其人，火其書，廬其居』，於是儒者咸宗其語。及歐陽公作本論，謂『莫若修其本以勝之』，此論一出，而原道之語幾廢。」可見本論意見在當時的影響。

所以修雖是一文章家，而他的抱負則偏重在政治。他曾說：

文學止於潤身，政事可以及物。

他對政治，亦有極開明的見地。他說：

昔三代之爲政，皆聖人之事業，及其久也亦有弊。故三代之術，皆變其質文而相救。就使佛爲聖人，及其弊也，猶將救之，況其非聖者乎？

他認爲久必生弊，貴能善變而施以救，雖三代聖王猶不免，所以他論政並不主復古與守常，亦不非漢唐。豈特不以爲非，直謂唐太宗之治，幾乎三王。（葉水心習學記言。）因此他在學術上的興趣，便轉入於史學。著有新五代史與新唐書，他也是宋學初興第一位史學家。五代史模倣春秋，著意在褒貶。石介雖確然自負以聖人之道，猶曰：「五代大壞，瀛王馮道救之。」長樂老人之見斥，始於修之五代史。其新唐書諸志，於唐代制度利弊，剖析尤精卓。

他本著史學家觀點來衡量學術，常注重人事，不取玄談。他說：

聖人急於人事，天人之際罕言焉。聖人，人也，知人而已。天地鬼神不可知，故推其迹。人可知者，故直言其情。以人之情而見天地鬼神之迹，無以異也。然則修吾人事而已。人事修，則與天地鬼神合矣。

他認爲人事當直探其內裏之眞情，天地鬼神則僅能推測其外表之迹象。而所據以爲推測者，還是本之於人情。他又不喜談心性，因談心性，則近是哲學玄談了。他說：

性非學者之所急。六經之所載，皆人事之切於世者。論語載七十二子問於孔子，問忠孝、問仁義、問禮樂、問修身、問爲政、問朋友、問鬼神，未嘗有問性者。答李詡第二書。

他論禮樂也說：

儒者之於禮樂，不徒誦其文，必能通其用。不獨學於古，必可施於今。

於是他遂不喜中庸，他說：

中庸曰：「自誠明，謂之性，自明誠，謂之教。」孔子必須學，則中庸所謂自誠而明，不學而知者，誰可以當之？

又曰：

勉而思之，猶有不及，則中庸所謂「不勉而中，不思而得」者，又誰可以當之？

他對經學，又提出了許多大膽的懷疑。疑三傳，（春秋論上中下。）疑易傳，（易童子問。）疑河圖洛書，他那些大膽的懷疑，並爲他自己所提拔愛護的學者所反對。河圖洛書該是最可懷疑了，但蘇軾、曾鞏都反對。蘇軾云：「著於易，見於論語，不可誣也。」曾鞏云：「以非所習見，果於以爲不然，是以天地萬物之變，爲可盡於耳目之所及也。」但他仍極自信，他說：

余嘗哀夫學者，知守經以篤信，而不知僞說之僞經也。自孔子沒，至今二千歲，有一歐陽修者爲是說，又二千歲，焉知無一人也與修同其說也。又二千歲，將復有一人焉。然則同者至於三，則後之人不待千歲而有也。六經非一世之書，將與天地無終極而存，以無終極視數千歲，頃刻耳。是則余之有待於後者遠矣。廖氏文集序。

那是何等自信的精神？但自修至今不到一千年，他所疑，終於爲大家所信服。這些都是他史學精神之表見，在宋學初興中，可謂別開生面。但後人卻一致推崇他文學，尊之比韓愈，這也因他在文學上的造詣和成就太過卓越了，因此把他史學上的貢獻轉而掩蓋了。

六 李覯

修之後有李覯，字泰伯，江西南城人，學者稱爲盱江先生。他未曾在政治上得意，僅以教授自資，但他也是一位注意政治的人物。著有常語，提出他「尊王賤霸」的意見。他說：

西伯霸而粹，桓文霸而駁者也。三代王而粹，漢唐王而駁者也。

如是則西伯雖粹，終是霸；漢唐雖駁，終是王。王霸之分，分在其政治地位上，不分在道義措施上。因此他說：

天下無孟子可也，不可無六經。無王道可也，不可無天子。

孟子看重的是王道，梁惠王、齊宣王雖僭王，若能行王道，一樣可以爲天子。覯所看重的，則是天子之尊位。齊、梁是諸侯，縱使行王道，也還是一霸。這一種說法，實卽孫復春秋尊王發微之遺旨。同是針對著唐末五代中央政府地位之低落，地方軍閥之分崩割據，所以要竭力主持中央政府之尊嚴，這也有他們針對時弊的用心。覯門人孫立節，嘗作春秋傳，孫復見而歎曰：「吾力所未及者盡發之。」可見這兩家議論意旨之相通。

覯因尊王賤霸之辨而極重於禮治。他說：

或問：聖人之道固不容雜，何吾子之不一也？曰：「天地之中，一物邪，抑萬物也。養人者不一物，闕一則病矣。聖人之道，譬諸朝廷。朝廷者豈一種人哉？處之有禮，故能一也。女子在內、男子在外，貴者在上、賤者在下，親者在先、疏者在後，府史胥徒、工賈牧圉，各有攸居而不相亂，所以謂之一也。他人之不一則闠闠耳，終日紛紛而無有定次。世俗患其雜則拘於一，是欲以一物養天下也。」

覯本此意見著禮論。他說：

禮之初，順人之性欲而爲之節文者也。樂、刑、政三者，禮之大用，此禮之三支也。在禮之中，有溫厚而廣愛者曰仁，有斷決而從宜者曰義，有疏遠而能謀者曰智，有固守而不變者曰信，此禮之四名也。

他如此般把禮來統括了一切。他又說：

聖人根諸性，賢人學禮而後能。聖人率其仁義智信之性，會而爲禮，禮成而後仁義智信可見。禮者，聖人之法制也。性畜於內，法行於外，雖有其性，不以爲法，則曖昧而不章。

又曰：

法制之作，其本在太古之時。民無所識，飢寒亂患罔有救止，天生聖人而授之以仁義智信之性，仁則憂之，智則謀之，義以節之，信以守之，四者備而法制立。

又曰：

有諸內者必出於外，有諸外者必本於內。孰謂禮樂刑政之大，不發於心而僞飾云乎？

於是繼此而有他的周禮致太平論。周禮，早爲當時學者之所重。胡瑗有洪範口義，詳引周官以推演洪範之八政。石介亦云：「周禮明王制，春秋明王道，執二大典以興堯、舜、三代之法，如運諸掌。」而詳細著眼在經濟制度上來闡述的則推覯。他說：

易繫辭曰：「何以聚人曰財，理財正辭禁民爲非曰義。」財者，君之所理也，君不理則蓄賈專行，而制民命矣。上之澤於是不流，而人無聊矣。

大抵覯之學，還是沿襲歐陽修。但修能懷疑周禮，這是其高明處。覯之見解，則近似於荀卿，而他在政治問題上能特地著眼到經濟制度之重要，則是其人貢獻。

七　王安石

覯之後又有王安石，安石字介甫，臨川人，封荆國公。歐陽、李、王都是江西人，我們可稱此三人爲江西派。他們都注重在政治制度上，而覯與安石更注意到經濟制度之重要。但覯論學近荀卿，而安石則尊孟子。他蚤負盛譽，曾著淮南雜說，見者以爲孟子復生。知鄞縣，三日一治縣事，起堤堰，決陂塘，爲水陸之利，貸穀於民，立息以償，俾新陳相易，邑人便之。後相神宗，力主行新法。這是范仲淹以後，第二個要奮起改革當時政治的人物。

他在思想上，亦是有重要關係的傑出人。他對「王霸」之辨，有一套新穎而深刻的見解。他說：

> 仁義禮信，天下之達道，而王霸之所同。王之與霸，其所以用者同，而其所以名者異，蓋以其心異而已矣。其心異則其事異，其事異則其功異，則其名亦不得不異。王者之心，非有求於天

下也，所以為仁義禮信者，以爲吾所當爲而已矣。故王者之治，知爲之於此，不知求之於彼。霸者則不然，其心未嘗仁，而患天下惡其不仁，於是示之以仁。其於義禮信亦若是。是故霸者之心爲利，而假王者之道以示其所欲。（王霸論。）

這一分辨，撇開了政治，直論其心術，於是辨王霸成爲辨義利。他把心術政術綰合到一起，修身正心與治國平天下一以貫之，這一說，遂爲以後學者所遵循。這是他在宋儒思想進展上一大貢獻。本此乃有他的大人論。他說：

孟子曰：「充實而有光輝之謂大，大而化之之謂聖，聖而不可知之謂神。」此三者，皆聖人之名。由其道而言謂之神，由其德而言謂之聖，由其事業而言謂之大人。道存乎虛無寂寞不可見之間，苟存乎人，則所謂德也。是以人之道雖神，不得以神自名，名乎德而已。夫神雖至矣，不聖則不顯。聖雖顯矣，不大則不形。稱其事業以大人，則其道之爲神，德之爲聖可知。故神之所爲，當在乎盛德大業。德則所謂聖，業則所謂大也。世以爲德業之卑不足以爲道，道之至，在於神耳，於是棄德業而不爲。夫爲君子者，皆棄德業而不爲，則萬物何以得主乎？故曰：神非聖不顯，聖非大不形。此天地之大，古人之全體也。（大人論。）

在孟子，明明分開「大」與「聖」與「神」之三階段，他乃會合釋之，只有德業始見神，而德必於業見。於是撇開神而專重聖，又把聖著重在事業上。天下只有聖人，更無神。也只有成大事業的聖，沒有不成事業的聖。惟其有大事業，始爲眞道德，始爲眞神聖。這又是一種極新鬬的意見！佛家有「法報應三身」說，依於「法身」始有「報身」與「應身」，是謂由眞轉俗。他的說法，則由大而始見其爲聖與神，由事業而始見其德性與神聖，則是由俗顯眞。和佛家理論，正成顚倒相反。他這一番見解，實在比歐陽修本論更轉進一層。歐、王兩家，都學韓愈，但他們在鬬佛理論上，實是愈轉愈深了。

安石思想的另一貢獻，則爲他的性情論。心性之學，隋唐以來，幾乎成爲釋家的擅場。韓愈鬬佛，而對心性理論所涉實不深。本於儒學而來談心性的，最先是李翺復性書。翺說：

> 人之所以爲聖人者，性也；人之所以惑其性者，情也。上篇

又曰：

> 人之昏久矣，將復其性必有漸，弗思弗慮，情則不生。情既不生，乃爲正思。

這是一種「性善情惡」論。果主性善情惡，必成爲陽儒陰釋。歐陽修偏重於人事，故主探本人情。但人情果惡，則其勢必趨於厭世。修乃一史學家，不喜對此問題作更深一層的探討。安石則偏近於爲哲學家，故能對此問題獨標新義。他說：

喜怒哀樂未發於外而存於心，性也。喜怒哀樂發於外而見於行，情也。性者情之本，情者性之用，性情一也。若夫善惡，則猶中與不中也。

這裏他以未發存中爲性，已發見行爲情，而善惡之辨只在中不中。他提出中庸上「未發、已發」一問題，遂爲此後宋明六百年理學家集中討論爭辨的一項大題目。而他自己意見，也大體與同時周敦頤，稍後程頤之說都相通。

安石又對如何研讀經籍，有一番深闢通明的見解。他說：

世之不見全經久矣，讀經而已，則不足以知經。故某自百家諸子之書，至於難經、素問、本草諸小說，無所不讀。農夫女工，無所不問。然後於經爲能知其大體而無疑。蓋後世學者，與先王之時異矣，不如是，不足以盡聖人故也。致其知而後讀，有所去取，故異學不能亂。惟其不能亂，故有所去取者，凡以明吾道而已。答曾子固書。

此處所重，在致我之知以盡聖，然後於經籍能有所去取。此見解，竟可謂是宋人開創新儒學的一條大原則。

這一風氣，遠溯還自歐陽修。葉適有言：「以經爲正，而不汨於章讀箋詁，此歐陽氏讀書法。」安石遂著詩、書、周禮三經新義，時人稱其「不憑注疏，欲修聖人之經」。當時列於學官，懸爲功令，至南宋而始廢。朱熹對於諸經與四書的新注釋，也可謂由安石啟其端。

所以安石雖是宋學初期的人物，但他實已探到此後宋學之驪珠。程顥說：

> 介甫談道，正如對塔說相輪，某則直入塔中，辛勤登攀。雖然未見相輪，能如公之言，然卻實在塔中，去相輪漸近。

這因安石此後置身政治漩渦中，想實踐他從大人事業來證實到聖人神人的地位，不免在德性修養精微處忽略了。而後人遂也只認他是一文學家，與韓歐並列，至於他的政治措施，則永遠成爲後代爭論毀譽之焦點，而他在學術思想史上的成績，則大部給人遺忘了。

八 劉敞

與歐王同時爲友者有劉敞。敞字仲原，新喻人，學者稱公是先生。若説修所長在史學，則安石應列於子學，因他不拘拘古經籍，而求自創爲一家言。而劉敞則是樸實頭地的一位經學家。

宋學初興，因其排釋歸儒，自當重經學。但當時風氣，最先受重視者，只周易與春秋，旁及洪範全是粗枝大葉。對經學精微，頗未研磨入細。敞著公是先生弟子記及七經小傳，始確然成爲經生言。茲録其與歐、王二家之駁論。

永叔曰：「以人性爲善，道不可廢，以人性爲惡，道不可廢。然則學者雖無言性可也。」歐陽不喜言性，而敞非之，其言曰：

仁義，性也。禮樂，情也。非人情無所作禮樂，非人性無所明仁義。性者仁義之本，本在性而勿言，是欲導其流而塞其源，食其實而伐其根也。

永叔問曰：「人之性必善，然則孔子謂上智下愚不移，可乎？」劉子曰：「智愚非善惡也。雖有下愚之人，不害於爲善，善者親親尊尊而已矣。」

安石著原性，以太極五行比性情，其言曰：

> 太極者，五行之所由生，而五行非太極也。性者，五常之太極，而五常不可以謂之性。情生乎性，有情然後善惡形，而性不可以善惡言也。

敞又非之，曰：

> 太極者，氣之先而無物之物也。人之性亦無物之物乎？聖人之言人性，固以有之爲言，豈無之爲言乎？

歐、王兩家直抒己見，敞則根據經傳，堅主「性善」之正義。他又說：

> 非情無性，非性無善，性之與情，猶神之與形乎？

又曰：

有命必有性，性者命之分。有形必有情，情者形之動。

又曰：

莫善乎性，人之學，求盡其性也。學而不能盡其性者有之矣，未有不學而能盡其性者也。性猶弓也，學猶力也。雖有千鈞之弓，引之弗滿，弗能貫。豈弓力有不足哉？所以用之者不足也。

這些全是精湛話。原本經術，能獨得於古聖前賢之遺旨，在宋儒中首必推及敞。所以他要說「可惜歐九不讀書」，而歐陽也不以爲忤了。

九　司馬光

歷數宋儒中政治上大人物，首推范仲淹，其次是王安石，第三便數到司馬光。光字君實，陝州夏縣人，封溫國公。他亦以史學名，但他的史學與歐陽修不同。歐陽能注意在運用最高標準來臧否人物，褒貶善惡，如其新五代史。又能注意到一代之典章制度，禮樂文物。如其新唐書諸志。光則多著眼人事經驗，以及隨宜因應。如其資治通鑑。他可謂是史學中之經驗主義者。安石姿性近哲學，乃是一理想主義者。安石之蔽，在其崇古而薄今，泥於遠代，忽於現實。安石亦可說是一經學家，光則是一史學家。史學家往往著重在近代，所以他並不鄙薄漢唐。然亦不能像歐陽修，他似乎不甚注意在制度上，於是遂只成爲當時安石新政之反對派。我們也可說：安石激進而光持重。他的政治立場，除卻反對別人的，似乎沒有自己的。

惟其他的史學多注重在人物上，所以他常說：

> 治亂之機，在於用人，邪正一分，則消長之勢自定。每論事，必以人物爲先。遵堯錄。

若論光自己爲人，則是珠光玉潔。

范純甫言：「公初官時，年尚少，家人每見其臥齋中，忽蹶起，著公服，執手版，危坐久，率以爲常。竟莫識其意。純甫嘗從容問之，答曰：『吾時忽念天下事。』人以天下安危爲念，豈可不敬？」冷齋記。

所以神宗要說他方直而迂濶。時人謂：

溫公之學，始於不妄語，而成於腳踏實地。劉漫堂麻城學記。

他的議論思想，也只以平實見長。辨王霸，劉敞同於王安石，而光則同於李覯。又著疑孟，大概孟子意境，爲光所不喜，無怪要與安石不相合。光又極推崇揚雄，著潛虛，即效雄之太玄。元儒吳澄譏之爲在不著不察之列。這已經在宋學發展到極精微後人的意見了。我們若說劉敞是經師，則司馬光是一君子。

一〇 蘇軾、蘇轍

王安石司馬光同時，有蘇軾、轍兄弟。軾字子瞻，學者稱東坡先生。轍字子由，學者稱潁濱先生。四川眉山人。父洵，字明允，初遊京師，爲歐陽修所游揚。當時羣推王安石爲孟子，洵爲荀子，兩家學術異同已見。軾、轍本其家學，益自擴大。他們會合著莊、老、佛學和戰國策士乃及賈誼、陸贄，長於就事論事，而卒無所指歸；長於和會融通，而卒無所宗主。他們推崇老、釋，但非隱淪；喜言經世，又不尊儒術。他們都長於史學，但只可說是一種策論派的史學吧！他們姿性各異，軾恣放，轍澹泊。皆擅文章，學術路徑亦相似。他們在學術上，嚴格言之，似無準繩，而在當時及後世之影響則甚大。好像僅恃聰明，憑常識。僅可稱之曰俗學，而卻是俗學中之無上高明者。他們並不發怪論，但亦不板著面孔作莊論。他們決不發高論，但亦不喜卑之毋甚高論的庸論。他們像並不想要自成一學派，而實際則確已自成一學派。求之於古，可稱無先例；求之於後，亦很難尋嗣響。他們是當時的策士，此得之於其父蘇洵之遺教。但這是在統一時代而又是儒學極盛期的策士，所以和戰國策士甚不同。他們是道士，此乃軾轍兄弟本身天姿之所近。但又熱心政治，乃是一種忠誠激發的道士，尤其蘇軾爲然。又與隱淪枯槁者不同。他們是儒門中之蘇、張，又是廟堂中之莊、老。非縱橫，非清談，非禪學；而亦縱橫，亦清談，亦禪學。實在不可以一格繩，而自成爲一格。這是宋學中所開一朵異樣的鮮花，當時稱之曰蜀學。他們和司馬光朔學，河北學派。二程洛學，河南學派。鼎足而三。他們也自然和歐、王江西學派不同。他們的言論思想，如珠璣雜呈，纓絡紛披，但無系統，無組織。他們極爲後來宋學正宗朱熹所嚴斥，但卻爲呂祖謙、陳亮一派婺學與永康學派所追蹤。在中國學術史裏可說是異軍特起。但不到宋代，也不會有這樣的異軍特起的。

一一 綜論北宋初期諸儒

上述北宋初期諸儒，其中有教育家，有大師，有政治家，有文學家，有詩人，有史學家，有經學家，有衛道的志士，有社會活動家，有策士，有道士，有居士，有各式各樣的人物。五光十色，而又元氣淋漓。這是宋學初興的氣象。但他們中間，有一共同趨嚮之目標，即爲重整中國舊傳統，再建立人文社會政治教育之理論中心，把私人生活和羣眾生活再紐合上一條線。換言之，即是重興儒學來代替佛教作爲人生之指導。這可說是遠從南北朝隋唐以來學術思想史上一大變動。至其對於唐末五代一段黑暗消沉，學絕道喪的長時期之振奮與挽救，那還是小事。我們必須注意到這一時期那些人物之多方面的努力與探究，纔能瞭解此後宋學之眞淵源與眞精神。此下我們將繼續述及宋學的正宗，即後代所謂理學或道學先生們。這些人，其實還是從初期宋學中轉來。不瞭解宋學的初期，也將不瞭解他們。而他們和初期宋學間，就各人年代先後論，不免稍有些前後的參差。但就學術風氣上大體來劃分，則他們中間，實像有一界線之存在。

一二　中期宋學

中期宋學之發展，顯和初期不同。初期宋學，是在一大目標下形成多方面活動，中期則絢爛之極歸於平淡，較之初期，精微有餘，博大轉遜。初期風氣，頗多導源於韓愈，因遂注意於文章。北方如柳開、石介，南方如歐陽修、王安石，更屬顯見。惟其注意文章，故能發洩情趣。人生必然與文藝結不解緣，而中期則絕少對文章有興趣。周敦頤先已有「虛車」之譏。韓愈說：「文以載道。」文不載道如虛車。但二程兄弟，講學多用語錄體，直如禪宗祖師們，雖是潔淨樸實，但擯棄文學，便減少了活的人生情味，不能不說是一大損失。初期都熱心政治，南方如范仲淹、歐陽修、王安石，北方如司馬光，都在當時政治舞臺上有轟轟烈烈的表現。即如北方孫復、石介，也決非隱士一流。介作慶歷聖德詩，分別賢奸，直言無忌，掀起了政治上絕大波瀾。他死後，幾乎剖墓斵棺。中期諸家，雖並不刻意隱淪自晦，但對政治情味是淡了。他們都只當幾任小官，盡心稱職，不鳴高，不蹈虛。初期諸家如伊尹，中期諸家如柳下惠，他們的政治意態實不同。論其教育事業，初期是在書院與學校中，尤其如胡瑗，是一模範的教育家。中期講學，則只是師友後進，自由相聚，只能算是私人討論，並沒有正式的教育規模。文章、政治、教育，三大項目之活動，中期都較前期爲遜色。即論學術著作，初期諸儒，都有等身卷帙。尤其如歐陽修、王安石、司馬光，對於經史文學，都有大著作，堪與古今大儒頡頏相比。中期諸儒，在此方面亦不如。只邵雍、程頤、張載可算有正式的著作，但分量上少了，性質亦單純，不如初期諸家，濶大浩博。其他則更差了。然中期諸儒，實在也有他們的大貢獻。後世所謂道學家、理學先生，是專指中期諸儒的學術與風格而言的。我們甚至可以說，初期諸儒多方面的大活動，要到中期才有結晶，有歸宿。畫龍點睛，點在中期。初期畫成了一條龍，要待中期諸儒替他們點睛。點上睛，那條龍始全身有活氣。下面逐一敍說中期諸家之造詣。

一三 周敦頤

中期宋學，首先第一人，該數到周敦頤。他和王安石同時較早，論其年世，應入初期。但論其學脈精神，則應推爲中期宋學之始創者。

敦頤字茂叔，湖南道州人，學者稱濂溪先生。他生在學術空氣較微薄的地區。自小也是一孤兒，他當過幾任小官，輾轉江西、湖南、四川、廣東諸省。晚年隱居江西之廬山。他的學問淵源，師友講論，已無法詳考。但後人說：

> 孔孟而後，漢儒止有傳經之學，性道微言之絕久矣。元公崛起，二程嗣之，又復橫渠諸大儒輩出，聖學大昌。故安定胡瑗。徂徠石介。卓乎有儒者之榘範，然僅可謂有開之必先。若論闡發心性義理之精微，端數元公之破暗也。黃百家語。

這是不錯的。敦頤的大貢獻，正在他開始闡發了心性義理之精微。就中國思想史而言，古代孔孟儒家一切理論根據，端在心性精微處。嚴格言之，這方面眞可謂兩漢以來無傳人。佛教長處，在其分析心性，直透單微。現在要排釋歸儒，主要論點，自該在心性上能剖辨，能發明，能有所建立。韓愈原性、原道諸篇，陳義尚粗。李翺復性書，則陽儒陰釋，逃不出佛家圈套。初期宋儒，同樣沒有能深入。直要到敦頤，纔始入虎穴，得虎子；拔趙幟，立漢幟。確切發揮到儒家心性學之精微處。若要闢佛興儒，從人事實際措施上，應該如歐陽修本論。但人事措施，也有本原，本原即在人之心性上。因此，即從人事措施言，仍還要從歐陽修轉出周敦頤。若純從思想理論言，也只有從心性學之直湊單微處來和佛學較量，纔是把握到這一場戰爭最後勝負的關鍵。

說到敦頤學問思想之來源，連朱熹也說：「莫知其師傳之所自。」以熹之博學多聞，又距敦頤年代不遠，尚說如此；後人推測，自更難憑。據說：敦頤有讀英眞君丹訣詩，爲其題酆都觀三詩中之一。詩云：

> 始觀丹訣信希夷，蓋得陰陽造化機。子自母生能致主，精神合後更知微。

敦頤做過合州判官，那詩殆是他少年作。雲笈七籤中有陰眞君傳，即是此英眞君。敦頤少年，無疑曾喜歡道家言，受宋初陳摶祖師的影響。後來他做易通書，後人說他傳太極圖於穆修，修得之於种放與陳摶。此說始於朱震，承襲於胡宏，都在朱熹前，所說若可信。但敦頤去汴京，只十五歲，翌年，穆修卽死。時敦頤尚是未成年，說不上學問之傳受。

又有人說：敦頤曾師潤州鶴林寺僧壽涯，以其學授二程。（晁說之說。）但敦頤去潤州年已四十六，在學問上早該有成就。時范仲淹知潤州，胡瑗、李覯學者羣集。與敦頤同去者，尚有胡宿、許渤。依當時的風氣和情形看，敦頤也不會在那裏拜一僧人爲師。又有人說：「敦頤與東林總遊，久之無所入，總教之靜坐，月餘，忽有得，以詩呈云云。」（性學指要。）考敦頤定居廬阜，已年五十六，明年卽死了。那時他著作都已成，更說不上由東林總得來。但我們綜觀以上諸說，敦頤喜歡和方外交遊總可信。黃庭堅曾說：

> 濂溪先生胸懷灑落，如光風霽月。

後來朱熹也說：

> 濂溪在當時，人見其政事精絕，則以爲宦業過人。見其有山林之志，則以爲襟懷灑落，有仙風道氣。無有知其學者。

又作像贊，曰：

道喪千載，聖道言湮。不有先覺，孰開後人？書不盡言，圖不盡意。風月無邊，庭草交翠。

這眞道出了敦頤的人格和精神。

在當時，儒學復興的風氣，已甚囂塵上。如大教育家胡瑗，大政治家范仲淹，敦頤都曾接觸過，那時學術界趨嚮，敦頤豈有不知？而且他還是儒學復興運動中一重要人。但他是一高淡人，好像滿不在乎，和尚也好，道士也好，都和他們往來。靜坐也好，鍊丹長生也好，他都有一番興趣注意到。這樣的風度，在當時不免惹人注目，無怪別人要把此等事渲染傳述。連他兩位青年學生程顥、程頤，也似乎對他有些不諒解，所以要說：「茂叔是窮禪客。」敦頤著述，只有一部易通書，但程氏兄弟卻教人讀易當先觀王弼、胡瑗與王安石，（胡瑗著有傳十卷，又口義十卷，乃其門人倪天隱所纂。王安石著有易義二十卷。）沒有稱引到敦頤的書。程頤著易傳，時稱「予聞之胡翼之先生」，又稱「予聞之胡先生」，又稱「安定胡公云云」，卻從無一語及敦頤。似乎敦頤和方外蹤迹甚密，二程兄弟也懷疑。同時學者喜歡和方外來往者實不多，只王安石、蘇軾，那已在敦頤後。因此軾好友黃庭堅獨能欣賞敦頤之爲人，說他：「胸懷灑落，如光風霽月。」當知蜀學與洛學，最相水火。洛學有所謂道學氣，蜀學蘇、黃一輩人，最所不耐受，甚至嬉笑揶揄，致成閒隙。從這一點看，後人所奉爲正統宋學，道學家理學先生的首出大師周敦頤，卻頗無道學氣，態度甚寬和。較之稍前壁壘森嚴如孫復，劍拔弩張如石介，相懸如霄壤。而後人誤解此意，援據他和方外交遊的許多傳說和故事，來證明宋學淵源於方外。這是不善讀書論世，因此妄誣了古人，混淆了學脈。我們不得不特加以辨白。

敦頤是一個能用思想人，因此他纔對多方面有興趣，肯注意。即在反對方面，他亦不忽略。他著作極少，只有一部易通書與一篇太極圖說。易通書只有短短四十章，卷帙並不大。但論其思想系統，則博大精深，不僅提出了當時思想界所必然要提出的問題，而且也試圖把來解決。有名的太極圖說，前半屬宇宙論，後半屬人生論，茲先略述其大旨。

他說：

無極而太極。

此「極」字該是「原始」義。宇宙無所始，無所始即是最先的開始。於是說明了宇宙沒有一個至善萬能的上帝在創造，因此我們也不能追尋天地原始，來奉爲我們至高無上的標準。極字亦可作中正與標準解，如建中立極是也。如是亦可說，宇宙之無標準，即是其最高標準，此即莊老自然義。

他又說：

太極動而生陽，動極而靜，靜而生陰。靜極復動，一動一靜，互爲其根。

這是說宇宙只是一個動，也可說只是一個靜。因就人之思想言，有動必有靜，動靜同時而有。很難說先動了纔有靜，抑是先靜了纔有動。故說「動靜互爲其根」。動的就是陽，靜的就是陰，由此一陰一陽演生出金、木、水、火、土五行，再由五行演生出萬物。由於此陰陽五行種種配合方式之不同，而萬物賦性也不同。只有人，陰陽五行配合得最恰當，最勻稱，因此人才爲萬物中之最秀而最靈。人類中又出有聖人，更靈秀了，纔明白得宇宙人物之由來，纔爲人類定下中正仁義之道，而特把靜來作人類自有之標準。故曰：

聖人定之以中正仁義，而主靜立人極焉。

這是太極圖說之大義。這裏最可注意者，他把宇宙與人分作兩截講。宇宙無標準，換言之，是自然的。因此人類須自定一標準，即「立人極」。而人極該主靜，故說「主靜立人極」。但宇宙既是動靜互爲其根的，人爲何要偏主靜？他在此，自下一注腳，他說：

無欲故靜。

從宇宙講，一動一靜是天理，人自然也只能依照此天理。但人之一切動，該依照中正仁義之標準而動。如是則一切動不離此標準，豈不是雖動猶靜嗎？人惟到達無欲的境界，纔能不離此標準。但聖人這標準，又從何建立呢？這因陰陽五行之性，配合到恰當匀稱處，始是中正仁義。人類依照此中正仁義的標準，便是依照了宇宙自然的標準。此之謂：

聖人與天地合其德，日月合其明，四時合其序，鬼神合其吉凶。

太極圖說的根據在易經，通書則又會通之於中庸。他說：

誠者，聖人之本。

誠，如云眞實如是。宇宙只是一個眞實如是，聖人也只是一個眞實如是。眞實如是貫通動靜，永遠是一個眞實如是。故曰：

誠無爲，幾善惡。

「幾」是什麼呢？他說：

> 動而未形有無之間者，幾也。

人之一切動，先動在心。心早已動了，而未形諸事爲，還看不出此一動之有與無，但那時早分善惡了。所以工夫要在「幾」上用。故曰：

> 君子愼動。聖人之道，仁義中正而已矣。守之貴，行之利，廓之配天地。聖可學乎？曰：「可。」有要乎？曰：「有。」請問，曰：「一爲要。一者無欲也。無欲則靜虛動直。靜虛則明，明則通。動直則公，公則溥。明通公溥，庶矣乎！」

可見一切工夫，全貴在心上用。先要此心無欲，要使此心沒有一毫預先私下的要求與趨向。那是靜時之虛。心上不先有某種私要求與私趨向，便能明白照見事理。這樣便使自己和外面通了氣。一旦外面事變來，自會應。這一種應，針對著外面事變而應，沒有絲毫預先存藏著的某種私要求與私趨向在隔斷，在遮掩，在歪曲。故曰「動直」。這全是物我之間應該如是的公理，誰來也應如此，故曰「公」與「溥」。這都是講的人生修養，也是講的心修養。

太極圖說與通書相附爲用，故朱熹說：「其爲說實相表裏。」易經與中庸，宋明學術界，公認爲是兩部重要的經典，但最先把此兩書發揮出完整的系統，細密的條理者是周敦頤。這怎能不叫後人尊奉他爲宋學破暗的首出巨儒呢？

敦頤的理論，並不重在純思辨的說明上，而更重在如何見之行爲與實踐，所以他才極細密地指示出一套修養方法來。這一種修養，也不是專爲解決自己問題，專做一自了漢。所以他說：

> 聖希天，賢希聖，士希賢。伊尹、顏淵，大賢也。志伊尹之所志，學顏子之所學。

顏子之學，似乎也偏重在心，但伊尹之志，則所志在人羣。這是敦頤所以爲儒學之正宗，而非方外逃世可相比擬處。

一四 邵雍

初期宋學，對宇宙問題未注意，對修養問題，也未精密地討論。周敦頤開始把此兩問題注意到，討論到。同時稍後有邵雍，也是能談宇宙問題的。二程和邵雍是好朋友：

> 伊川程頤。見康節，邵雍。指食桌而問曰：「此桌安在地上，不知天地安在何處？」康節爲之極論其理，以至六合之外。伊川歎曰：「生平惟見周茂叔論至此。」

宋儒都想排釋老，尊儒學，但釋老都有他們一套宇宙論。要復興儒學，不能不探討到宇宙問題上。而邵雍的宇宙論，又和周敦頤不同。

邵雍字堯夫，學者稱康節先生。其先范陽人，宋初居衡漳，雍幼隨父遷共城。其先是一刻苦力學人。他

> 幼卽自雄其才，力慕高遠，居蘇門山百源之上，布裘蔬食，躬爨，堅苦刻礪，冬不爐，夏不扇，日不再食，夜不就席者有年。

繼之是一豪放不羈人。因之

> 歎曰：「昔人尚友千古，吾獨未及四方。」於是踰河、汾，涉淮、漢，周流齊、魯、宋、鄭之

墟而始還。

又後成爲一虛心折節人。

時李之才攝共城令，叩門勞苦之，曰：「好學篤志如何？」曰：「簡策之外，未有適也。」挺之曰：「君非迹簡策者，其如物理之學何？」他日又曰：「不有性命之學乎？」先生再拜，願受業。挺之學圖數之學於穆伯長，（修。）伯長剛躁，多怒罵，挺之事之甚謹。先生之事挺之，亦猶挺之之事伯長，雖野店，飯必襴，（衣與裳連曰襴。始唐代，為士服，表恭謹。）坐必拜。

學成則爲一曠達和怡人。

蓬篳甕牖，不蔽風雨，而怡然有以自樂。富弼、司馬光、呂公著退居洛中，爲市園宅，所居寢息處，名安樂窩，自號安樂先生。又爲甕牖，讀書燕居其下。旦則焚香獨坐，晡時飲酒三四甌，微醺便止，不使至醉。出則乘小車，一人挽之，任意所適。士大夫識其車音，爭相迎候。童孺廝隸皆曰：「吾家先生至也。」不復稱其姓字。遇人無貴賤賢不肖，一接以誠。羣居燕飲，笑語終日，不甚取異於人。故賢者悅其德，不賢者喜其眞，久而益信服之。

這在宋學中是別具風格的。

雍精數學，當時傳其能預知，有先見明。他著有皇極經世，後世江湖星命之學，都託本於雍。他又著有觀物篇，漁樵問答。他說：

> 物之大者無若天地，然而亦有所盡。天之大，陰陽盡之矣。地之大，剛柔盡之矣。

他講宇宙物質，無盡而有盡。他所謂天地有盡者，並不像近代天文學家所論宇宙之有限抑無限。他只說天是氣，地是質，氣分陰陽，質分剛柔。於是，陰陽剛柔便盡了天地與萬物。若是天地復有外，依然還是氣與質，則依然還是陰陽與剛柔。天地指氣質言，陰陽剛柔則指德性言。我們只注意在德性，便可包括盡氣質。周敦頤從時間講天地何從始，他則從空間講天地何所盡。因而注重到天地之德性上，這卻是先秦儒家的舊傳統。

他又說：

> 性非體不成，體非性不生。陽以陰爲體，陰以陽爲性。動者性也，靜者體也。

氣只是一個體，靜看便是陰，動看便是陽。靜者我們稱之爲體，動者我們稱之爲性。宇宙間沒有不動的氣和物，但習慣上，我們總愛說有一個氣或物在動。在於動之中，好像有一不動者是體。其能動及如何動者則是性。故說：

性得體而靜，體隨性而動。陽不能獨立，必得陰而後立，故陽以陰爲基。陰不能自見，必待陽而後見，故陰以陽爲倡。

陽指其能動，若無體，什麼在動呢？故說「陽以陰爲基」。但體終不可見，可見者必然是其體之某種性。故曰「陰不能自見，必待陽而後見」。若使某體失去其一切性，則此體終於不可見，故曰「陰以陽爲倡」。如此說來，吾人所見者均乃物之性，而非物之體。均係物之陽，而非物之陰。故他說：

故陽性有，而陰性無也。陽有所不偏，而陰無所不偏也。陽有去，而陰常居也。

有所不偏者是「有限」，無所不偏者是「無限」。西方哲學界討究宇宙形上學，總喜歡侵入到無限。其實無限不可見，所見只屬於有限。不可見者我們稱之曰「無」，可見者我們稱之曰「有」。換言之，有限者卽是有，無限者卽是無。此所謂無，卻是常在這裏的一種無。有則不能常在，來了會去；生了會滅。這是一種動。在那裏動呢？在常居不去的那個常在這裏的「無」之中動。但他又說：

> 無不徧而常居者爲實，故陽體虛而陰體實也。

有限者要去要滅，不是一個「虛」嗎？無限者常在，不是一個「實」嗎？如是說來，有是虛，無是實。換言之，則性是有而虛，體是無而實。這一說，實在甚新鮮，以前未經人道過。但分析說來是如此，若綜合說，則

> 本一氣也，生則爲陽，消則爲陰，二者一而已矣。

所以他又說：

> 氣則養性，性則乘氣，氣存則性存，性動則氣動。

又說：

氣，一而已，主之者神也。神亦一而已，乘氣而變化，能出入於有無死生之間，無方而不測者也。

此處所謂神，其實仍是性。但可微加分別。他說：神無方而性有質。譬如說犬之性，牛之性，這是有質的。神則只指天地宇宙而總言之，是無方的。他這一番陰陽論，性體論，神氣論，可說是蹊徑別闢的，但也確有他見地。

從他的宇宙論轉到人生論，他說：

天主用，地主體。聖人主用，百姓主體。

這也可說體是陰，用是陽，是性，是神。他說：

象起於形，數起於質，名起於言，意起於用。

用則是有限而變動不居的。所以說：

物理之學，或有所不通，則不可以強通。強通則有我，有我則失理而入於術矣。

這因物理也總是有限，總是變動不居，物理因用而始見。若要強通萬理，要求物理之無所不通，則是有我之私見，如是將走入一種術，而失卻物之眞理。

他本此見解，纔和周敦頤獲得異樣的意見。他說：

君子之學，以潤身爲本，其治人應物皆餘事也。

這因他的宇宙論，本著他有限與無限之分別而建立，本著他變與不變之分別而建立，而他偏重在變與有限之一方。換言之，則是偏重在用的一方。故他要主張以潤身爲本。

這不是他之狹，而實是他之寬。他實爲異時異地的別人多留著餘地。故他說：

所行之路，不可不寬，寬則少礙。

凡主張無限論，不變論，理無不可通論者，外貌像是寬，其實則是狹。主張有限論，變動論，理有不可通論者，外貌像是狹，其實則是寬。雍臨卒，伊川問：「從此永訣，更有見告乎？」先生舉兩手示之。伊川曰：「何謂也？」曰：「面前路徑須令寬，路窄則自無著身處，況能使人行也？」

此見他心裏不喜歡程頤講學路徑太狹了，故臨死以此告之。程頤則便是主張格物窮理，一旦豁然貫通者。雍卻說物理不能強通，這正是他的路寬。他學問極博雜，極潤大，所得卻極謹嚴，有分寸，處處爲異時異地別人留餘地。雍之學，實近於莊周。

但他畢竟是儒門中的莊周呀！程顥曾稱讚他說：

昨從堯夫先生遊，聽其議論，振古之豪傑也。惜其無所用於世。或曰：「所言何如？」曰：「內聖外王之道也。」

王道無不走寬路。大抵程顥能從這裏欣賞他，程頤卻不能。因此他臨終，還特地告訴程頤這一點。

雍又有先天卦位圖，當時說：陳摶以易傳种放，种放傳之穆修，穆修傳李之才，李之才傳雍。晁以道傳易堂記。雍兒子也說過：

先君子易學，微妙玄深，其傳授本末，則受學於李之才挺之，挺之師穆修伯長，伯長師陳摶圖南。先君之學，雖有傳授，而微妙變通，則其所自得。邵伯溫辨惑。

其實能有思想人，決然能創闢。如上所舉許多話，那裏是陳摶、穆修、李之才所能想見的？必謂宋儒理學淵源自方外，總還是誣說。

雍又有擊壤集，這是一部道學家的詩，在詩集裏別開一新面。王應麟曾把他詩句來說明他的先天學。應麟說：

張文饒曰：「處心不可著，著則偏。作事不可盡，盡則窮。先天之學止此二語，天之道也。」愚謂邵子詩「夏去休言暑，冬來始講寒」，則心不著矣。「美酒飲教微醉後，好花看到半開時」，則事不盡矣。困學紀聞。

我們該細讀擊壤集，也可解消我們對於所謂宋代道學先生們一些想像的誤解。

一五　張載

中期宋學，講宇宙論者，周、邵之外有張載。周、邵都和方外有關係，載則粹然一儒者。載字子厚，學者稱橫渠先生。家世居大梁，父游宦卒官，諸孤皆幼，不克歸，遂僑寓鳳翔郿縣之橫渠鎮。載少孤，能自立，志氣不羣，喜談兵。當康定用兵時，年十八，慨然以功名自許，欲結客取洮西地。上書謁范仲淹，仲淹知其遠器，責之曰：「儒者自有名教可樂，何事於兵？」手中庸一編，授焉。遂翻然志於道。已求之釋、老，乃反求之六經。這是他走向儒學之經過。他雖沒有和方外往來，但他也曾在書本上對釋、老細用功夫過。

宋史說：

> 橫渠之學，以易爲宗，以中庸爲體。

他還是得力於易、中庸，也和周敦頤相似。

他著書有正蒙與理窟，又有東銘、西銘。又有易說十卷，已逸。他學問是從苦心中得來。他終日危坐一室，左右簡編，俯讀仰思。冥心妙契，雖中夜必取燭疾書。他嘗教人說：

> 夜間自不合睡，只爲無可應接，他人皆睡了，己不得不睡。

他著正蒙時，或夜裏默坐徹曉。處處置筆硯，得意卽書。程顥批評他說：

> 子厚卻如此不熟。

朱熹也說：

> 明道之學，從容涵泳之味洽。橫渠之學，苦心力索之功深。

照程顥意，遇胸中有所見，不該便說便寫，應該讓它涵泳在胸中，久之熟了，便和纔得纔寫的不同。但張載也非不曉此。他謂范巽之曰：「吾輩不及古人，病源何在？」巽之請問。先生曰：「此非難悟。設此語者，蓋欲學者存意之不忘，庶遊心浸熟，有一日脫然，如大寐之得醒耳。」

可見他也懂得這道理。但他畢竟愛思想，要在思想上組織成一大體系。思想之來，有時稍縱即逝，因此他想到一處，便急速把它寫下。積久了，思想自成熟，體系自完整，也並不是每逢寫下的，便是他著作中存留的。而顥則注意在內心修養上。有所見，只默默地存藏在胸中，涵泳久了，漸漸地成熟，更是深長有味。那是兩人爲學態度之不同。張載究竟是一位思想家，程頤也曾勸戒他，說：

觀吾叔之見，（張載是二程之表叔輩。）志正而謹嚴，深探遠賾，豈後世學者所嘗慮及？然以大概氣象言之，則有苦心極力之象，而無寬裕溫和之氣。非明睿所照，而考索至此。故意屢偏而言多窒，小出入時有之。更望完養思慮，涵泳義理，他日當自條暢。

載要在思想上，客觀地表現出一番道理來，這頗近西方哲學家氣味。二程則主張在日常生活中，在人生親經驗上，活活地表現出一人格，而那番道理亦連帶於此活人格而表現了。所以張載重考索，重著述；二程重涵泳，重氣象。後來則二程被尊爲宋學正統之正統，張載便比較不如二程般更受後人之重視。

張載的宇宙論，盡在他的正蒙裏。他說：

> 太和所謂道，中涵浮沉升降動靜相感之性，是生絪緼相盪勝負屈伸之始。其來也幾微易簡，其究也廣大堅固。

宇宙是廣大堅固的，但最先則只是一氣。此氣分陰分陽，陰陽之氣會合沖和，便是他之所謂的「太和」。一切道，則是這太和之氣的那兩種陰與陽之浮沉升降動靜相感之性之表現，而形成了此宇宙之廣大與堅固。

> 太虛無形，氣之本體。其聚其散，變化之客形爾。至靜無感，性之淵源。有識有知，物交之客感爾。客感客形與無感無形，惟盡性者能一之。

太和之氣是無形而不可感知的，所以又說是「太虛」。待形見了，被感知了，那是此太和之氣之在聚（此是陽。）或散。（此是陰。）此太和之氣永遠在聚或散，它之所見形而被感知者，亦永遠是這一種聚或散。因此形成世象之紛繁。但我們該知它背後還是一體，是太和。我們天天在感，（此即一種聚。）此感去了（此即一種散。）那感來。（此又是一種聚。）但我們又該知，此一切感之背後，也有一至靜無感的性之本體。（此即太和之性。）張載的思想，便要指出此兩者之究竟合一。他本此批評老、釋，他說：

知虛空卽氣，則有無隱顯，神化性命，通一無二。顧聚散出入，形不形，能推本所從來，則深於易者也。若謂虛能生氣，則虛無窮，氣有限，體用殊絕，入老氏有生於無自然之論，不識所謂有無混一之常。若謂萬象爲太虛中所見之物，則物與虛不相資，形自形，性自性，形性天人不相待，而有陷於浮屠以山河大地爲見病之說。

莊、老道家，認爲氣由虛生，則是無限生出了有限。他們不曉得有限、無限本是一體。無限永遠在變，在其變動中呈現出種種有限之形而被感。而此無限，則永遠無形，永遠在被感之外，並不是由無形另產出有形。釋氏佛家，認爲一切萬形萬象，盡在此無形無象的太虛中表現。這如人在舞臺上演劇，一批演劇人走了，另一批演劇人上臺，而舞臺則依然仍是此舞臺。如是則演劇人與舞臺，變成不相干的兩種存在了。老氏從時間追溯，從「無」生出「有」。釋氏從空間著想，「有」表現在「無」之內。張載則主張有無只是一體，此體永遠在變，但人的知識，則只見此所變之有形，不識此在變之無形。卽就「知」言，人亦只識此所感之知，不識此在感之知。張載的說法，所感在感是一，所變在變亦是一。而此二一，仍是一一。但亦不像西方哲學中的唯心論。西方唯心哲學，認爲宇宙本體只是此知，張載則主張宇宙中有知有不知，有能知與被知。最後的本體則是一「太和」，或「太虛」。此太和與太虛中，有識有知，但其全體則是無感無形。但此太虛則是體，而非無。

再說：

氣之聚散於太虛，猶冰凝釋於水。

水永遠在凝與釋，太虛亦永遠在聚與散。但我們不要誤認爲氣散盡了成太虛，因宇宙不會有陰而無陽。當知太和便是陰陽一氣，而太虛也便是太和，就其無感無形而才稱之爲太虛。也不是一切感都寂滅了，才成爲至靜無感，只此至靜無感之體乃永遠地在感。就理論言，則此太虛與無感者是主，此氣之有形與有感者是客。但不能認爲客人送走了，主人還尚在，當知主客本一體。因此也不能說冰釋盡了只存水，當知這些主客冰水之喻，只在求人易知他意思。因此說：

知太虛卽氣，則無無。故聖人語性，與天道之極，盡於參伍之神，變易而已。

如是則整個宇宙只是一「變」，而並無所謂無。此種變，則只是一「和」，而並無所謂虛。

由他的宇宙論轉入他的人生論，他說：

由太虛有天之名，由氣化有道之名，合虛與氣有「性」之名，合性與知覺有「心」之名。

天是一太虛，太虛永遠在化。因其化，遂感其有形而見爲氣。此種化則名之爲道。此種道，像有一種力，在向某一方推進，但永遠推不離其自本身，即太和。此種推進之力則稱爲「性」。在此推進中，見形了，被感了，感它的是稱爲知覺，即是「心」。卻不是在氣外別有心，也不是在道化之外別有個知覺，只是在此化中化出了知覺來。所以心與知覺還是客，至靜無感者才是主。但主客非對立，乃一體。主永遠無形不可感，有形可感者全是客。此主人則分散在客身上。客人永遠不散，不離去，一批散了離了又一批。此永遠不散不離去的一批批客人之全體，合成了一主。換言之，則是在客之統體見有主。知覺，則只是此客知覺到他客，在此許多客人身上的那主，是不見有知覺的。

何以說在客之統體上見主呢？客與客是個別的，一羣羣客離去分散，一羣羣客集攏跑來。但那許多客，卻永遠像一團和氣，永遠是各得其所。所以這許多客，共同完成一太和的生活；這許多客，永遠生活在此太和境界中。客雖永遠在變，此一種太和生活與太和境界則永不變，所以說此太和乃是主。而除去每一位客的個別生活外，也不見另有一太和生活與太和境界之存在。

他又說：

由象識心，徇象喪心。知象者心。存象之心，亦象而已，謂之心，可乎？

何以說由象識心呢？因見外面形象，纔感我心之活動，故說：「由象識心。」何以說徇象喪心呢？象倏起而倏滅，若心老跟著形象轉，便會昧失了此心之眞存在，故說：「徇象喪心。」心中老存著此象或彼象，泯卻象，便不知有心了，故說：「心亦象也，而非心。」顯言之，他要人在知覺外識性。

他這一種人生論之具體實踐化，載在其著名的西銘。西銘僅是不滿五百字的一短篇，但極獲當時及後人之推崇。他認爲人類由宇宙生，則人類與宇宙如一體，亦如子女從父母生，故子女與父母爲一體般。故他說：

乾稱父，坤稱母，予兹藐焉，乃渾然中處。故天地之塞吾其體，天地之帥吾其性。

吾身充塞天地，天地由吾性而活動。一切人猶如吾兄弟，萬物猶如吾伙伴。故他說：

民吾同胞，物吾與也。

既如此，全人類便如一家庭。家庭中孝子之心情與行爲之擴大，便成爲人生最高之準則。故他說：

大君，吾父母宗子。其大臣，宗子之家相也。尊高年，所以長其長。慈孤弱，所以幼其幼。聖其合德，賢其秀也。凡天下疲癃殘疾，惸獨鰥寡，皆吾兄弟之顛連而無告者也。於時保之，子之翼也。樂且不憂，純乎孝者也。

他理想上，要以孝父母的心來孝天地，要把對待家庭的來對待全人類。我們試思，這一理想的家庭，又誰是其主呢？若說父與母是主，那孝子正在自發心孝父母，因而友愛其同胞，護惜其家人。如是則一家老幼，全在這孝子心中，連父母也只在這孝子的心中。我們那能說父母是主，這孝子轉是客？但那孝子心裏，卻決不以他自身作爲這一家之主，他只把此一家作爲他心之主。孝子自身，在這家裏好像轉是客，他將一切依隨於家而存在。連此孝子之心，也決不是此一家之主，此孝子之心，仍在依隨於家而轉移。若使沒有家，何來有孝子與此孝子之心？但這一家，則明明因有此孝子與此孝子之心而呈現。換言之，這一家是在此孝子心中所呈現。西銘大意，根據正蒙來講是如此。

二程兄弟極稱重西銘。程顥說：

西銘，是橫渠文之粹者。自孟子後，儒者都無他見識。

又說：

訂頑西銘原名。之言，極純無雜，秦漢以來學者所未到。意極完備，乃仁之體也。

又說：

訂頑立心，便可達天德。

又說：

西銘，某得此意，只是須得子厚如此筆力，他人無緣做得。孟子以後，未有人及此。得此文字，省多少言語。

程頤也說：

西銘旨意，純粹廣大。

尹焞說：

見伊川後半年，方得大學西銘看。

朱熹說：

程門專以西銘開示學者。

可見西銘成爲當時二程門下的經典。張載因於西銘，又有他如下的幾句話。他說：

爲天地立心，爲生民立命，爲往聖繼絕學，爲萬世開太平。

聖人爲天地立心，由他看，正猶孝子爲一家打主意。聖人爲生民立命，由他看，正猶孝子爲一家立家業。若無孝子，這一家會離心離德，也會傾家蕩產。若無聖人，則天地之道亦幾乎熄。但孝子聖人終於會出生，這便是天地造化偉大處。

他因於懷抱著如此的胸襟與信念，所以遂有如下的工夫。他說：

言有教，動有法。晝有爲，宵有得。息有養，瞬有存。

他立心要與天地同其大，即所謂天德。因此他的工夫，一刹那也不放鬆，不間斷。他自己在人事上的實踐又如何呢？他本也有志於政治，爲與王安石意見不合告退了。他曾說：

治天下不由井地，終無由得平。

他居恒以天下爲念，道見饑殍，輒咨嗟對案，不食者終日。他嘗慨然有志於復行古代的井田制。他說：

仁政必自經界始。經界不正，卽貧富不均，教養無法。雖欲言治，牽架而已。

他常想和他的學者買田一方，畫爲數井，以推明先王之遺法。這是他當時所抱負的一種試驗社會主義的新村，惜乎他沒有完成此計畫而死了。

除卻西銘外，他還有一套理論，同爲二程所推重，這是他分辨「氣質之性」與「義理之性」的一番話。他說：

形而後有氣質之性，善反之，則天地之性存焉。故氣質之性，君子有弗性者焉。

他又說：

爲學大益，在自能變化氣質。不爾，卒無所發明，不得見聖人之奧。故學者必須變化氣質，變化氣質與虛心相表裏。

怎叫「氣質之性」呢？他說：

氣質猶人言性氣。氣有剛柔淸濁，質，才也。氣質是一物，若草木之生，亦可言氣質。惟其能克己，則爲能變化卻習俗之氣。

這一意見，還是由他整個宇宙論裏所引演。他認爲人自有生，便墮在形氣中，於是或剛或柔，或緩或急，或才或不才。這便和天地之性不同了。這一分別，其實仍還是上述主客的分別。他又說：

人之剛柔緩急，有才與不才，氣之偏也。天本參和不偏。養其氣，反之本而不偏，則盡性而天矣。

他主張從萬不同的個性，上溯到天地間人類之共性。可見他所謂之善反，還如孟子之言養氣盡性。但氣質之性、義理之性顯分了兩名目，則孟子所未言。所以朱熹說：

氣質之說，起於張、程，極有功於聖門，有補於後學，前此未曾說到。故張、程之說立，則諸子之說泯矣。

但我們若眞認爲「義理之性」別存在於「氣質之性」之外，則又不是張載主張「虛空卽氣」的本意呀！

一六　程顥

中期宋學，善講宇宙論的周、邵、張三大師，都已在上述說過。現在要說到程顥，他被尊爲中期宋學之正統。他的精采處，在其講人生修養與心理修養上。因人對宇宙的瞭解總有限，再由宇宙論轉到人生論，總是牽強不親近。不如簡捷從人生實經驗，來建立人生界一切的理論。此乃顥所謂「鞭辟近裏」，亦卽是他對宋學思想最大貢獻之所在。

顥字伯淳，河南洛陽人，學者稱明道先生。他和其弟頤，十五六歲時，嘗從學於周敦頤，並曾兩度從遊。他自說：

> 再見茂叔後，吟風弄月以歸，有「吾與點也」之意。

又說：

某受學於周茂叔，每令尋仲尼、顏子樂處，所樂何事？

又說：

吾年十六七時，好田獵，既見茂叔，則自謂已無此好矣。茂叔曰：「何言之易也？但此心潛隱未發，一日萌動，復如初矣。」後十二年，復見獵者，不覺有喜心，乃知果未也。

在這幾段回憶中，我們卻可追尋他學問的淵源和脈絡。固然人的姿性有不同，但青年期的感受與薰陶，必然會有很大的影響。張載十八歲見范仲淹，仲淹授以中庸一篇，張載在此刺戟下，纔努力作書本上冥心探索的工夫。程顥十六七歲時見周敦頤，敦頤卻給他以一個自己人格的活薰陶，一種日常人生親切的啟示。又提示他一問題，教他去尋仲尼、顏淵生活的樂趣，究竟在那裏。那青年驟和這樣一位大師接觸了，覺得吟風弄月，眼前的天地，全都呈現著異樣的光輝，充滿著異樣的情味。連他自己一向嗜好的田獵馳騁，也感得索然少興了。但敦頤卻指點他，你莫謂自己已然沒有這嗜好了。這一句話，遠隔了十二年，卻給他說中了。自己的心，自己不知道，別人卻直透你心坎底裏，說中你十二年後的心事，那是何等地感動人的一種活教訓？

顥自己也是一位春風和氣般的人。他二十歲，已舉了進士，在鄠縣作主簿，那是小得可憐的一個官。他卻滿腔快樂，生趣盎然。作詩道：

雲淡風輕近午天，傍花隨柳過前川。時人不識予心樂，將謂偷閒學少年。

又詩云：

閒來無事不從容，睡覺東窗日已紅。萬物靜觀皆自得，四時佳興與人同。

他書窗前有茂草覆砌，或勸他芟了，他說：「欲常見造物生意。」又置盆池，畜小魚數尾，時時觀之。或問其故？他說：「欲觀萬物自得意。」我們可以從此想像，他這樣的生活，這樣的意境，還是受他幼年期的那位前輩的薰陶呀！但這裏還有一大問題，這是時代思潮逼得他非從自己內心求得一徹底解決不可的問題。那問題便是人生最高眞理，究竟在儒抑在釋？當時說他，

十五六時，與弟正叔聞汝南周茂叔論學，遂厭科舉之習，慨然有求道之志。泛濫於諸家，出入於老、釋者幾十年，返求諸六經而後得之。

這是他成學前一段廣泛研尋，深切探討之經過。但他之泛濫諸家，出入老、釋，畢竟和其他學人有不同。他早已懂得時時處處從他自己的親身活經驗裏來親證與實悟。因此他自己說：

吾學雖有所授受，天理二字，卻是自家體貼出來。

這兩句話，道盡了他學問的真精神。第一，他的學問，完全由他自己實生活裏親身體驗來，並不從書本文字言說上建基礎。第二，他提出了「天理」二字。此所謂天理，卻不是指的宇宙之理，而實指的是人生之理。他只輕輕把天字來形容理，便見天的分量輕，理的分量重。於是他便撇開了宇宙論，直透入人生論。這一點，尤值我們之注意。我們也可說，「天理」二字，是他學問的總綱領，總歸宿。

因此他講學，不像以前人，不脫書卷氣，顯然在講學問，講道理，而他則只是在講生活。現在所需討論的，既是主要在人生問題上，而他則直從人生講人生，自然見得更親切，更真實。故他說：

學只要鞭辟近裏。

從人生問題再「鞭辟近裏」講，便是「心」的問題了。他講學長處，便在從實際人生中，指點出心的問題來，教人如何去修養自己的心。所以他說：

聖人千言萬語，只是欲人將已放之心約之使反復入身來，自能尋向上去，下學而上達也。

須知這一條，並不是在講孟子書裏的「收放心」，也不是在講論語裏的「下學而上達」，更不是眞個要把聖人千言萬語，牽搭上孟子書裏「收放心」三字。他只是直率地在講他的實生活眞經驗。我們必得先明白這一層，纔能懂得他的話，纔能懂得他學問的著精神處。

他曾說：

某寫字時甚敬，非是要字好，卽此是學。

「敬」字是程門提出最主要的一個字。用近代俗語講，敬只如當心。寫字時便該當心在寫字，但不要另分一心要字寫得好。若要字寫得好，嚴格說，這便是私欲。如想字寫好了，得名或得利。再退一步講，存心要字好，便成了學寫字。學寫字，只是學的一技一藝了。現在是要解決指導人生的最高眞理呀！所學的目標，不在技藝上，在眞理上。此指導人生的最高眞理，他稱之曰「天理」。寫字應該當心在寫字上，那是寫字時的天理呀！所以寫字時甚敬便是學，學的什麼呢？學的是天理。他也只在如此等處的日常生活中，來體貼出天理。

他曾說：

在澶州日，修橋少一長梁，曾博求之民間。後因出入見林木之佳者，必起計度之心。因語以戒學者，心不可有一事。

因修橋而訪求一根好木材，那是應該的。但此事若在心上生著根，換言之，成了心習了，以後遇見好樹木，便會想起那木料好作如何用。其實那時本不需用木材，那些計度之心是多餘的。人若積累了這樣許多的心習，他的心每向熟處走，將會永遠束縛在這些心習上。所以他又說：

人心常要活，則周流無窮，而不滯於一隅。

他又說：

昔在長安倉中閒坐，見長廊柱，以意數之。先尚不疑，再數之，不合，不免令人一一聲言而數之，乃與初數者無差。則知越著心把捉越不定。

這種心理經驗，也是人人可以遇到的。我們若把來和上條講寫字的合看，正寫字，應該當心在寫字上。但若一心要字好，便是著心了。往往任意揮灑，反而寫得好。刻意求工，轉而不佳了。這也是越著心把捉越不定。

他又說：

> 大凡把捉不定，皆是不仁。

這句話，涵義卻深了。他把自己日常生活裏的內心經驗來解釋仁。你如太著心在一事上，或另著心在別事上，都會使你心把捉不定，如是會對外面事情物理應付不到恰當處。心本來能應付一切事情物理得一恰當處，此恰當處卽天理，應付到恰當處的此心則是仁。著心，是心之私，心因有私，反而把捉不定，得不到恰當處，陷入於不仁。那些都是他把自己日常親經驗，來發揮他自己的新見解。這一切，總在講人生，不在講書本，講古訓。

因此他說：

> 人心不得有所繫。

他又說：

學者須敬守此心，不可急迫，當栽培深厚，涵泳於其間，然後可以自得。但急迫求之，終是私己，終不足以達道。

自得便是此心得天理，方法則在敬。敬不是急迫，凡急迫都是私，非天理。這些話，全扣緊在心上說，卽所謂「鞭辟近裏」。所以他又說：

大抵學，不言而自得者，乃自得也。有安排布置者，皆非自得。性靜者可以爲學。

一切文字言說理論，也都是安排。他教人離開這許多安排，求心之自得，要在自心上覺到這一境。所以說：

若不能存養，只是說話。

他並不注重在探索與研尋，只注重在存養。存養此心，便可體貼出天理。存養的工夫便是敬。他

又說：

百官萬務金革百萬之衆，飲水曲肱，樂在其中。萬變俱在人，其實無一事。

孔子只說到飲水曲肱之樂，他卻把這一種心境，轉移到政務叢脞軍情倥偬的場合下。他認爲飲水曲肱之樂卽便是天理，我們該使此心無往而不得此天理。雖是百官萬務金革百萬之衆，依然是此一天理，因此吾心好像無一事，只如飲水曲肱般。於是他說：

太山爲高矣，然太山頂上已不屬太山。雖堯舜事業，亦只是如太虛中一點浮雲過目。

孔子只說到「不義而富且貴，於我如浮雲」。他卻說治國平天下，聖功王道，也只如浮雲。事到臨頭，因物付物，只像無事般。事過了，功程圓滿，過了還便是過了。心上沒事，如浮雲之過目。可見一切事，只如沒有事，所爭在此心。他又說：

目畏尖物，此事不得放過，須與放下。室中率置尖物，須以理勝他，尖不必刺人也。何畏之有？除了身，只是理。

百官萬務金革百萬之眾，心上沒事便沒事。堯舜事業，心上不留便不留。若你心怕尖物，依他說，卻不是件小事。他教你不要把此事放過了。「放過」是把此事放一旁，假裝不理會，其事實還在，你心上還是怕。「放下」便不同，「放下」是眞個沒事了。如何放下呢？你心怕尖物，便索性滿屋都放著尖物，好叫你心眞明白，尖物並不刺人呀！你心眞明白了，便自不怕了。他爲何把這小事看得這樣重？他認爲你心怕尖物，便是你心不合理。心失卻了天理，到處會出事，到處會有問題。須教盡力改正，使你心合天理了，一切事都沒有。萬事萬變，其間只是一天理，其實則只是我心之恰到妥當處。所以說：

須是大其心使開闊。譬如爲九層之臺，須大做腳始得。

如何大其心？便是叫心合理。世界之大，只是這一理，因此稱天理。心合理，便是心合天，那還不大嗎？離了理，便只見身。身屬私，理屬公。心只顧著身，便會怕尖物，像要來刺我。心在理上，便知尖物決不刺我身。所以說：

學者須先識仁，仁者渾然與物同體。

如何渾然與物同體呢?只同在理上。你先把己身與物分開著，便怕尖物或許會刺我身。你把物與身平鋪著，尖物只是尖物，何嘗定要來刺我身?

其實天理也不難明，他說：

> 人心莫不有知，惟蔽於人欲，則亡天德。

人欲太重，便會提防外面的一切，如怕尖物或會刺我身。我們看了他這些話，卻不要想我心並不怕尖物呀!當知怕尖物只是偶舉之一例，你心若太著重在己身上，自會把捉不定，自會遇事怕。怕這樣，怕那樣，自會心中充塞了一切事，把對事的應有大理都昧失了。所以說：

> 大人者，與天地合其德，與日月合其明，非在外也。

照他說，自不必像上舉周、邵、張三家般，遠從宇宙論講起，來證明人與天地萬物之合一。此理只要在心上求。所以說：

天人本無二，不必言合。

人心著私，易生怕，又易生怒。

他又說：

人之情，易發而難制者，惟怒爲甚。第能於怒時遽忘其怒，而觀理之是非，亦可見外誘之不足惡，而於道亦思過半矣。

他又說：

敬須和樂，只是中心沒事也。

你心中是怕是怒，是和是樂，是有事，是沒事，人人可以自己體貼到。總之他種種話，永遠從心上指點你。所以說：

學者識得仁體，實有諸己，只要義理栽培。如求經義，皆是栽培之義。

六經古訓，孔孟嘉言，在他看，只如泥土肥料般，重要是我此心。肥料只栽培，生長是我心。所以說：

悟則句句皆是這個，道理已明後，無不是此事。

如何求悟呢？還是從自己實生活上，由自己的心去悟。所以說：

學者不必遠求，近取諸身，只明人理，敬而已矣，便是約處。

所以說：

學者今日無可添，只有可減，減盡便沒事。

從宋學初興，直到他當時，學問上添得很多了。添到周、邵、張三家，由他看來，更不該再添了。他主張減，減到只有此心此理，便一切沒事了。所以他又說：

不得以天下萬物撓己。己立後，自能了當得天下萬物。

我們看他許多話，在宋學中，實在可算是一種最新穎，而又最篤實，且是最主要的話。他不講聖人古經典與大道理，又不講治國平天下大事業，更不講宇宙神化大玄妙，只講自己的生活，自己的心。教人把自己的心如何來應付外面一切事，讓自己的心獲到一恰當處，外面的事也獲到一恰當處。那便是他所稱由他自己體貼出來的「天理」，也便是他所要學者須先識得的「仁」。

我們看他這些話，或許會懷疑，這些話很像禪宗祖師們的話。明儒高攀龍曾說：

先儒惟明道先生看得禪書透，識得禪弊眞。

不錯！禪宗祖師們，也教我們心上無一事，但他們卻只教我們心上無一事。程顥則教我們把自己的心體貼出一個天理來，識得一個仁，這樣纔始是眞個心上無一事。因此在他心上，雖若無一事，而一切事卻全都了當了。這是和禪學的究竟不同處。

我們看他這些話，又許會懷疑，他只在講個人的私生活，只在自己心上下工夫，怕只成一自了漢，擔當不了人羣社會治國平天下的大事業。但他早已說過了，己立後，自能了當得天下萬物。所以他講學，只著重在這一面。他在政治上，雖只做幾任小官，但有很多事，處理得給當時和後世之讚美。他有上神宗陳治法十事疏，後人說：「案其時勢，悉中肯綮。」有許多意見，卻和王安石相似。他所講王霸之辨，也同安石的見解。據說：安石新政中的「保甲法」，還是根據他做留城令時之「保伍法」。他曾參加安石新法之推行，見朱子語類。他曾充安石遣使考察新法的八人中之一。張載曾說過：

> 昔嘗謂伯淳優於正叔，今見之果然。其救世之志甚誠，而亦於今日天下之事儘記得熟。

當時人對他的薦章，說他：「志節慷慨。」朱熹說：

> 明道豈是循常蹈故，塊然自守底人？想是他經歷世故多，見得事勢不可行。

後來安石新政失敗了，連宋朝也垮了。後人纔更覺得程顥說的話中有眞理，因此更要推尊他。

一七　程頤

程頤字正叔，學者稱伊川先生。與兄顥幼年同從遊於周敦頤，後世稱之曰二程，同奉爲宋學之正統。兩人學問，大體相同。但他們的性格，卻絕然有不同處。

其母侯夫人，是一位好讀書博知古今的賢女。他們有一時居家在廬陵，屋多怪，家人見有鬼執扇。夫人說：「那是天熱呀！」又一天，又說：「鬼在鳴鼓。」夫人說：「給他一椎吧！」如是地鎮靜應付，後來鬼怪就不見了。二程兄弟，自然受母教的影響也很大。顥爲上元主簿，茅山有龍池，其龍如蜥蜴而五色，自昔嚴奉以爲神。顥叫人捕而脯之，別人也就不覺蜥蜴是神了。有人問頤：「常見獅子撲來。」他說：「你再見便伸手捉。」其人屢捉不獲，後遂不再見有獅。但侯夫人也早知他們兄弟前途之不同。

有一次，他們隨侍父宿僧寺，顥行右，頤走左，隨從都跟右邊走，只頤一人在左邊。頤也自知其姿性，他說：「這是某不及家兄處。」顥和易，頤嚴重，故人樂近顥，遠避頤。有人請頤啜茶觀畫，他拒絕了。他說：「吾生平不啜茶，亦不識畫。」韓維是二程老前輩，有一次，約他們到潁昌，暇日遊西湖。韓維叫諸子隨侍，有人言貌稍不莊敬，頤回頭厲聲說：「汝輩從長者行，敢這樣笑語！韓家孝謹家風何在！」維立時把那一羣年輕小夥子趕了。朱光庭去看顥，對人說：「某在春風中坐了一月。」游酢、楊時見頤，正值其瞑目靜坐，二人立侍不敢去。久之，頤回顧，說：「天黑了，回宿舍吧！」游、楊纔辭退，時門外大雪，已下了一尺深。顥曾說：

異日能使人尊嚴師道者，吾弟也。若接引後學，隨人才而成就之，則予不得讓焉。

時人都說：「顥和粹之氣盎於面背，但頤則接人以嚴毅。」哲宗曾擢頤當崇政殿說書，他以布衣一躍爲帝師，還是照樣莊嚴持守，不少假借。仁宗時慣例，皇帝坐著，講官立侍。王安石始爭要坐著講，頤也爭要坐著講。時文彥博元老重臣，遇事侍立終日。或問頤：「君之嚴，孰如文彥博之恭？」頤道：「彥博四朝大臣，事幼主，不得不恭。吾以布衣職輔導，亦不得不自重。」有一天，講罷了，還沒退，皇帝在園中折一柳枝，給頤見了。頤說：「這是春天萬物發生之時，皇上不該無故摧折新生。」因此哲宗由怕他而討厭他。人家說：「程顥和司馬光語，直是道得來。頤和司馬光，講著一天話，無一句相合。」蘇軾更和頤性氣不相合。史稱：

伊川在經筵，士人歸其門者甚盛，而先生亦以天下自任，議論褒貶，無所顧忌。時子瞻在翰林，有重名，一時文士多歸之。文士不樂拘檢，迂先生所爲，兩家門下迭起標榜，遂分黨爲洛、蜀。

在朱熹的伊川年譜裏，還保留著當時許多瑣事。其一云：

明堂降赦，臣僚稱賀訖，兩省官卽往奠司馬光。頤言曰：「子於是日哭則不歌，豈可賀赦纔了却往弔喪？」坐客有難之者，曰：「子於是日哭則不歌，却不言歌則不哭。今已賀赦了，却往弔喪，於禮無害。」蘇軾遂以鄙語戲程頤，衆皆大笑。結怨之端自此始。

又一則云：

國忌行香，伊川令供素饌。子瞻詰之曰：「正叔不好佛，胡爲食素？」先生曰：「禮居喪不飲酒，不食肉。忌日，喪之餘也。」子瞻令具肉食，曰：「爲劉氏者左袒。」於是范醇夫輩食素，秦、黃輩食肉。

又一則云：

舊例，行香齋筵，兩制以上及臺諫官設蔬饌。然以麤糲，遂輪爲食會，皆用肉食。元祐初，程正叔爲崇政殿說書，以食肉爲非是。議爲素食，衆多不從。一日，門人范醇夫當排食，遂具蔬饌。內翰蘇子瞻因以鄙語戲正叔，正叔門人朱公掞輩銜之，遂立敵。是後蔬饌亦不行。

蘇軾奏狀，甚至謂「臣素疾程某之姦，未嘗加以辭色」。這些全是瑣事，兩面都有不是處。但後人說到道學先生理學家，無意中便把程頤作代表。一輩人討厭道學，也還是當時蘇軾和秦、黃輩見解呀！

他晚年因黨論削籍，遠竄涪州。後再隸黨籍，並盡逐其學者。四方學者，猶相從不舍。頤曰：「尊所聞，行所知，可矣，不必及我門。」

顥五十四歲卒，頤享高壽，至七十五。他把其兄所說，有發揮，亦有補充，對宋學貢獻實極大。若使沒有頤，洛學或許便中衰，程顥也會像周敦頤，其道不大傳。明儒劉宗周曾說：

小程子大而未化，然發明有過於其兄。

朱熹極推尊頤，說：

明道宏大，伊川親切。

大抵顥之教人，側重在如何修養自己的心，頤對此極多闡述，更添進許多實際的治學方法，教人如何獲得知識。他說：

涵養須用敬，進學則在致知。

首句是顥教人的宗旨，次句是頤添入了。他又說：

若只守一個敬，不知集義，卻是都無事也。且如欲爲孝，不成只守一個孝字，須是知所以爲孝之道。

孝不僅要有孝之心，還該有孝的知識呀！知爲孝之道便是「集義」，也便是「致知」。

問：「人敬以直內，氣便充塞天地否？」曰：「氣須是養，集義所生。積習既久，方能生浩然氣象。人但看所養如何。養得一分便有一分，養得二分便有二分。只將敬，安能便到充塞天地？」

這分明在補充程頤所說。因此，他纔將養氣養心工夫都縮合到「致知」上。他又說：

須是知了方能行。若不知，只是覷了堯，學他行事，無堯許多聰明睿知，怎生得如他？

又說：

未致知，怎生得行？勉強行者，安能持久？除非燭理明，自然樂循。

他又說：

知有多少般數，煞有深淺。向親見一人，曾爲虎所傷，因言及虎，神色便變。旁有數人，見他說虎，非不知虎之猛可畏，然不如他說了有畏懼之色。蓋眞知虎者也。學者須是眞知，纔知得，便是泰然行將去。某年二十時，解釋經義，與今無異，然思今日覺得意味與少時自別。

這些話，精神還極像顥，他主從親身實踐上求知，卽是顥所謂「自家體貼」，但他說得更分明。他又說：

人之一身，儘有所不肯爲。若士者，雖殺之，使爲穿窬，必不爲。其他事未必然。執卷者莫不知說禮義，王公大人，皆能言軒冕外物。及其臨利害，則不知就義理，卻就富貴。如此者，只是說得，不實見。

所以他說：

人只是要一個知見難。人旣能知見，豈有不能行？一切事皆所當爲，不待著意做。纔著意做，便有個私心。只一點義氣，能得幾時了？

普通人也懂得義氣，知道這事該如此做，因此他也著意如此做，其實還是勉強，是私心要合義，卻並不是眞知。所以他又說：

聞見之知，非德性之知。物交物，則知之，非內也。今之所謂博物多能者是也。德性之知，不假見聞。

不假見聞，便要內心自己覺悟。我們若從他這些話，接著明儒王守仁之良知學，正是接得上。但頤並不推本到「良知」，這就形成了下面程朱與陸王之分歧。

問：「學何以至有覺悟處？」曰：「莫先致知。能致知，則思一日而愈明一日，久而後有覺也。學無覺，則何益矣，又奚學爲？思曰睿，睿作聖，纔思便睿，以至作聖，亦是一個思。」故曰：勉強學問，則聞見博而知益明。

據他說：致知工夫在思，思始能有覺悟，有覺悟始是學。能用思，能有覺悟，則聞見博而知益明，並不是不要聞見。但聞見之上更有一番重要工夫則是思。他說：

人思如泉湧，汲之愈新。

又曰：

思曰睿，思慮久後睿自然生。若於一事上思未得，且換別一事思之，不可專守著這一事。蓋人之知識，於這裏蔽著，雖強思亦不通也。

他又說：

欲知得與不得，於心氣上驗之。思慮有得，中心悅豫，沛然有裕者，實得也。思慮有得，心氣勞耗者，實未得也，強揣度耳。

揣度還是在聞見上求知，悅豫則在德性上眞知。知之眞得與不眞得，便在這上分。「聞見之知」，物交物，引而愈遠，故覺心氣勞耗。「德性之知」，乃此心知得義理，義理即吾性分以內事，故覺中心悅豫。顥講「敬」要和樂，頤講「知」要悅豫，仍皆可自己體貼得。

他之所謂「思」，用古籍說之，亦即是「格物」。他說：

隨事觀理，而天下之理得矣。君子之學，將以反躬而已矣。反躬在致知，致知在格物。

格物與物交物不同。物交物則引而愈遠，只是聞見。格物則有一限制，物與身接，其間有一理，此理則合內外，爲我德性中所固有。所以說：

致知在格物，非由外鑠我也，我固有之也。因物而遷，迷而不悟，則天理滅矣。故聖人欲格之。

可見他講「格」字有「限制」義。不要因物而遷，愈引愈遠，要限制在物與我之相交點，而自明我德性所固有之理，則便非捨了德性而專求明物理。所以說：

欲思格物，則固已近道矣。是何也，以收其心而不放也。

可見格物不是放我心去隨著物，乃是限制在物上窮其理，而此理則仍不外於在我之德性。故他又說：

觀物理以察己。

如何叫「觀物理以察己」呢？

問：「觀物察己，還因見物反求諸身否？」曰：「不必如此說，物我一理，纔明彼，卽曉此，合內外之道也。」

可見格物窮理，乃窮此物我、內外合一之理，並非離去我而外窮物理。

問：「鳶飛戾天，魚躍於淵，莫是上下一理否？」曰：「到這裏只是點頭。」

鳶飛戾天，魚躍於淵，渾是率性。顥嘗說：「周茂叔窗前草不除去，問之，云與自家意思一般。」這便是纔明彼，卽曉此，便是格物。顥又云：「子厚觀驢鳴，亦謂如此。」這亦是格物。觀驢鳴可悟驢之生氣與生理，此是驢之性。因於驢性，可悟己性。顥又說：「觀雞雛可以識仁。」這也是格物。雛雞一片生趣，便知人心也如是。顥又觀池盆中小魚，說：「欲觀萬物自得意。」池盆中小魚如何般自得，卽如自己心氣自得時意味。如是觀物，便觀到「鳶飛戾天，魚躍於淵」，盈天地間，生趣洋溢，活潑潑地，一片天機。所謂「靜觀萬物皆自得」，這卽是天理。到此便已是天理由自家體貼到了，便知道自己也是活潑潑地，如是便豁然貫通，便是自得，便是明天理。

如上所說，可見頤之所謂「格物窮理」者，並不如近代人觀念，認爲所窮在物理。他之所窮，則仍是顥之所謂「天理」，只是欲窮性之理。所以說：

性卽理也。

由此看去，顥主敬，頤格物，在學脈上仍是一事，並無二致。只頤把顥說的再補充了其向外的一面。所以說：

敬以直內，義以方外，合內外之道也。

我們也可說，性之理卽義理。若用近代人術語說，頤所欲窮者，仍是人文世界之理，卽性理，或義理；而非自然世界之理，卽專限於物理。

我們明白了這一層，便可說明爲何二程兄弟早年從學於周敦頤，並受其極深之影響，而他們自述學問淵源，只肯說是自家體貼出來，卻從不承認，並從不提到周敦頤。因敦頤太極圖說，乃遠從自然界推演到人文界。而張載正蒙，二程也屢屢批評，總說其是「考索所得，非明睿所照」。換言之，則此等仍是「見聞之知」，而非「德性之知」。後人誤認頤所謂格物窮理者，也如他自己所看不起的所謂考索般，那就錯了。

二程與邵雍交遊最密，但雍學問途徑，二程也不喜歡。相傳有一段故事：

一日雷起，（邵雍）謂伊川曰：「子知雷起處乎？」伊川曰：「某知之，堯夫不知也。」先生愕然，曰：「何謂也？」曰：「既知之，安用數推之？以其不知，故待推而知。」先生曰：「子云知，以爲何處起？」曰：「起於起處。」先生啞然。

可見頤對物理研窮，認爲是身外事，殊不感興趣。他之所謂格物窮理，所謂「今日格一件，明日格一件，積習既多，然後脱然有貫通處」，並非貫通在物理世界上，並非貫通在如周、邵、張三家之宇宙論之上，而仍是貫通在吾之心，貫通在性理上。所以他説：

心欲窮四方上下所至，且以無窮置卻，則得。若要眞得，直是體會。

「體會」即是體貼，須以吾心作主，須是「鞭辟近裏」，並不是要窮索四方上下。若要去窮這四方上下，實在也無窮，窮不盡，窮不透，故説：「置卻即得」。但我們也莫疑心二程學問門徑規模太狹了。當知當時老、釋，也各有他們一套廣大玄深的宇宙論，周、邵、張諸人想另來一套，所爭異同還是差不遠。現在是要排釋、老，復儒學，兩者間所爭，一則以人文界爲主，一則以自然界爲主。人文界之所異於自然界者，在其有生氣，有生理，有生命。

心是有生氣生理生命之心，性也是有生氣生理生命之性。二程再不從宇宙無生命界轉入生命界，來紆迴這一條漫長而無準的路。他們主張直從生命界教人當下認取。他們只想從生命界再推擴到無生命界。窗前草，池盆中魚，驢之鳴，雛雞之啄，鳶之飛，何一非生命？何一非活潑天機？何一非性？又何一非宇宙之神與化？由此大自然中一切生命眞理，體貼出吾心吾性中所稟所具之生命眞理。這一層，卻是儒釋眞疆界。這還是顥所謂「鞭辟近裏」，並不是把學問規模範圍縮小了，弄狹了。只因頤天性較嚴肅，但他講學宗旨，還是和顥差不多。

他所欲窮之理，既然是性理，是一種有生命有生氣之理，則自然會注意到人心之一切喜怒哀樂，注意到人之情。

> 問：「喜怒哀樂出於性否？」曰：「固是。纔有生識，便有性，有性便有情，無性安得情。」又問：「喜怒哀樂出於外，如何？」曰：「非出於外，感於外而發於中也。」問：「性之有喜怒，猶水之有波否？」曰：「然。湛然平靜如鏡者，水之性也。及遇沙石或地勢不平，便有湍激。或風行其上，便有波濤洶湧。此豈水之性哉！人性中只有四端，又豈有許多不善的事。然無水安得波浪，無性安得情也。」

他又說：

論性不論氣不備，論氣不論性不明。

我們若把這兩條合看，氣只如湍激和波濤，性便是那平靜之水。求水之平靜，便該養。

蘇季明問：「中之道與喜怒哀樂未發謂之中，同否？」曰：「非也。喜怒哀樂未發，是言在中之義，只一個中字，但用不同。」或曰：「喜怒哀樂未發之前求中，可乎？」曰：「不可。既思於喜怒哀樂未發之前求之，又卻是思也。既思，卽是已發，便謂之和，不可謂之中也。」又問：「呂學士言：當求於喜怒哀樂未發之前。信斯言也，恐無著摸，如之何而可？」曰：「看此語如何地下。若言存養於喜怒哀樂未發之時則可，若言求中於喜怒哀樂未發之時則不可。」又問：「學者於喜怒哀樂發時，固當勉強裁抑。於未發之前，當如何用功？」曰：「於喜怒哀樂未發之前，怎生求？只平日涵養便是。涵養久，則喜怒哀樂自中節。」或曰：「有未發之中，有既發之中？」曰：「非也。既發時，便是和矣。發而中節，固是得中，只是將中和來分說，便是和也。」

窗前之草，池盆中之魚，驢之鳴，雛雞之啄，鳶之飛，一切莫非活潑天機。但人爲萬物之靈，有時卻轉失了天機。高級生命有時似乎轉不如低級生命般能自然而中節。喜怒哀樂，鳶魚雞驢不見時常有，有亦不爲害。人則多爲喜怒哀樂困了。失卻天地之和，即已違背了天地間生理與生趣。但人不該抹殺喜怒哀樂，或仇視喜怒哀樂，不該認爲性善而情惡，不該因怕情，連帶怕性，要求無生，趨嚮寂滅。人該在喜怒哀樂上求其不失和之理與和之氣，便該求喜怒哀樂之發而皆中節。但喜怒哀樂一發，便早見是和或不和了，在這上無從下工夫。若僅從失和了要它和，總不如在其未發時下工夫，使之發而皆中節，發而無不和。但喜怒哀樂未發時，尚不見有喜怒哀樂，又如何下工夫呢？程頤說：「喜怒哀樂未發時，心上渾無喜怒哀樂，但喜怒哀樂卻渾然全在裏。」所以說：

> 沖漠無朕，萬象森然已具。未應不是先，已應不是後。如百尺之木，自根本至枝葉，皆是一貫。不可道上面一段是無形無兆，卻待人旋安排引出來，教入塗轍。既是塗轍，卻只是一個塗轍。

這一段陳義甚精湛。他的意思，教人在此沖漠無朕上涵養，但不要安排。安排上的是「聞見之知」，涵養出來的是「德性之知」。人若能在喜怒哀樂未發時，好好地存養，便自能發而皆中節。他又說：

> 君子莊敬日強，安肆日偷。常人之情，纔放肆則日就曠蕩，纔檢束則日就規矩。

莊敬是存養時體段。他的話，說來說去，在其大本大原上，還是和其兄一般。只在「涵養須用敬」之外，再添上「進學在致知」。又在「涵養須用敬」之上，再添入「未發之中」一節。這些處，都見他說得比顥更精密。所以他見人靜坐，便歎其善學。靜坐也只是無事時，喜怒哀樂未發時一種莊敬存養。他又說：

人之於儀形，有是持養者，有是修飾者。

修飾是安排，教入一塗轍，持養纔是體會到眞體段，眞氣象。

總之，二程兄弟，都在人的實際生活上，內心眞經驗上來指點人，教人在修養上自己尋向前。他們的精神，已脫離了書本經典，言語注釋，玄思冥想，理論安排。他們主張心與道一致，身與道一致。他們可以說是兩位大心理學家。他們是以心教心，以身教身，以生活教生活，這眞是人生之大導師。因此後人纔推奉他們爲宋學之正統，推奉他們爲道學先生理學家標準的代表。他們都不注重在著作上，程顥只留些語錄和短文，頤稍擴充，又頗側重到「致知」一面去，他著有一部易傳，這是他畢生精心結撰的唯一著作了。他們對人心修養上種種指點的話還很多，可惜這裏不便再詳述。

一八　謝良佐、楊時、游酢、尹焞　附　張繹、王蘋

二程兄弟以心教心，以身教身，以生活教生活，是標準的道學家，我們該注意到他們當時教育事業的實況。他們和胡瑗的書院學校講學不同了。他們只是私家朋友間的講學。謝良佐、游酢、楊時、尹焞，號爲程門四弟子。良佐尤被推爲程門之高第。

良佐字顯道，上蔡人，學者稱上蔡先生。程顥知扶溝事，良佐往從之。

上蔡初造程子，程子以客肅之。辭曰：「當求師而來，願執弟子禮。」程子館之門側，上漏旁穿。天大風雪，宵無燭，晝無炭，市飯不得溫。程子弗問。謝處安焉。踰月，豁然有省，然後程子與之語。

這一段敍述，可以看出程門的教育精神。良佐遠道來，且讓他先把自己一番求師問道的眞忱，自己激發與體認。此心激發了，自己體認了，也就無多話可講。有一天，程顥問他們說：

「爾輩在此相從，只是學某言語，故其學心口不相應，盍若行之？」請問焉，曰：「且靜坐。」

顯爲扶溝主簿時，年甚輕，官職尤低微。良佐方爲秀才，已知名。他這樣遠道問學，正可想見那時的風氣。儒學新潮流，已經普遍激盪開，所以有許多人纔望風慕名來到二程的門下。

明道見謝子見聞甚博，曰：「賢卻記得許多。」謝子不覺面赤身汗。先生曰：「只此便是惻隱之心。」謝子曰：「吾嘗習忘以養生。」明道曰：「施之養生則可，於道則有害。習忘可以養生者，以其不留情也。學道則異於是。出入起居寧無事者？正心以待之，則先事而迎。忘則涉乎去念，助則近於留情。故聖人之心如鑑，孟子所以異於釋氏也。」

顯又教良佐：

賢讀書，慎不要循行數墨。

良佐曾錄五經語作一册，伯淳見之，曰：「玩物喪志。」

上蔡見明道，舉史書成誦，明道以爲玩物喪志。及明道看史，又逐行看過，不差一字。謝甚不服。後來有悟，卻將此事作話頭接引博學之士。

我們把這些記載仔細看，再看上面程顥章，自可明白這裏面道理。良佐又說：

> 先生善言詩，他又不曾章解句釋，只優游玩味，吟哦上下，便使人有得處。

後來良佐又從學於程頤，頤稱他能爲「切問近思」之學。這時的良佐，早已瞭解得程門宗旨了。

楊時字中立，將樂人，學者稱龜山先生。成進士，調官不赴，以師禮見顥於潁昌。顥極喜之。後人說：「謝氣剛，楊氣柔。」顥喜時，頤喜良佐，是各愛其所近。顥卒，時又見頤於洛陽，時年已四十，而事頤愈恭。時與游酢立雪程門，卽是時事。至七十，家居貧甚。有張觷者，爲蔡京塾客。一日，令諸生習走，並曰：「天下事，被汝翁壞了，旦晚有亂，先及汝家，苟能善走，或可逃死。」諸生以爲其心疾，告京。京矍然，自向觷問計。觷曰：「唯有收拾人才爲第一義。」京問其人，觷以時對，遂召爲秘書郎。時以重德高年入政府，竟無所表顯，此事大爲後人所不滿。朱熹說：

> 當此之時，苟有大力量，眞能轉移天下之事，來得也不枉。既不能然，又只隨衆，鶻突！

又說：

來得已不是，及至又無可爲者，只是說沒緊要的事，所以使世人笑儒者以爲不足用。

張栻亦云：

龜山宣和一出，在某之隘，終未能無少疑。恐自處太高。磨不磷，涅不緇，在聖人乃可言。

程門與謝、楊稱鼎足者爲游酢。酢字定夫，建陽人，學者稱廌山先生。少有盛名，至京師，頤一見，謂其資可進道。時顥在扶溝，設學教邑子弟，遂召酢職學事。因從學。但後來他成爲程門之罪人。有人問他：「先常從二程學，後又從諸禪遊，二者之論，必無滯閡；敢問所以不同？」他答道：

佛書所說，世儒亦未深考。往年嘗見伊川，云：「吾之所攻者迹也。」然迹安所從出哉？要之此事須親至此地，方能辨其同異，不然，難以口舌爭也。

他又說：

前輩往往不曾看佛書，故詆之如此之甚。

可見他已是明白背師了。

尹焞字彥明，洛人，學者稱和靖先生。他是程門四大弟子中天資最魯的。人言其家居，終日竦然，家人問饑渴飲食，然後唯阿應之。不爾，不言。朱熹也說：

和靖直是十分鈍底，被他只就一個「敬」字做工夫，終做得成。

又說：

和靖不觀他書，只是持守得好。他語錄中說持守涵養處，分外親切。可知學不在多，只在功專志一。

問龜山之學。云：「以身體之，以心驗之，從容自得於燕閒靜一之中。」李先生。侗學於龜山，其源流是如此。又曰：「龜山只是要閒散，然卻讀書，尹和靖便不讀書。」

伊川自涪歸，見學者彫落，多從佛學，獨龜山與上蔡不變，因歎曰：「學者皆流於夷狄矣，惟有楊、謝長進。」

然後來程門連謝、楊也都走近禪，只焞不然。朱熹說：

和靖日看光明經一部，有問之，曰：「母命不敢違。」如此便是平日缺卻「諭父母於道」一節。

二程最稱正學，便最是闢佛的大師，然他們門下實在有些不振氣。所謂「儒門澹泊，一輩豪傑都爲禪門收拾去」，其語眞不虛。

程門除四大弟子外，又有張繹，字思叔，河南壽安人。本酒家保，喜爲詩，雖拾俗語，往往有理致。一日，見縣官出入，傳呼道路，頗羨之，問人何以得如此？或曰：「讀書所致。」始發憤從人學。入縣學，被薦，忽感科舉學不足爲，因至僧寺，見禪師道楷，有祝髮意。時周行己官洛中，告繹曰：「他日程先生歸，可從之，無爲空祝髮也。」頤歸自涪陵，繹始往從學。我們看了這一條，即可想見程門教法在當時的重要性。時佛學思想尚盛行，治國平天下，就佛學講，依然是俗事。一輩好高的學者，還有鄙薄而不爲，何況是科舉，更受人輕視。只程學也說堯舜事業如浮雲之過眼，但卻教你不須祝髮去。但這一種教法仍有病，說得太高了，沒有眞力量，眞見識，後梢仍會染雜上禪學。因此程頤之後，必得出朱熹，始把程門與禪學劃分得清楚。

程頤門下又有王蘋，字信伯，福清人。其父始徙居吳。蘋師事頤，於楊時爲後進，時最許可之，謂師門後來成就者惟信伯。後明儒王守仁極稱之。全祖望云：

象山之學，本無所承，東發黃震。以爲遙出於上蔡，予以爲兼出於信伯。蓋程門已有此一種。

或問蘋：「致知之要？」

曰：「宜近思，且體究喜怒哀樂未發之謂中。」又曰：「莫被中字誤，只看未發時如何。」

他又說：

學者體究，切不可以文義解釋，張思叔所謂勸君莫作聰明解。

問：「仁，人心也，而又曰以仁存心，何也？」曰：「觀書不可梏於文義。以仁存心，但言能體仁耳。」

這些處，顯是沿襲程門教法，所謂「鞭辟近裏」，所謂「天理二字是自己體貼出來」，皆是此意。但循此而下，便開了陸九淵「六經皆我注腳」之先聲。蘋又自己說：

非某於釋氏有見處，乃見處似釋氏。

胡宏嘗謂：

河南之門，得其指歸者，零落殆盡。今之存者，叩其所安，亦以規矩寬縱，不加嚴謹，後學將何所正？如王學士說：「佛實見道體，只是差之毫釐，故不可與入堯舜之道。」若佛氏實見道體，則塗轍何容有差？伊川謂其略見道體，今王氏改略爲實，豈不迷亂學者？

後人謂釋氏之說「彌近理而大亂眞」，此須二程以後始有此說法。若依宋初諸儒，似說不到釋氏之彌近理。只爲二程有些說法說得彌近釋氏了，故覺釋氏之說彌近理。無論是說他「略見道」，抑是「實見道」，總之程門與佛學實有其彌近處。所以湘學胡宏一派，想在理論上重新再建立，朱熹則受有胡宏影響，陸九淵則略近王蘋道路。在這裏，我們可以細參學術思想之演變。

一九　呂大鈞、大臨

宋學正統，二程稱洛學，張載稱關學。當時關學之盛，不下於洛學。後來宋室南渡，關學中絕，洛學則楊時一派，四傳而得朱熹，遂臻大盛。呂大鈞字和叔，其先汲郡人，祖始遷藍田。大鈞乃關學之翹楚。載倡學關中，一時寂寥，絕少和者。大鈞與載爲同年友，心悅而好之，遂執弟子禮。於是學者靡然知所趨嚮。他後又從二程學，但論其學脈，確然是關學之矩矱。

載講學，以禮爲先。大鈞承其意，愛講井田兵制，以爲治道必由是。悉撰成圖籍，作具體推行之想。大鈞爲人質厚，所知已自信而又力可及者，遂行無稍疑畏，時人方之爲子路。他曾做一兩任小官，自說：「學未優，道未明，不願再仕進。」他推本載教法，先爲鄉約，先在他本地推行，關中風俗爲之一變。這卻是配合經濟與道德來融鑄入普遍日常人生的一種社會運動，也可說是一種寓有社會主義的社會教育。歐陽修本論，只注重上層政治；范仲淹義田，纔著眼社會經濟，但亦僅是一種私人性的慈善事業。大鈞的鄉約，可說是本論之本，想實從鄉村中提倡新風氣，建立新人生。這一運動，卻是提倡儒學，排斥佛、釋，而深入農村的備有具體方案的活動。

下面摘要述說他鄉約之內容：

一、德業相勵

德謂見善必行，聞過必改。能治其身，能治其家，能事父兄，能教子弟，能御僮僕，能肅政教，能事長上，能睦親故，能擇交游，能守廉介，能廣施惠，能受寄託，能救患難，能導人爲善，能規人過失，能爲人謀事，能爲衆集事，能解鬬爭，能決是非，能興利除害，能居官舉職。

他之所謂「德」，一切都是能。他之所謂「能」，全表顯在個人處社會羣體之實際事業上。政治則只占最末的一項。

業謂居家則事父兄，教子弟，待妻妾；在外則事長上，接朋友，教後生，御僮僕。至於讀書治田，營家濟物，畏法令，謹租賦，如禮、樂、射、御、書、數之類，皆可爲之。非此之類，皆爲無益。

他之所謂「業」，全是日常人生，而是日常人生中與人相接的一面，卻不指私人單獨生活言。這可見關學與洛學精神之根本相異處。

右件德業，同約之人，各自進修，互相勸勉。會集之日，相與推舉其能者書於籍，以警勵其不能者。

鄉約主要精神，在舉出人人可能者，而由團體力量來互相督勵。雖各自自由，而有一種集體的心理上之制裁與引導。

二、過失相規

過失謂犯義之過六，犯約之過四，不修之過五。

犯義之過：一、酗博鬬訟。訟謂告人罪惡，意在害人，誣賴爭訴，得已不已者。二、行止踰違。三、行不恭遜。四、言不忠信。

五、造言誣毀。六、營私太甚。

犯約之過：一、德業不相勵。二、過失不相規。三、禮俗不相交。四、患難不相恤。

不修之過：一、交非其人。二、遊戲怠惰。三、動作失儀。四、臨事不恪。五、用度不節。

右件過失，同約之人，各自省察，互相規戒。小則密規之，大則衆戒之。不聽，則會集之日，值月以告於約正，約正以義理誨諭之，謝過請改，則書於籍以俟。其爭辯不服與終不能改者，皆聽其出約。

這裏所舉的「不修之過」，也不指私行言，乃指私人生活之有關涉於公共生活者而言。如不衣冠入街市，犯第三條。與人約了時間不遵守，犯第四條。

凡此所舉，在古代儒家則有禮，在佛教中則有戒律。僧人不守戒律，例得驅逐。這些在政府法律上，則不能照顧，也不能約束。又不是專指私人道德言，因此社會應有公衆的制裁。惟不由宗教團體來任此制裁之責，那是呂氏鄉約之用意。

三、禮俗相交

禮俗之交：一曰尊幼輩行，二曰造請拜揖，三曰請召送迎，四曰慶弔贈遺。尊幼輩行凡五等：曰尊者，年長二十以上。長者，長十年以上。敵者，少者，少於己十歲以下。幼者。少於己二十歲以下。造請拜揖凡三條，請召送迎凡四條，慶弔贈遺凡四條。

右禮俗相交之事，值月主之，有期日者爲之期日，當糾集者督其違慢。凡不如約者，以告於約正而詰之，且書於籍。

此處條文，因禮俗隨時而變，不具引。

這是鄉村間一種生活公約。讓我們姑舉一例：

凡遇尊長於道，皆徒行，則趨進揖。尊長與之言則對，否則立於道側以俟。尊長已過，乃揖而行。或皆乘馬，於尊者則迴避之，於長者則立馬道側，揖之。俟過，乃揖而行。若己徒行，而尊長乘馬，則迴避之。若己乘馬，而尊長徒行，望見則下馬前揖，已避亦然。過既遠，乃上馬。若尊長令上馬，則固辭。遇敵者皆乘馬，則分道相揖而過。彼徒行不及避，則下馬揖之，過則上馬。遇少者以下皆乘馬，彼不及避，則揖之而過。彼徒行不及避，則下馬揖之。

此等當然是當時的禮俗，鄉約只是在禮俗上加上一種團體約束的力量，好使此種禮俗加廣推行，經久維持。宗教團體有約束禮俗主持推行的力量，但當時佛教偏重的是出世，因此對社會日常禮俗不得不由儒者來另訂，並結成新團體來主持推行它，這是呂氏鄉約用心之所在。相傳程顥曾進佛寺，歎道：「三代禮樂，想不到在這裏了。」此刻則是要把禮樂重新推行到佛寺外的社會來。

謝良佐監西京竹木場，朱震自太學偕弟往謁，坐定，朱震說：「震願見久矣。今日之來，無以發問，乞先生教之。」謝良佐說：「好！待與你說一部論語罷！」朱震私念日刻如此，如何來得及講一部論語？已而具飲，酒五行，只說他話。及茶罷，乃掀髯曰：「聽說論語。」他纔首舉「子見齊衰者」一章，又舉「師冕見」一章。他說：「聖人之道，無微顯，無內外，由灑掃應對進退而上達。夫道一以貫之，一部論語只恁地看。」

現在是想把如何見齊衰者，如何見瞽樂師，一切時代化，羣衆化，好讓社會羣衆全在這上躬行而實踐。那是鄉約精神，亦是關學與洛學精神之亦同亦異處。

四、患難相恤

患難之事七：一、水火。二、盜賊。三、疾病。四、死喪。五、孤弱。六、誣枉。七、貧乏。

這七項，范仲淹義田先注意到，但仲淹似乎專注意在經濟問題上。這裏的第六項，卻不關經濟，但也是一種患難，也該援助。

右患難相恤之事，凡有當救恤者，其家告於約正，急則同約之近者爲之告約正，命值月徧告之，並爲之糾集而繩督之。凡同約者，財物器用車馬人僕，皆有無相假。若不急之用，及有所妨者，則不必借。及踰期不還，及損壞借物者，論如犯約之過，書於籍。鄰里或有緩急，雖非同約，而先聞知者，亦當救助。或不能救助，則爲之告於同約而謀之。有能如此，則亦書其善於籍以告鄉人。

上引是呂氏鄉約之具體內容。政治管不盡社會一切事，南北朝、隋、唐，大門第和佛寺便分別管領了這一切。到宋代，門第衰替了，社會上只有宗教團體，只有和尚寺，還在管領著社會。呂氏鄉約，便要把儒家精神，客觀化，具體化，普遍滲透進社會羣衆之日常生活裏，來代替宗教團體之任務。所以說，呂氏鄉約乃歐陽修本論之脫化，而更尤是基本的。張載曾要試驗推行井田均地的新農村，但並沒有成功。大鈞鄉約，便是承接載之新村運動之遺意。這一精神之具體實現，便是張載西銘篇所講理想之具體化。他把一鄉化如一家般，參加鄉約的，對其同約中人，便如一孝子之對其家庭般。可惜不久北宋垮了，完顏氏南下，關中淪陷，鄉約運動便告中斷。後來朱熹想再度推行呂氏鄉約，對大鈞鄉約原條款，也並沒有多增損。可見呂氏所訂，於當時社會現實所需，是頗能配合的。范育作呂大鈞墓表，說他：

明善志學，性之所得者盡之心，心之所知者踐之身。

但他所實踐之身的，有些處和洛學著眼不同，那是關學的精神。這是一新運動，應該爲研究宋學者所注意之一項目。

呂大臨字與叔，大鈞弟。亦先學於載，後學於二程。程顥有名的識仁篇，乃爲他而發。後人把他和謝、楊、游、尹合稱程門五弟子。朱熹在程門中最取大臨，說他高於諸公，大段有筋骨。惜不壽，四十七歲便死了。但他究竟是關學。程顥說：

> 與叔守橫渠說甚固。每橫渠無說處皆相從。纔有說了，便不肯回。

朱熹是更尊洛學的。所以說：

> 如天假之年，必所見又別。

因此他與他兩兄大忠、大鈞，一面勉勉以進修成德爲事，另一面又共講經世實濟之學，而又嚴異端之教，那是關學特色。他論選舉，欲立士規以養德勵行，更學制以量材進藝，定貢法以取賢斂才，立試法以區別能否，修辟法以興能備用，嚴舉法以覈實得人，制考法這是考課，非考試。以責任考功。後人說：「其論甚悉，實可施行。」那些也如大臨鄉約，均見關學精神。富弼告老在家，信佛氏，他與書說：「古者三公，內則論道於朝，外則主教於鄉，此豈世之所望於公者？」弼復書答謝。可知他們自不會像謝、楊諸人般，後梢皆溺入禪學去。

二〇 南渡宋學

南渡以來，可說是宋學的第三期。南渡後的政治局面，較之北宋，相差是遠了。但學術思想上，卻並不見遜色。專就朱熹一人而論，已足掩蓋北宋兩期諸家之長而有餘。朱熹在中國下半部學術思想史上的地位，殆可與前半部的孔子相比。沒有他，恐怕周、邵、張、程諸家，也不會有那般的光輝與崇重。我們儘可說，正統宋學，完成在他的手裏。他對方的陸九淵，又開啟了明儒王守仁，那是明代學術思想界惟一中心人物。其他前後諸家，也還各有創闢。南宋在此短暫的偏安中，學術界有此成績，那是中國歷史上少見的一幕。

二一　胡安國、胡寅、胡宏

胡安國字康侯，崇安人，學者稱武夷先生。他是洛學的私淑者。曾爲荆門教授，楊時來代，遂相識。又從時識游酢、謝良佐。良佐爲德安宰，安國以湖北提舉巡行所部，卻請時作介紹書求見。入境，邑人皆訝知縣不接監司。安國修後進禮，入門，見吏卒植立庭中，皆如土木偶人。安國爲之肅然起敬，遂正式問學。謝良佐後來稱他：

如大冬嚴雪，百草萎死，而松柏挺然獨秀。使其困厄如此，乃天將降大任焉耳。

他已不及見程頤。他自稱：

謝、楊、游三先生，義兼師友，然吾自得於遺書者爲多。

朱震被召，問出處之宜。先生曰：「世間惟講學論政，當切切詢究。至於行己大致去就語默之幾，如人飲食，饑飽寒溫，必自斟酌，不可決之於人，亦非人所能決也。」

這正可看出他所謂自得之眞受用。

他壯年曾觀釋氏書，後遂屏絕，嘗曰：

釋氏雖有了心之說，然其未了者，爲其不先窮理，反以爲障，而於用處不復究竟。

又說：

良知良能，愛親敬長之本心。儒者則擴而充之，達於天下。釋氏則以爲前塵，爲妄想，批根拔本而殄滅之。二者正相反。

他著有春秋傳，自負爲傳心要典。呂祖謙曾說：

胡文定春秋傳，多拈出禮運「天下爲公」意思。蜡賓之歎，自昔前輩共疑之，以爲非孔子語。蓋不獨親其親子其子，而以堯、舜、禹、湯爲小康，眞是老聃、墨翟之論。胡氏乃屢言春秋有意於天下爲公之世，此乃綱領本原，不容有差。

其實安國春秋傳，遠本孫復尊王攘夷，旨在提倡「大復仇」之旨，而終以「天下爲公」爲歸宿。那是針對時局而又極富開濶的遠見的。但他因游酢之薦，誤交秦檜，終失知人之明，成爲晚年一遺憾。

胡寅字明仲，安國兄子，學者稱致堂先生。他生母以子多將不舉，安國妻抱養之。少年桀黠難制，安國閉之空閣，閣上有雜木，寅盡刻爲人形。安國因置書數千卷於閣上，年餘，悉成誦。他志節豪邁。初擢第，張邦昌欲妻以女，拒不納。安國素善秦檜，及檜當國，寅與檜絕交，遂受貶謫。朱熹嘗說：

致堂議論英發，人物偉然。向常侍之坐，見其數盃後歌孔明出師表，可謂豪傑之人也。

他著有崇正辯，專闢佛徒報應變化之論，後人謂：

當洛學陷入異端之日，致堂獨皭然不染，亦已賢哉！

胡宏字仁仲，安國次子，學者稱五峯先生。幼時嘗見楊時於京師，後卒傳父學，優游衡山二十餘年，開南渡湖湘之學統。他不滿其兄寅，寅之學遂爲所掩。他著有知言，呂祖謙以爲過於張載之正蒙。朱熹說：

知言中議論多病，又其辭意多急迫，少寬裕，良由務以智力探取，全無涵養之功，所以至此。然其思索精到處，何可及也。

又說：

五峯善思，然其思過處亦有之。

大抵熹之不滿於知言，正猶二程之不滿於正蒙。此下摘錄知言中幾條，並附朱熹疑義，以見兩家思想之異點。知言曰：

天命之謂性，性，天下之大本也。堯、舜、禹、湯、文王、仲尼六君子，先後相謂必曰心，而不曰性，何也？曰：「心也者，知天也，宰萬物以成性者也。六君子，盡心者也，故能立天下之大本，人至於今賴焉。不然，異端並作，物從其類而瓜分，孰能一之？」

疑義曰：

「以成性者也」，此句可疑。

又曰：

論心必兼性情，某欲別下語云：「性固天下之大本，而情亦天下之達道也。二者不能相無。而心也者，知天地，宰萬物而主性情者也。六君子者，惟盡其心，故能立天下之大本，行天下之達道，人至於今賴焉。」

今按：熹主張性稟賦自先天，宏則謂性亦完成於後天。所以宏「盡心以成性」之說，熹認爲可疑。但熹之心、性、情三分說，性屬先天，心亦屬先天，則更無一包括心性更高的統一。宏則專主心上講，頗與陸王學派相近似。晚明儒王夫之，可說是湖湘學派之後勁。他極推崇張載之正蒙，也竭力發揮成性的說法，闡述精微，與宏知言大義可相通。似乎知言較近於程顥，而疑義較近於程頤。

知言又曰：

天理人欲，同體而異用，同行而異情，進修君子，宜深別焉。

疑義曰：

天理莫知其所始，其在人則生而有之。人欲者，梏於形，雜於氣，狃於習，亂於情而後有。

又曰：

既謂之同體，則上面便著人欲二字不得。當見本體實然，只一天理，更無人欲。故聖人教人，只說克己復禮，教人實下工夫，去卻人欲，便是天理，未嘗教人求識天理於人欲汩沒中也。

按：宋儒自程顥提出「天理二字是自家體貼出來」之一語，此下諸儒講學，遂多以「天理」立宗。「天理」之相對面爲「人欲」，宏卻謂天理、人欲「同體異用，同行異情」。後來陸王學派大體接受此見解。清儒戴震孟子字義疏證，更專拈此層透切發揮。朱熹說：「天理莫知其所始。」此即周敦頤

「無極而太極」的說法。若把一切人事原理，全要推溯到先天，勢必達於渺茫難窮之一境。所以二程不甚著意在此上探索。他們並不認自己學問原自周敦頤，正在此等處。到熹始重定宋學之傳統，正式認二程之學源出自敦頤，實在是他從程頤「格物窮理」說再轉一步，始轉成他自己的一套。他說：「人欲者，梏於形，雜於氣，狃於習，亂於情而後有。」於是遂把一切善盡歸諸先天，一切惡全歸於後天。這雖像是從張載「氣質之性」與「義理之性」的分別來，其實非張載之本義。載只說「太虛卽氣」，而熹則主「理在氣中」，兩人的宇宙論本不同。清初顏元，便專從氣質之性這一點上攻擊熹，與戴震異塗而同歸。

知言又曰：

好惡性也，小人好惡以己，君子好惡以道，察乎此，則天理人欲可知。

疑義曰：

好惡固性之所有，然直謂之性則不可。蓋好惡，物也，好善而惡惡，物之則也。

按：明儒王守仁以好惡卽良知，實與知言「好惡性也」之說近。疑義則謂「好惡是物」，卽指其落於氣質言，性則是好惡之天則。若認好惡卽性，便近於心學。必謂好惡之天則始是性，纔始是理學。在此便見心學與理學之分途。

知言又曰：

性也者，天地鬼神之奧也，善不足以言之，況惡乎哉？孟子之道性善云者，歎美之辭，不與惡對也。

又曰：

或問：「心有生死乎？」曰：「無。」曰：「然則人死其心安在？」曰：「子旣知其死矣，而問安在邪？」曰：「何謂也？」曰：「夫唯不死，是以知之，又何問焉？」曰：「未達。」胡子笑曰：「甚哉！子之蔽也。無以形觀心，而以心觀心，則知之矣。」

疑義曰：

「性無善惡」、「心無生死」兩章，似皆有病。天地生物，人得其秀而最靈。所謂心者，乃虛靈知覺之性，猶耳目之有見聞爾。在天地則通古今而無成壞，在人物則隨形氣而有始終。知其理一而分殊，又何必爲是心無死生之說，以駭學者之聽乎？

按：此處亦見心學與性學之分歧。惟主心，故必言人心不死，其實卽已通古今而言之。王守仁曰：「無善無惡心之體」，此猶言性無善惡。故必待言成性，始成其至善之性也。工夫全在心上用。疑義認心爲虛靈知覺，猶耳有聽，目有視。故性則至善，而心工夫則貴能格物窮理。

知言又曰：

凡天命所有而衆人有之者，聖人皆有之。人以情爲有累也，聖人不去情。人以才爲有害也，聖人不病才。人以欲爲不善也，聖人不絕欲。人以術爲傷德也，聖人不棄術。人以憂爲非達也，聖人不忘憂。人以怨爲非宏也，聖人不釋怨。然則何以別於衆人乎？聖人發而中節，衆人不中節也。中節爲是，不中節爲非。是者爲正，爲善；非者爲邪，爲惡。而世儒乃以善惡言性，邈乎遼哉！

疑義曰：

此亦性無善惡之意，然不知所中之節，聖人所自爲邪？將性有之邪？

按：顏元曰：「孔孟以前責之習，使人去其所本無；程朱以後責之氣，使人憎其所本有。」知言指點出情、才、欲、術、憂、怨皆人所本有，不必憎而去之。至於中節與不中節，依王守仁說，則我心之良知自知之。此仍心學與性學之別。性屬天，心屬人。心學流弊，則尊人而蔑天。

知言又曰：

問：「爲仁。」曰：「欲爲仁，必先識仁之體。」曰：「其體如何？」曰：「仁之道宏大而親切，知者可以一言盡，不知者雖設千萬言亦不知也。能者可以一事舉，不能者雖指千萬事亦不能也。」曰：「萬物與我爲一，可以爲仁體乎？」曰：「子以六尺之軀，若何而能與萬物爲一？」曰：「身不能與萬物爲一，心則能矣。」曰：「人心有百病一死，天下之物有一變萬生，子若何而能與之爲一？」他日，問曰：「人之所以不仁者，以放其良心也。以放心求心，可乎？」曰：「齊王見牛而不忍殺，此良心之苗裔，因利欲之間而見者也。一有見焉，操而存之，存而養之，養而充之，以至於大。大而不已，與天同矣。此心在人，其發見之端不同，要在識之而已。」

疑義曰：「欲爲仁，必先識仁之體」，此語大可疑。

又曰：知其放而求之，心在是矣。今於已放之心，不可操而復存者，置不復問，乃俟異時，見其發於他處而後從而操之，則未見之間，此心遂有間斷，無復有用功處。於其本源全體，未嘗有一日涵養之功，便欲擴而充之，與天地同大，竊恐無是理也。

又曰：聖門之教，詳於持養，略於體察，與此章意正相反。必欲因苗裔，識根本，孰若培其根本而聽其枝葉之自茂邪？

按：知言此條，大體本程顥識仁篇。朱熹與張栻，爲此問題，曾經長期之研討；而此處熹所說，則是主張存養應先於察識，實與程顥識仁篇有歧見。後來明代浙中王門與江右王門之爭論，也集中在這點上。大抵宋明理學在理論上，有朱、陸之異同。而在工夫上，則最要者卽是此處所舉胡、朱之異見。浙中偏近胡，江右偏近朱，東林高攀龍也近朱。熹在此等處，遂完成他細密廣大的系統；而宏之所說，則似近偏薄了。這亦是宋明理學絕大爭論一要點。後人都注意在朱、陸異同上，把此一節未免忽略了。

知言又曰：

有是道，則有是名，聖人指明其體曰性，指明其用曰心。性不能不動，動則心矣。聖人傳心，教天下以仁也。

疑義曰：

今欲頗改其語云：「性不能不動，動則情矣。心主性情，故聖人教人以仁，所以傳是心而妙性情之德。」

按：知言認心性爲一體，疑義則認心性有分別。熹初亦從宏說，以心爲已發，以性爲未發，後始采張載「心統性情」說，遂成如上舉疑義之所云。這亦是熹極費斟酌處。這裏，他思想的轉變，須細看他與張栻往復書札之討論。熹知言疑義又總括地批評說：

> 知言可疑者，大端有八。性無善惡，○一心爲已發，○二仁以用言，○三心以用盡，○四不事涵養，○五先務知識，○六氣象迫狹，○七語論過高。○八

明儒黃宗羲又綜合熹意，謂：

> 會而言之，三端而已。性無善惡，一也。心爲已發，故不得不從用處求盡。仁，人心也，已發言心，故不得不從用處言仁。二者同條，二也。察識此心而後操存，三也。其下二句，則不過辭氣之間。心爲已發，亦自伊川初說，有凡言心皆指已發而言，以其未定者爲定爾。察識此心而後操存，善觀之，亦與明道識仁無異。不善觀之，則不知存養之熟自識仁體。有朱子之疑，則胡氏之說，未始不相濟。

這裏是宗羲有意作調人。實則湘學胡宏一派在當時，有其獨特之思路。朱熹學術乃由胡宏轉回到程頤。我們也可說，沒有胡宏一番新意見，將轉不出後面朱熹那樣的大系統。這一層將互見於下張栻、

朱熹章。

二二　張栻

南渡以後，洛學傳統有兩大派。一傳自楊時，其後有朱熹，稱閩學。一傳自胡安國、胡宏父子。宏有大弟子張栻，稱湖湘之學。栻字敬夫，廣漢人，遷衡陽，學者稱南軒先生。朱熹與栻交遊，切磋益細。惜栻不壽，四十八歲而卒。全祖望說：

南軒似明道，晦翁似伊川。向使南軒得永其年，所造更不知如何也。

栻父浚，爲宋相。栻少長，見胡宏，宏辭疾不見。告人曰：「渠家學佛，我見他則甚？」栻聞之，始知拒見之由。再請謁，語甚契，遂從受業。熹交遊最密，得力最深者凡三人，然於呂祖謙則病其雜，於陸九淵則言其禪，獨於栻最欽敬。嘗曰：

敬夫見識卓然不可及。從遊之久，反復開益爲多。

又曰：

敬夫學問愈高，所見卓然，議論出人表。近讀其語，不覺胸中灑然，誠可歎服。

又述其行狀，則曰：

公嘗有言曰：「學莫先於義利之辨，而義也者，本心之所當爲而不能自已，非有所爲而爲之者也。一有所爲而爲之，則皆人欲之私，而非天理之所存矣。」至哉言也！亦可謂廣前聖之所未發，而同於性善養氣之功者與？

胡宏知言，熹、栻、祖謙曾共研討，各有評隲，見於疑義，故後人謂栻之學從熹轉手。實則去短集長，交相師益，不必定説誰跟了誰。今熹集中有中和説四篇，前三篇與栻，第四篇與湖南諸公書。這四封信，一步步討論此心之究屬已發與未發，以及察識涵養工夫之先後與輕重，實爲二程學統中一最要的問題。胡宏已從程頤轉變到張載。頤云：「進學則在致知，而致知重在能思。」宏則偏重在向外思索上。用近代語說之，宏乃更近於一位哲學家。栻姿性近二程，更注意向內身心之修養。但究受師門影響，故先亦主心爲已發，主察識當先於涵養。惟栻所謂察識先於涵養之所重，其實已偏重在心地上，不像宏知言路徑的開展了。熹先學於李侗，爲楊時嫡傳，主默坐澄心，只偏在涵養。後見栻，栻不喜默坐澄心之說。他常提程頤之「主一」。他有與人書，謂：

來書所謂思慮紛擾之患，此最是合理會處。其要莫若主一。遺書論此處甚多，須反覆玩味。據目下底意思用功，譬如汲井，漸汲漸清。如所謂未應事時此事先在，既應之後此事尚存，正緣主一工夫未到之故。須思此事時只思此事，做此事時只做此事，莫教別底交互出來，久久自別。看時似乎淺近，做時極難。某前作主一箴，亦有此意。

可見「主一」與默坐澄心不同。主一始是動亦定，靜亦定，不偏在默坐上。他又說：

所諭收斂則失於拘迫，從容則失於悠緩，此學者之通患。於是二者之間，必有事焉，其惟敬乎？拘迫則非敬也，悠緩則非敬也。但當常存乎此，本原深厚，則發見必多。而發見之際，察之則必精矣。若謂先識所謂一者，而後可以用力，則用力未篤，所謂一者只是想像，何由意味深長乎？

可見栻不教人默坐，他所謂常存乎此者，還是個主一，而此「一」則隨時隨事而見。朱熹說：

南軒謂動中見靜，方識此心。復是靜中見動，他要動中見靜，卻倒說了。

但我們若細玩栻所說，似乎他所謂「動中見靜」，還是在主一，還是一個敬。此實二程遺教，與楊時、羅從彥、李侗一派不同。他只主張孟子之所謂「必有事焉」，只是主張程顥之所謂「鞭辟近裏」。他答朱熹書亦謂：

年來務欲收斂，於本原處用功，覺得應事接物時，差帖帖地。但氣習露見處，未免有之。一向鞭辟，不敢少放過。

這裏所謂「本原處用功」，也不是指默坐。即在應事接物時，仍可鞭辟收斂，仍自見有本原。他又說：

元晦謂略於省察，向來某與渠書，亦嘗論此矣。如三省四勿，皆持養省察之功兼焉。大要持養是本，省察所以成其持養之功者也。

他之所謂「省察」，也不指默坐時，而兼指的應事時。似乎栻工夫極縝密，熹開始也誤認了他意思，所以說：

熹早從先生（李侗）學，受中庸之書，求喜怒哀樂未發之旨，未達而先生沒。聞張敬夫得衡山胡氏學，則往從而問焉。敬夫告余以所聞，亦未之省也。暇日料檢故書，得當時往還書稿一編，題曰中和舊說。

熹又有與栻書，謂：

前此用心之左，向非老兄抽關啓鍵，直發其私，誨諭諄諄，不以愚昧而捨置之，何以得此？其何感幸如之。區區筆墨，蓋不足以爲謝。

可見熹受栻之影響，不僅確認默坐澄心之偏，亦知專說心爲已發亦不切。此後遂專拈程頤「涵養須用敬，進學則在致知」之兩語爲學的。這是經過兩人多番往復後所得。總之，湘學與閩學不同。熹先從學於李侗，後獲交於栻，然後才對程門遺教，有更精更圓的體認。後人因謂熹先從栻，而後辨其非。如王白田朱子年譜。又或謂栻早知涵養是本，省察所以成其涵養，故力省而功倍。朱子缺卻平日一段涵養工夫，至晚年而後悟。黃宗羲宋元學案。這兩說，雖各有所據，然學者相互取益，思想上之逐步變化，極細極活，不能刻劃求，亦不能死殺說。熹固受栻之影響，栻亦因熹而啟悟。如其論「已發」、「未發」云：

> 未發已發，體用自殊，不可溟涬無別。要須精晰體用分明，方見貫通一原處。有生之後，豈無未發之時，正要深體。若謂有生之後，皆是已發，是昧夫性之所存也。伊川先生語錄所論，幸精思之。

這一段，仍本知言意，心爲已發而性則爲未發。這已和知言論性不同了。熹先曾是認栻此見，後來再說出「心統性情」，情是已發，性是未發，則心又兼統已發與未發。這些處，可見朱、張兩人思想上之交互受益，遞轉遞深愈入愈細之大概。我們卻不該在此等處來爭其立說之先後，判其成學之高下。人物代表著思想，我們卻不必放輕了思想演進來爭人物間之門戶與是非。這是研討宋明理學一最該先具的心地。

又熹有評湘學云：

湖南病正在無涵養，所以尋常都發出來，不留在家。

又說：

湖南一派，譬如燈火要明，只管挑，不添油，便明得也不卽好。所以氣局小，長汲汲然，張筋努脈。

這些話也決不指栻言，栻則早已裁歸平正了。所以後人說：

南軒之學得之五峯，論其所造，大要比五峯更純粹。蓋由其見處高，踐履又實。

但從遊於栻者甚眾，卻無一人得其傳。大抵程門學統，必然該變了。若專主默坐澄心如閩學，便難免轉染到禪學去。若如湘學，胡宏偏在思辨上，卻沒有張載般以禮作檢。栻專用主一工夫，又似推擴不開，不易教學者眞能由自己尋向上去。因此湘學終於不振，而閩學則因熹而大耀。

二三　朱熹

朱熹字元晦，婺源人，學者稱晦庵先生。他不僅是南渡一大儒，宋以下的學術思想史，他有莫可與京的地位。後人稱之爲「致廣大，盡精微，綜羅百代」，他實當之而無愧。父松，人稱其性剛不屈於俗，自謂「卞急違道」，故號韋齋。臨卒，以熹屬劉勉之、胡憲、劉子翬，時熹年十四。勉之，楊時門人，以女嫁熹。子翬從僧遊，能入定，讀儒書，謂與佛合，作聖傳論。胡憲，安國從子，又好佛老，熹從遊最久。自言：「某年十五六時，亦曾思禪學。」十九始登第，他赴考，還是看宗杲禪師的語錄。自言：「用某禪僧意思去胡說，試官爲某說動了，遂得舉。」年二十四，爲同安主簿，始從學於李侗，到那時才將禪閣起。自是從遊凡十年，晉謁凡四次。侗字愿中，南劍人，學者稱延平先生。師事羅從彥。從彥字仲素，亦南劍人，學者稱豫章先生。初見楊時，驚汗浹背，曰：「不至是，幾枉過一生矣。」時講易舉程頤說，從彥鬻田裹糧，往洛見頤。歸，摳衣侍席於時者二十餘載。然從彥不爲時所知，侗往從學，退而屏居，簞瓢屢空，餘四十年。熹常稱：

又曰：李先生居山間，亦殊無文字看。不著書、不作文，頽然若一田夫野老。

又曰：李先生初間，也是一豪邁底人。夜醉，馳馬數里而歸。後來養成徐緩，雖行一二里路，常委蛇緩步，如從容室中。

又曰：李先生涵養得自是別，眞所謂不爲事物所勝。古人云：「終日無疾言遽色。」他眞個是如此。如尋常人去近處必徐行，出遠處行必稍急，先生去近處也如此，出遠處亦只如此。尋常人叫一人，叫之二三聲不至，則聲必厲。先生叫之不至，聲不加於前。又有坐處壁間有字，某每常亦須起頭一看；若先生則不然，方其坐時固不看，若是欲看，必就壁下視之。

又曰：

李先生終日危坐，而神采精明，略無隤墮之氣。

從彥教李侗，令靜中看喜怒哀樂未發之謂中，未發時作何氣象。侗亦以教熹，熹初不省，謂：

當時既不領略，後來又不深思，遂成蹉過，孤負此翁。

但熹又說：

三十年前長進，三十年後長進得不多。

可見他在從學李侗的一段時間，學問思想上定下了基礎。

三十三歲那年，宋孝宗卽位，詔求直言，熹應詔上封事，在八月。明年，他到臨安，入對垂拱殿，是年李侗卒。他開始認識了張栻。三十八歲，特地去湖南會栻，留兩月。他在這一段時期中，思想上引起了變動，他似乎在由閩學開始轉移到湘學。或問：

> 李先生爲默坐澄心之學，持守得固，後來南軒深以默坐澄心爲非，自此學者工夫愈見散漫，反不如默坐澄心之專。先生曰：「只爲李先生不出仕，做得此工夫。若是仕宦，須出來理會事。向見吴公濟爲此學，時方授徒，終日在裏默坐，諸生在外都不成模樣，蓋一向如此不得。」

張栻主張「察識先於存養」，熹受其影響，亦認心無未發，只該在已發時求未發。他的中和舊說，便成在這一時期中。後來他四十歲那年，又悟先察識後涵養之非，更定中和舊說，這時他纔又從湘學轉回到閩學。他中和說的最後所悟如下舉：

> 向來講論思索，直以心爲已發，而日用工夫，亦只察識端倪，爲最初下手處。以故缺卻平日涵養一段工夫，使人胸中擾擾，無深潛純一之味。而其發之言語事爲之間，亦嘗急迫浮露，無復雍容深厚之風。蓋所見一差，其害乃至於此，不可不審也。與湖南諸公中和說四。

大抵他對李先生的追憶，所爲有「孤負此翁」之歎者，也在這時期。

熹在三十八歲前，著作尚不多。三十歲，校定上蔡語錄；三十四，成論語要義，論語訓蒙口義。謝良佐有論語說，李侗也極喜讀論語，熹自說：

某少時妄志有學，頗藉先生。上蔡之說以發其趣。

我們可想像那時熹學問的規模。三十五歲，困學恐聞成。自三十八歲到長沙和張栻討論兩月，使他有許多問題再回頭細究二程語錄。三十九歲，編次程氏遺書成。四十，悟中和舊說之誤，遂專主二程講學宗旨。似畢竟與未見栻以前不同。閩學楊時一派，專重靜中涵養；湘學前自胡宏，便轉到向外思索的路上去。若把佛學相擬，閩學如禪，湘學如天台、賢首。熹在這點上，似乎受湘學影響更大。他說：

尹彥明見伊川後半年，方得大學、西銘看，此意思也好，也有病。蓋且養他氣質，淘汰去了那許多不好底意思。此意固好。然也有病者，蓋天下有多少書，若半年間都不教他看一字，幾時讀得這許多書？所以尹彥明終竟後來工夫少了。易曰：「盛德大業至矣哉！富有之謂大業。」天下事無所不當理會者，纔工夫不到，業無由得大。少間措諸事業，便有欠缺。此便是病。

孟子嘗說：「我知言，我善養我浩然之氣。」二程似乎太偏在本心涵養上。胡宏著書特稱知言，殆具深意。他似從二程折回一半到張載，在思索上多用此力。因若無知言工夫，辨別不清各家各派義理是非，縱如謝、楊高弟，也會溺入禪學。程頤在此處想補救其兄之所短，而宏則更進了一步。熹宗主二程，不主張冥思力索，他纔提出讀書一項工夫，來補救程門教法之偏。那是他在當時學術界絕大的貢獻。由此遂使他由中期宋學，再轉到初期宋學去。他在上引一段話中，特提「大業」二字來補救專重「盛德」之偏。他的理論，很像王安石大人論。下面纔是他大量著書的年代，想來也是他大量讀書的年代。茲略表如下：

四三　正月，編次論孟精義成。
二月，資治通鑑綱目成。此書蓋朱子創定凡例，而此後趙師淵助成之。
十月，八朝名臣言行錄成。
十二月，西銘解義成。

四四　四月，太極圖說解成。一說：通書解亦在是年。
序和靖言行錄。
六月，編次程氏外書成。伊洛淵源錄成。
九月，序中庸集解。

四五　編次古今家祭禮。

四六　五月，編近思錄成。

四八　六月，論孟集注、或問成。
十月，周易本義成。詩集傳成。

五七　三月，易學啟蒙成。

　　八月，孝經刊誤成。

五八　三月，編次小學書成。

　　九月，通書解成。

五九　二月，始出太極、通書、西銘解，並授學者。

六十　二月，序大學章句。

　　三月，序中庸章句。

六一　十月，在漳州任，刻四經易本義詩集傳及書與春秋。四子書成。

六三　孟子要略成。

六六　楚辭集注成。

六七　始修禮書，名曰儀禮經傳通解。

六八　韓文考異成。參同契考異成。

六九　集書傳，口授蔡沈足成之。

七十　三月，楚辭集注、後語、辨證成。

七一　三月，改大學誠意章。是月卒。

根據上表，他的著作年月，重要在四十到五十。他自己說：

學、庸、語、孟諸文字，皆是五十歲以前做了，五十以後，長進得甚不多。

在那期間，他又和呂祖謙、陸九淵兄弟交遊，對他學問上也有影響。但鵝湖寺一會，他時年四十六，那時他的學問也大致定型了。

他在宋學上另一大貢獻，在其爲宋學建立了一個新傳統。二程講學，並不自承出於周敦頤，他們對並世學人，推尊的是胡瑗與王安石。熹纔把周、張和二程並尊，確認敦頤是二程所師承，特爲太極圖說、通書、西銘作解義。至編近思錄，專采此四家。後人連熹稱爲濂、洛、關、閩，奉爲宋學之正統，如是他遂把程氏洛學規模擴大了。周、張宇宙論形上學的部門，與二程的心性修養工夫會合融和，又加上他自己增入的讀書法，三流交匯，宋學遂臻於完整。

他對宋以前傳統，亦另加整理。初期宋儒，尤其是北方孫復、石介一派，認孔孟以下有揚雄、王通、韓愈而至宋。熹始把此諸人排除了，毋寧是董仲舒，而亦不得與於斯道之大傳統。於是定論語、大學、中庸、孟子爲四子書，特爲作集注與章句，此下則直接周、張、二程。這一傳統，亦爲後世所遵循。

他在古代學術傳統上之更大貢獻，則在其退五經而進四子書。他對古經籍，有一番最創闢的新見解。他說：

> 經之有解，所以通經。經既通，自無事於解。借經以通乎理耳，理得則無俟乎經。

其實這些全是掩飾話。他肯費功夫替太極圖說、西銘作解，卻說經書不須解，豈不是掩飾。至少他把周、張書與經平視了。他又說：

> 詩、書是隔兩重說，易與春秋是隔三重四重說。春秋義例，易爻象，雖是聖人立下，今說者各信己見，但未知曾得聖人當初本意否？且不如讓渠如此說。今欲直得聖人本意不差，未須理會經，先須於語、孟中專意看。

這纔是他痛快說。經未須理會，試問：前人誰敢如此般說過？經尚未須理會，自然古今各家說經諸書，只有讓渠如此說，也不須理會了。他又說：

> 易，非學者急務也。某平生也費了些精神理會易與詩，然得力則未若語、孟之多也。易與詩中，所得似雞肋焉。

把聖經比雞肋，也只有他敢說。他又說：

書中可疑諸篇，若一齊不信，恐倒了六經。

若稱他意，盡情說了，眞怕六經也倒了。以後黃震嘗說：

朱子謂易本卜筮，謂詩非美刺，謂春秋初不以一字爲褒貶，皆曠世未聞之高論，而實皆追復古始之正說。乍見駭然，熟輒心靡。卓識雄辯，萬古莫儔。

那眞推崇得一些也沒過分。他對經學上意見，北宋諸儒中，只有歐陽修、王安石差可追步。連中期諸儒，莫不尊易、春秋，所見出熹下遠甚。他一部近思錄，一部論孟集注與學庸章句，算把儒家道統，在他手裏重新整頓，重新奠定，那眞是萬古莫儔的大事業。孔子修六經，未必有此事，但他卻眞修了四子書與近思錄，成爲他手裏的「六經」。

若我們說，周、張、邵的貢獻在爲當時儒家建立新的宇宙論，二程貢獻在指導身心修養，則朱熹的貢獻在開示讀書方法。後人有搜集他討論讀書方法成爲專書的，這也可說是他在當時學術界的一項大貢獻。他弟子黃榦說：

其於讀書也，又必使之辨其音釋，正其章句，玩其辭，求其義。研精覃思，以究其所難知。平心易氣，以聽其所自得。然爲己務實，辨別義利，毋自欺，謹其獨之戒，未嘗不三致意焉。蓋亦欲學者窮理反身，而持之以敬也。

這幾句話精簡，卻把熹教人讀書的幾項重要方法都提及了。熹極推尊二程，但程頤所謂「格物窮理」，其實只是「致知集義」，而「致知」則只在「思」上用功。熹始會通之於周、邵、張三家，於是格物窮理有了新天地。又加進了「讀書明理」，對窮理的途徑與方法更圓密了。他讀書的範圍又極博，極廣，他說：

熹舊時亦要無所不學，禪、道、文章、楚辭、詩、兵法，事事要學。一日，忽思之，曰：「且慢，我只一個渾身，如何兼得許多。」

他的學問範圍，北宋諸儒無一能及。他晚年，注楚辭，校韓文，儼然是一文章家。甚至注參同契。

方伯謨勸先生少著書，答曰：「在世間喫了飯後，全不做得些子事，無道理。」

同時陳亮也譏笑他說：

廣漢張敬夫，東萊呂伯恭，於天下之義理，自謂極其精微，世亦以是推之。其精深紆餘，於物情無所不致其盡。而於陰陽卜筮，書畫技術，及凡世間可動心娛目之事，皆斥去弗顧，若將浼我者。新安朱元晦論古聖賢之用心，平易簡直，欲盡擺後世講師相授，流俗相傳，入於人心而未易解之說，以徑趨聖賢心地而發揮其妙。其不得於世，則聖賢之命脈猶在，而人心終有時而開明也。抱大不滿於秦漢以來諸君子。然而於陰陽卜筮，書畫技術，皆存而信之。豈悅物而不留於物者，固若此乎？予因以見秦漢以來諸君子，猶煩新安之刮剔，而後聖賢之心事，可盡白也。跋晦菴送寫照郭秀才序後。

其實這一批評，並不中肯。亮所譏諷於熹的，正是熹之更偉大所在。陳亮的意思好像說，你要做道學先生理學家，便不要再注意這些小玩藝。你要注意這些小玩藝，便不要擺道學先生的面孔。這是程頤「不喫茶不看畫」的一套，也正是熹之更勝過程頤處。

熹不僅在心性修養、義理玩索上留心，也不僅在書册誦覽、文字著作上努力。他對教育也極熱忱。他知南康軍，重興白鹿洞書院，並爲親定教條，可與胡瑗蘇湖學規媲美。他應接四方來學，也較二程規模遥爲擴大精實。黄榦説：

從游之士，迭誦所習，以質其疑。意有未諭，則委曲告之而未嘗倦。問有未切，則反覆誠之而未嘗隱。務學篤則喜見於言，進道難則憂形於色。講論經典，商略古今，率至夜半。雖疾病支離，至諸生問辨，則脱然沉疴之去體。一日不講學，則惕然常以爲憂。摳衣而來，遠自川蜀。

榦曾親勸他且謝賓客，將息養病。他説：

天生一個人，便須著管天下事。若要不管，須是如楊氏爲我方得。某卻不曾去學得這般學。

他又説：

人每願不見客，不知他是如何？若使某一月日不見客，必須大病一月。

他身後，門徒各記平日問答，分類纂輯成語類一百三十卷，共分五十目。其門類之廣博，討論之精詳，也是至可驚人。

他在政治上，自筮仕以至屬纊，五十年間，仕於外者僅九考，立朝纔四十日。然較之周、邵、張、程，他所過的政治生命最長，而且政績也比周敦頤、程顥爲大。他上孝宗封事，力言對金有不共之仇，萬無可和之理，爲南宋第一篇大文字。他又曾創始了「社倉制」，又注意到呂大臨的鄉約。

他的私人生活，初居崇安五夫，築書院於武夷之九曲，榜曰紫陽。後築室建陽蘆峯之巓，曰雲谷，其草堂曰晦庵。自號雲谷老人，亦曰晦庵或晦翁。晚居考亭，作精舍，曰滄州。自號滄州病叟。韓侂胄陷趙鼎，且創僞學之名，熹草疏萬言斥之。諸生力諫，筮得遯之同人，因焚稿，號遯翁。今讀其詩文集，有關庵亭建築及日常起居諸題詠，卻又活現一幅高人雅士相。

但他的學問，包羅得太廣大了。同時江西陸九淵，即持異見，後世稱爲朱陸之異同，爲中國下半期學術思想史上最大一爭端。東萊呂祖謙，與熹爲密友，亦不能無歧見。永康陳亮，永嘉薛季宣、葉適，瑞安陳傅良，都和他持異。明代王守仁，上承陸學，因熹大學格物補傳重掀起學術思想史上之大辯論。明儒中，即最服膺熹的羅欽順，也對他的理氣論表示駁議。下及清儒，如顏元、戴震，更對熹有極激烈的攻擊。在經學上，清儒亦隱然與熹作對壘。此因宋學乃中國下半期學術思想之總起點，而熹則爲宋學中之集大成。自熹以後，學術思想便有分道揚鑣之勢，而無論走那一方向的，都會觸及熹學之壁壘。無論如何，他是這一期間最偉大最主要的一個中心人物了。

此下再簡要地敍述他思想之大體。

問：「理在氣中，發見處如何？」曰：「如陰陽五行，錯綜不失條緒，便是理。若氣不結聚時，理亦無所附著。」

這是他根據周敦頤太極圖，又增入二程「理」的觀念，而組織成的他自己的宇宙論。宇宙只是一「氣」所充塞運行而形成，惟氣之充塞運行中自有理。

或問：「理在先氣在後？」曰：「理氣本無先後之可言。但推上去時，卻如理在先氣在後相似。」

他既說「理在氣之中」，又說「理氣本無先後可言」，爲何又偏要說「理在氣先」呢？這在他的思想體系中，也有一番不得已，須看他下面話始知。他從宇宙原始的理氣論，轉落到宇宙實際事物上則說：

論萬物之一原，則理同而氣異。觀萬物之異體，則氣猶相近，而理絕不同。

何以說「理同而氣異」呢？

以其天命流行，只是一般，故理同。以其二五之氣，有清濁純昏，故氣異。

此就先天稟賦與萬物之初的一段說。何以說「氣猶相近而理絕不同」呢？這就後天萬物已得其所稟賦之後的一段說。

以其雖有清濁之不同，而同此二五之氣，故氣相近。以其昏明開塞之甚遠，故理絕不同。

本來周敦頤太極圖說，是主張動靜互爲其根的，現在熹加進了邵雍先天、後天的見解，便變成先天一「理」化成了後天的「氣」之萬變。程門本有「理一分殊」之說，熹講學，則著重在「分殊」上，因此不得不更著重保持「理一」的觀念。否則專講分殊，便會把思想路徑分散了，變成無頭腦，無系統。此是熹必然要主張「理先於氣」說之苦衷。但他所謂「理先於氣」之理，雖近似於張載正蒙之「太和」，而亦微有不同。因熹所謂理，是主宰著氣的；而張載之所謂太和，則只是氣的一種理想的境界。這是熹運用二程觀點，來融會周、邵、張三家所得的結論。他要教人注意在事物之實際分殊上，而同時莫忽忘其背後統一的最高原理之一境界。這是他思想體系中，最著精神與最費分疏處。所以他又說：

氣相近，如知寒煖，識饑飽，好生惡死，趨利避害，人與物都一般。理不同，如蜂蟻之君臣，只是他義上有一點子明。虎狼之父子，只是他仁上有一點子明。其他更推不去。

這明是程頤「理一分殊」說之再發揮，從此上纔有他廣大精微的開展。他本此觀念再轉落到性的問題上。他說：

性是許多理散在處爲性。

天下無性外之物，因行街，云階磚便有階磚之理。因坐，云竹椅便有竹椅之理。枯槁之物，謂之無生意則可，謂之無生理則不可。

他又說：

生之理爲性。

他此處所謂「生之理」，並不專指生命之理言，而指一切物之生成之理言。此卽程頤「性卽理也」一語之發揮。從此他把有生之理與無生之理也一線綰合了。他又說：

> 人物性本同，只氣稟異。如水，無有不清。傾放白椀中，是一般色。及放黑椀中，又是一般色。放青椀中，又是一般色。
>
> 性如日光，人物所受之不同，如隙竅之受光有大小。人物被形質局定了，也是難得開廣。

這是他「氣猶相近而理絕不同」的一語之實際的例證。因此我們可以說：朱熹的宇宙論，是「理氣混合一元論」，亦可說是「理性一元論」，乃從先秦儒之「德性一元論」演進而來。德性一元，較偏重在德。理性一元，則較偏重在理，其分別殆僅此而已。

於是他又轉落到「氣質之性」與「義理之性」之分別上。他說：

> 氣質是陰陽五行所爲，性卽是太極之全體。但論氣質之性，則此全體墮在此質之中爾，非別有一性。

這一說，他的意見較近於張載，而稍遠於周敦頤。太極圖說中之太極，只是一陰陽，只是一氣。張載正蒙始說：太和墮在氣質中。所以要如此說，則爲他更注意在既墮氣質後之理之絕不同處。換言之，則是他注重後天更重於先天。這是他之學統之所以更近二程處。因此他又說：

孟子之論，盡是說性善，至有不善，說是陷溺。若如此，卻似論性不論氣，有些不備。卻得程氏說出氣質來接一接，便接得有首尾，一齊圓滿了。

他又說：

性非氣質則無所寄，氣非天性則無所成。

這一說法，似與孟子性善論宗旨有違。因照他說，人生一落到氣質，他的性早已有不善，不是陷溺於人生以後之一切環境而始有不善。這一說，遂引起後人許多的諍議。其實孔子已說：「十室之邑，必有忠信如丘者焉，不如丘之好學也。」中庸亦說：「擇善而固執之。」善雖是性，亦待學而盡。且如性急佩韋，性緩佩弦，急與緩是「氣質之性」。佩韋求緩，佩弦求急，此卽變化氣質。其所求則爲「義理之性」。就程朱的思想系統講，他自有一條貫，似較孟子說更詳備了。朱熹又說：

孟子論性似乎不如二程。

這裏我們可以看出他思想之細密與大膽處。他又從性轉落到心與情，他說：

> 性者心之理，情者性之動，心者性情之主。

又說：

> 合如此是性，動處是情，主宰是心。

合如此是理，理則是靜的。若照孟子意，應說人心自要如此的始是性。性便有個動向。此刻熹則要把宇宙間有生無生全綰合在一線上，便說成「性卽理」，而把這一動向歸之情。如此說，可以避免儒家之專側重在人生論，也可避免老氏之自然觀與佛家之虛無觀的宇宙論。至於後人疑熹所主乃理氣二元，而要改成理氣一元論，則不免陷入唯物論一邊，實不如熹之圓密。

上面說的是熹在本體論方面的話。說到方法論，工夫論，這便是人生問題了，熹在此方面則全側重在心。他說：

人多說性方說心，看來當先說心。

他在宇宙論上提出「理絕不同」的一觀點，他在人生論上又提出「先說心後說性」的一觀點，這全是他思想系統中顯大力量有大貢獻所在。他又說：

凡學先要明得一個心，然後方可學。譬如燒火相似，先吹發了火，然後加薪，則火明矣。若先加薪而後吹火，則火滅矣。某這裏須是事事從心上理會起。

從二程學統講，先吹火是居敬，再加薪是窮理。這是熹之所以爲程門之嫡傳。但照熹意見說，他的窮理，要窮到天地間一切萬物之理，卻不如程頤的窮理，只偏重在集義上。換言之，程頤窮理，還偏重在人生界，在人心義理上，熹則要推擴到宇宙界，窮到宇宙中原始的統一的最高原理之所在。於是纔有他有名的大學格物補傳。他說：

所謂致知在格物者，言欲致吾之知，在卽物而窮其理也。蓋人心之靈，莫不有知，而天下之物，莫不有理。惟於理有未窮，故其知有不盡也。是以大學始教，必使學者卽凡天下之物，莫不因其已知之理而益窮之，以求至乎其極。至於用力之久，而一旦豁然貫通焉，則衆物之表裏精粗無不到，而吾心之全體大用無不明矣。此謂物格，此謂知之至也。

若照他意見，性是心之體，而理則是性之全。所以說：

理者天之體，命者理之用。性是人之所受，情是性之用。

照此所謂的「窮理」，應該直窮到宇宙之大全體。天命流行，落到人身便見性，性之作用發露便是情。這是順推下來的話。若逆推上去，則他採用了張載「心統性情」的一語。所以一切工夫與方法，全要偏主在心上。所以他還竭力注重「涵養須用敬」一語。但他不認有所謂心體，他總認爲一說心體便落空渺茫了。體只屬性與理，如是便注重到外面的事物，便一切著實，不落空。心則是工夫的把柄，但又說心統了性情，便不致把工夫與本體劃分了。這是他由二程會通到周、邵、張諸家而始有的他在宋學中一種更廣大更圓備的思想體系之完成。

他的說話太多了，而且都有極大膽的創闢話，上面只最粗略地描寫他思想體系之一個大輪廓。已在胡宏、張栻兩章互詳了他的許多話，此下敍述各家思想牽涉到他的，將陸續再有所補充。

二四　陸九韶、九齡、九淵

和朱熹閩學同時對立，分主壇坫的，是江西陸九淵。他和其兄九韶、九齡合稱三陸，他們是兄弟六人中之後三個。家金溪，累世義居，推一人最長者爲家長，子弟分任家事，凡田疇租稅出納，庖爨賓客之事，各有主者。他們兄弟在這樣的環境中歷練成學。九韶字子美，學者稱梭山先生。他主家政，編韻語爲訓戒辭。晨興，家長率衆子弟謁先祠，畢，擊鼓誦其辭。子弟有過，家長會衆子弟責訓之。不改，則撻之。終不改，則言於官府，屏斥之。他對家庭經濟，主張不論貧富，每年留所入十之二三備不測，雖忍饑而毋變。宗族鄉黨有吉凶事，不足助以財，則助以力。如先而往，後而歸，代服勞之類。總求不動搖家裏貯蓄來維持此大家庭於不壞。他日記中有居家正本及制用各二篇。他隱居不仕，但後人說他家政具有條理，可推以治國。

他不信周敦頤太極圖說，謂與通書不類，疑非敦頤作。否則是其學未成時所爲。他說：

> 二氣五行，化生萬物，五殊二實，二本則一，此一卽太極，未嘗于其上再加無極二字。

曾遺書朱熹討論，熹不謂然。他説熹求勝不求益，不願再辯。後來九淵卻接著其兄意見，繼續申辯，成爲朱陸異同中一件大公案。

九齡字子壽，學者稱復齋先生。九韶樸實，九齡卻有才氣。九韶所講都切近有補於日用，九齡比較喜歡學術的討論。時秦檜當國，科場中不再講程氏的洛學，九齡讀程氏遺書，委心嚮往。他們兄弟家庭自相師友，但相互間意見，和而不同。他遇休暇，便督領諸子弟適場圃習射，他説：

> 是固男子事也，不敢鄙爲武夫末藝。

適廬陵有盜寇警，旁郡皆請九齡主防禦。

> 初，先生之父，采溫公冠婚喪祭儀行之家，先生又繹先志而修明之。晨昏伏臘，奉盥請衽，觴豆饎爨，閫門千指，男女以班，各共其職。友弟之風，被於鄉社，而聞於天下。

他在政治上僅做過一任興國軍教授，在任僅九個月，學生僅十五人，他的才志並未能表現。但他自負甚高。他説：

竊不自揆，使天欲平治天下，當今之世，捨我其誰？苟不用於今，則成就人才，傳之學者。

他看不起當時學風，說他們：

棄日用而語心，遺倫理而語道。終日談虛空，語性命，而不知踐履之實。欣然自以爲有得，而卒歸於無所用。此惑於異端者也。

他自己說：

某日與兄弟講習，往往及於不傳之旨，天下所未嘗講。

他又說：

某稽百氏異同之論，出入於釋老，反覆乎孔子、子思、孟子之言，潛思而獨究之，煥然有明。

窮天地，亘萬世，無易乎此。然世無是學，難以諭人。

然他雖這般地高自期許，朋友間卻稱他「務實有工夫」。又說他「心平氣下，相識中甚難得」。上語呂祖謙告陳亮，下語呂祖謙告朱熹。所以說：

先生勇於求道，憤悱直前，蓋有不由階序者。然其所志者大，所據者實，公聽並觀，卻立四顧，弗造於至平至粹之地弗措。呂祖謙志墓文。

九淵字子靜，學者稱象山先生。他在兄弟中，天分最高。三四歲時，問其父賀：「天地何所窮際？」父大奇之。聽人講程頤語，他便覺心上不歡，說：「他的話怎和孔孟不同呀！」他讀論語，就不喜有子，說他支離。有一天讀古書至「宇宙」二字，解曰：「四方上下曰宇，往古來今曰宙。」忽大悟，說：

宇宙內事，是己分內事。己分內事，乃宇宙內事。

他又說：

東海有聖人出焉，此心同，此理同也。西海有聖人出，此心同，此理同也。南海北海有聖人出，此心同，此理同也。千百世之上有聖人出，此心同，此理同也。千百世之下有聖人出，此心同，此理同也。

有一天，九齡問他：「吾弟今在何處做功夫？」他答道：

在人情事勢物理上做些工夫。

可見三陸之學，全從他們的家庭環境篤實踐履而來。所以全祖望說：

三陸子之學，梭山啟之，復齋昌之，象山成之。

他們是學無師承，關著門做學問；而同時因大家庭生活，使他們對人情事勢物理上，都有一番眞切的磨練與瞭解，這才形成了江西陸學一種獨特的精神。

九淵三十四歲登進士第，時已負盛名。初到臨安，慕名從遊者極眾。九淵一見，便能知其心術之微，言中其情，多至汗下。亦有相去千里，素無雅故，聞其槪而盡得其爲人。這是他天姿獨特處。本來宋學精神，主要在參悟人心。不通心學，便無法瞭解得宋學。九淵在此有特長，無怪他能成爲宋學中一顯學，而又是宋學中「心學」的大祖師。

後十年，他四十四歲，做了國子正。在臨安五年，四方之賓滿門，旁無虛宇，併假於館。當時中饋百需，不要九淵開一句口，他夫人都替他調度有方，舉無缺事。那亦是陸氏家風，他夫人正亦訓練有素了。他罷官歸來，學者益盛，四方輻湊，鄉曲長老，也俯首聽誨。他每詣城邑，環坐率二三百人。無地容納，有時便羣聚到寺觀裏聽他講。縣官特爲他於學宮中設講席，貴賤老少，溢塞塗巷。這既不是胡瑗以來的書院講學，也不如二程般只是私家朋友講習。九淵的講學，又另是一種向社會羣眾的公開講演，爲宋代講學開一新生面。

後來他門人彭世昌，因遊貴溪應天山，愛其陵高谷邃，林茂泉淸，因約諸友爲他建精舍，講堂築方丈，寢舍。專闢作講學之地。四方學士，各自在山結廬，相從講學。

> 先生常居方丈，每旦，精舍鳴鼓，則乘山轎至。會揖，陞講座。學者以一小牌書姓名年甲，以席揭之，觀此以坐。少亦不下數十百。

這不是近代的學校教室，而是定期的公開講座。他平居或觀書，或撫琴，佳天氣則徐步觀瀑。至則高誦經訓，歌楚辭及古詩文，雍容自適。

大率他二月登山，九月末束裝歸里，料理家務。如此五年，四方來著籍者踰數千人。他常說：

> 棋所以長吾之精神，瑟所以養吾之德性，藝卽是道。

可見他日常生活，也極富情趣。但同時他也是一極能處理事務的人。他常告誡人說：

> 凡事莫如此滯滯泥泥。某生平於此有長，都不去著他事，凡事累自家一毫不得。每理會一事時，血脈骨髓都在自家手中。然我此中卻似個閒閒散散全不理會事底人，不陷事中。

他又說：

> 內無所累，外無所累，自然自在。才有一些子意，便沉重了。徹骨徹髓，見得超然於一身，自然輕清，自然靈大。

他又說：

風恬浪靜中，滋味深長。

四圍儘風浪，內心儘恬靜，那是何等地滋味深長呀！而且他也嫻習武藝。他十二歲讀三國六朝史，見夷狄亂華，又聞長上道靖康間事，卽剪去指爪，學弓馬。他常說：

吾人讀春秋，知中國、夷狄之辨，二聖之讎，豈可不復？所欲有甚於生，所惡有甚於死，今吾人高居優游，亦爲可恥。乃懷安，非懷義也。

他四十六歲，又曾激起熱情，講究武略。常訪求智勇之士，與相商榷。有李起雲，將家子，九淵奇而教之，後在太尉畢再遇帳下。其家祠事九淵，或問之。曰：

雲少時，嘗欲率五百人打刧起事，一日往見先生，蒙誨，翻然而改。不然，不得爲人矣。

五十三歲主荆門軍，舊無城壁，九淵以爲四戰之地，決議築城，二旬而畢。他常閲武按射，兵伍之外，郡民皆與，射中同賞。朱熹在漳州軍，亦有教射故事。那時一輩道學先生，尤其如朱、陸大儒，都没有忽視了武事。後來顔元駡宋儒只坐書房，學女兒態，實是寃枉了。

九淵三十七歲那一年，呂祖謙約九齡、九淵兄弟與熹會於江西廣信之鵝湖寺。九齡語九淵：「伯恭約元晦爲此集，正爲學術異同，某兄弟先自不同，何以望鵝湖之同？」遂與九淵議論致辯，又令九淵獨自説，至晚方罷。九齡説：「你説甚是。」明日，九淵請九齡説，九齡曰：「某無説，夜來思之，子靜之説甚是。」我夜來得一詩，詩云：

孩提知愛長知欽，古聖相傳只此心。大抵有基方築室，未聞無址忽成岑。
留情傳注龭榛塞，著意精微轉陸沉。珍重友朋勤切琢，須知至樂在於今。

九淵遂和其詩云：

墟墓興哀宗廟欽，斯人千古不磨心。涓流積至滄溟水，拳石崇成太華岑。
易簡工夫終久大，支離事業竟浮沉。欲知自下升高處，眞僞先須辨自今。

遂同赴會。祖謙問九齡別後新功？九齡因舉詩云云。只誦了四句，熹便說：「子壽早已上子靜船了也。」據九淵年譜說：

鵝湖之會，論及教人。元晦之意，欲令人泛觀博覽，而後歸之約。二陸之意，欲先發明人之本心，而後使之博覽。朱以陸之教人爲太簡，陸以朱之教人爲支離，此頗不合。先生更欲與元晦辨，以爲堯舜之前何書可讀？復齋止之。

那年，熹四十六歲，正是他努力著書，也主張教人努力讀書的年代。九淵說他支離，他自然要不快。但九齡比較和緩，後來祖謙曾有一柬與熹云：

子壽前日經過，留此二十餘日，幡然以鵝湖所見爲非，甚欲著實看書講論。

稍後熹又和九齡見面，那已在鵝湖寺會後之三年，熹追和前詩，云：

德義風流夙所欽，别離三載更關心。偶扶藜杖出寒谷，又枉籃輿度遠岑。

舊學商量加邃密，新知涵養轉深沉。卻愁說到無言處，不信人間有古今。

看詩中第五第六句，想必九齡確是不再堅持前說了。其實此問題也可說來甚簡單，張栻曾與九齡書，謂：

箋注訓詁，學者雖不可使之溺乎此，又不可使之忽乎此。要當昭示以用功之實，而無忽乎細微之間。使之免溺心之病，而無躐等之失。涵濡浸漬，知所用力，則莫非實事也。

祖謙亦說：

講貫誦繹，乃百代爲學通法。學者緣此支離，自是人病，非法病。見此而欲盡廢之，正是因噎廢食。

這是把此問題從淺處看。或許九齡也知改從淺處看，故而不堅持。翌年九齡即死，那年張栻也死了。熹有一篇祭文說：

> 念昔鵝湖之下，實云識面之初。兄命駕而鼎來，載季氏而與俱。出新篇以示我，意懇懇而無餘。厭世學之支離，新易簡之規模。顧予聞之淺陋，中獨疑而未安。始聽熒於胸次，卒紛繳於談端。別來幾時，兄以書來，審前說之未定，曰予言之可懷。逮予辭官而未獲，停驂道左之僧齋。兄乃枉車而來教，相與極論而無猜。自是以還，道合志同。何風流而雲散，乃一西而一東。

觀此知九齡對鵝湖爭議，確不堅持了。但若說九齡不遽卒，九淵與熹的異見，便可會歸一致，則未免把此問題看得太淺。其實，程門教人，又何嘗如熹般，先要人泛觀博覽？直從楊時、羅從彥到李侗，那一個不是在默坐澄心？當時人也說：「爲九淵之學者，只是澄坐內觀。」此葉適語。熹也說：「李先生愛看論語、孟子，看春秋不看傳。」後羅從彥邀侯師聖，問：「伊川如何看？」侯告以伊川亦看左氏，要見曲折。羅、李纔始看左氏。可見他們亦如九淵般不主張多看書。卽湘學如張栻，也不務泛觀博覽。只熹纔破此傳統，從中期宋學返到初期，這是熹在正統宋學中最特殊處。九淵卻纔更近中期宋學與程門教法。程頤因其兄所教太高太簡，始說：「涵養須用敬，進學則在致知。」把下一語來補充上一語。熹又從頤說再轉進一步，卻回到初期宋學之泛觀博覽。九淵在幼年，卽說：「聞人誦程頤說，自覺若傷我者。」那何便能與熹合拍？熹自然也深知其意，他對他學生說：

示諭競辯之論，三復悵然。愚深欲勸同志者，兼取兩家之長，不輕相詆毀。就有未合，亦且置勿論，而力勉於吾之所急。

又說：

南渡以來，八字著脚，理會實工夫者，惟某與子靜二人而已。某實敬其爲人，老兄未可以輕議之也。

這些正見熹之極大極深處，決不是隨便退讓或涵容。

後來九淵四十三歲，熹在江西南康軍，特邀九淵赴白鹿洞講學。九淵講論語「君子喻於義，小人喻於利」一章，聽者感動，有至淚下。這一篇講義，至今還有刻石留在白鹿洞。熹跋云：

發明敷暢，懇到明白，皆有以切中其隱微深痼之病，聽者莫不悚然動心。於此反身而深察之，則庶乎可以不迷入德之方矣。

據九淵語錄：

一學者自晦翁處來，其拜跪語言頗怪。每日出齋，此學者必有陳論，應之亦無他語。至四日，此學者所言已罄，力請誨語。答曰：「吾亦未暇詳論。但此間大綱，有一個規模說與人。今世人淺之爲聲色臭味，進之爲富貴利達，又進之爲文章技藝。又有一般人，都不理會，卻談學問。吾總以一言斷之曰：勝心。」此學者默然。後數日，其舉動言語頗復常。

這是九淵教法，顯然和程門洛學極相似，無怪他講喻義、喻利之辨，博得熹極度稱賞。他又說：

前言往行，所當博識。古今興亡治亂，是非得失，亦當廣覽而詳究之。顧其心苟病，則於此等事業，奚異聾者之把鐘鼓，盲者之測日月？耗氣勞神，喪其本心。非徒無益，所傷實多。

這正如程顥戒謝良佐多記史事，而自己於史書卻甚細心理會。他居象山，

一夕步月，喟然而歎。包敏道侍，問曰：「先生何歎？」曰：「朱元晦泰山喬嶽，可惜學不見道，枉費精神，遂自擔閣，奈何？」包曰：「勢既如此，莫若各自著書，以待天下後世之自擇。」忽正色厲聲曰：「敏道敏道！恁地沒長進，乃作這般見解。且道天地間有朱元晦、陸子

靜，便添得些子？無了後，便減得些子？」

這是九淵極度自信之深。他認爲他所講這一番道理，在天地間常存常明，所以有了他也不會添一些，沒了他也不會減一些。那何嘗是著書立說底事？朱熹拚命著書，正是他擔閣了自己。九淵生平，除卻文集、語錄外，更無著作。在宋儒中，只有程顥和他是一般。

到了九淵五十歲那年，又和朱熹爲了周敦頤太極圖說，引起一番絕大爭議。時熹已五十九歲了。可見他們兩人的講學意見，還是到老未合。這一番爭辨，最先起於九韶，現在九韶原書已不見，但觀熹覆信，知當時所爭，不僅太極圖說，還爭辨到張載的西銘。大抵九韶之意，謂西銘不當實謂乾坤爲父母，熹答書云：

西銘之說，猶更分明。人之一身固是父母所生，然若以父母言，則一物各一父母；若以乾坤言，則萬物同一父母矣。古之君子，惟其見道理眞實如此，所以親親而仁民，仁民而愛物。以至於能以天下爲一家，中國爲一人，非意之也。今若必謂人物只是父母所生，更與乾坤都無干涉，其所以有取於西銘者，但取其姑爲宏濶廣大之言，以形容仁體，而破有我之私而已。則是所謂仁體者，全是虛名，初無實體，而小己之私，卻是實理，合有分別。聖賢於此，卻初不見義理，只見利害，而妄以己意造作言語，以增飾其所無，破壞其所有也。

這一辨，實在也是朱陸異同之根本處。大抵九韶所謂「仁體」指「心」言，而熹所謂「仁體」，則要說成「天地萬物實是此體」。讓我們再返觀程顥，他著名的識仁篇曾說：

學者須先識仁，仁者渾然與物同體。訂頑即西銘原名。意思，乃備言此體。以此意存之，更有何事？

此處顥之本意，也決不指天地乾坤實是一仁體，而只指我心之仁之渾然與物爲同體。故學者首務，在自識得此心；識得此心之仁，下面便只要有存養工夫。這說法很簡易。若如熹說，便該向外格物窮理來實見此體，那從陸氏兄弟看，便不免支離了。九淵學問路徑，其實還是和九韶差不遠，他們的來源，還是程氏洛學，而更近於程顥。二程只喜歡張載西銘，不喜歡正蒙。其實正蒙則正如熹意見，要實從天地萬物來證明其實爲一體者。熹似乎因二程明白表示過不喜歡，故他也不正式推崇正蒙，而轉移論點來推崇太極圖說。但二程心裏也並不喜歡太極圖說的，只沒有明白說。九韶懷疑太極圖說非敦頤作，熹答書力辨，往復了兩番，九韶即擱起不理了。事隔多年，九淵又重新提出爭辨，但九淵卻只爭太極圖說，不再爭西銘。這一論點，直要到明代王守仁門下錢德洪、王畿，纔始更作詳明的闡說。但九淵對西銘見解也決不會和九韶有異致，這是我們先該明白的。

九淵和熹辨太極圖說，所辨只在太極圖說首句「無極而太極」之一語，而前後往復書各七通，後人多嫌雙方牽涉太廣，而沒有見到他們所辨之扼要處。此刻姑拈一端說之。九淵云：

直以陰陽爲形器，而不得爲道，此尤不敢聞命。易之爲道，一陰一陽而已。先後始終，動靜晦明，上下進退，往來闔闢，盈虛消長，尊卑貴賤，表裏隱顯，向背順逆，存亡得喪，出入行藏，何適而非一陰一陽哉？奇偶相尋，變化無窮，故曰：「其爲道也屢遷。」說卦曰：「是以立天之道，曰陰與陽。」顧以陰陽爲非道，而直謂之形器，而孰爲昧於道器之分哉？

熹答云：

凡有形有象者，皆器也；其所以爲是器之理者，則道也。

這一辨，也是朱、陸異見之根本處。我們仍該回溯到二程。程顥說：

繫辭曰：「形而上者謂之道，形而下者謂之器。」又曰：「立天之道，曰陰與陽。」又曰：「一陰一陽之謂道。」陰陽亦形而下者也，而曰道者，惟此語截得上下最分明，原來只此是道。要在人默而識之。

又曰：形而上爲道，形而下爲器，須著如此說，器亦道，道亦器。

又曰：灑掃應對，便是形而上者。

又曰：有形總是氣，無形只是道。

又曰：凡有氣莫非天，凡有形莫非地。

以上諸條，語極明顯。天地也只是形與氣。形與氣皆可見，道則指其中之不可見者。不可見之道，卽在可見之形器中。故灑掃應對亦卽是形而上，因灑掃應對亦有道。但程頤說法便不同，他說：

> 離了陰陽更無道，所以陰陽者是道也。氣是形而下者，道是形而上者。

他又說：

> 一陰一陽之謂道，此理固深，說則無可說。所以陰陽者道，既曰氣，則便是二。言開合已是感，既二則便有感。所以開合者道，開合便是陰陽。

這一說，實與程顥不同。顥只說卽此一陰一陽者是道。頤則說所以一陰一陽者是道。如此分別得似乎更明白。但究竟此所以然之道是內在與附在呢？還是外在而先在呢？頤並沒有詳說，而朱熹則確然說其爲先在了。先在的不能不認其近是外在了。可見九淵主張近大程，熹主張近小程。所以九淵主張只要一太極，而熹主張在太極之上還要一無極。他說：

> 無極卽是無形，太極卽是有理。在無物之前，而未嘗不立於有物之後。在陰陽之外，而未嘗不行於陰陽之中。

這樣則朱、陸心中之「太極」，亦各不同。依九淵意，太極便卽是陰陽，所以不該說「無極」。而熹則認爲太極在無物之前，陰陽之外的，所以必說是「無極」。於是遂成爲熹之理氣二分說，與理先氣後說。如是則所以然之道之於陰陽，便不得不成爲外在而先在了。這是雙方在形上學上的歧見。落實到人生問題上，則更見雙方之異趣。

心亦落在形氣中，九淵主張「心卽理」，熹則主張「性卽理」。他說：「心是知覺，性是理。」性只是理，心則是氣，所以他又說：「有知有覺者，皆氣之所爲。」姚舜功初問學於九淵，後師熹，嘗言：「陸子不喜言性。」「道氣」之辨轉落到「心性」之辨上，朱、陸異見，更見鮮明。我們也可說，朱陸異見，其實只是二程兄弟間異見之引伸擴大而達於鮮明化。九淵死了，熹說：「可惜死了一告子。」但當時還是有許多人極推重九淵。詹初說：

> 陸子是天姿極高底人，朱子卻是曾子。

初與黃榦講學，乃熹私淑弟子，但他已不偏袒熹。後來元儒吳澄也說：

陸子有得於道，壁立萬仞。

可見朱、陸歧見，雙方在思想系統上，實在各有淵源，各有根據，卻不純在「尊德性」，「道問學」，指導人入門途徑上的歧見呀！

現在再約略綜述九淵思想之大概。他說：

凡欲爲學，當先識義利公私之辨。人生天地間，爲人自當盡人道。學者所以爲學，學爲人而已。

這是他的「鞭辟近裏」。爲學只是盡人道，學爲人，如此便把他遠離了周、張、邵諸家，而貼近於程顥。當知義利公私之辨，則全辨在自己內心的動機上，故他說：

今人略有些氣燄者，多只是附物，原非自立也。若某則不識一個字，亦須堂堂地做個人。志於聲色利達者固是小，勦模人言語底，與他一般是小。

只因公私義利，一問自心便知得，所以「不識一字，也可堂堂地做人」。因此他說：

萬物森然於方寸之間，滿心而發，充塞宇宙，無非此理。

彼之所謂理，亦仍是義利公私之辨。若我心爲公爲義，卽便充塞了宇宙。程顥說：「仁者渾然與物同體，識得此理，以誠敬存之。」渾然與物同體，這是一句富含哲學意味的話。因使人對此要感到不易識。九淵則不說仁，不說與物同體抑異體，只說辨個義利公私。這樣說，便專落在實踐上，人人反心可得。然當知此說雖簡易，卻廣大。任何一切人，應付任何一切事，都可有一個義利公私之辨。故說：「萬物森然於方寸間。」九淵卽從這一分辨上，指點出人心與宇宙之合一。只爲義爲公便無我，無我便與物同體，便與宇宙合一了。故他說：「宇宙內事，乃己分內事。己分內事，乃宇宙內事。」這並不需從宇宙論形上學講起，只此心公與義便是。故又曰：「東海、南海、西海、北海有聖人出，此心同，此理同。千百世之上、之下有聖人出，此心同，此理同。」此心此理，也是指的公與義。故他說：

宇宙不曾限隔人，人自限隔宇宙。

只爲私爲利，便有了我，便把我自己與宇宙限隔了。如何是公與義，則各人心裹都知道。只不在自私自利上專爲自我作打算，便卽是公與義。此種分辨，人非不知，只是不肯。若要肯，須是立志。

傅子淵自槐堂歸，陳正己問之曰：「陸先生教人何先？」曰：「辨志。」復問曰：「何辨？」曰：「義利之辨。」

說格物窮理，則並非立志便可了。若說辨義利公私，則立志要辨便能辨。所以九淵只鼓勵人立志。他說：

要當軒昂奮發，莫恁地沉埋在卑陋凡下處。

又說：

彘鷄終日營營，無超然之意。須是一刀兩斷，何故縈縈如此？縈縈底討個什麼？

若這一個志立定了，後面一切易解決。他說：

大綱提掇來，細細理會去。如魚龍游於江海之中，沛然無礙。

有人問：

先生之學，亦有所受乎？曰：「因讀孟子而自得之於心也。」

他說讀孟子而自得之於心，亦比程顥說「天理二字是自家體貼出來」更切實，更明白。所以他說：

今天下學者，惟有兩途，一途樸實，一途議論。

九淵的學問思想眞可謂樸實之至。惟其樸實，所以易簡。

或有譏先生之教人，專欲管歸一路者，先生曰：「吾亦只有此一路。」

二五　呂祖謙　附　呂公著、呂希哲、呂本中、呂大器

朱熹的交遊，張栻、陸九淵之外，還有呂祖謙，而尤以祖謙爲最親密。祖謙字伯恭，婺州人，學者稱東萊先生。他是一世家子。自唐末五代以來，大門第陸續失踪了，宋代只有韓家、呂家屈指可數的幾家。而南渡後呂家，尤稱爲得中原文獻之傳。統計呂氏一門先後，載入全祖望宋元學案者，共七世十七人。這樣一個家學淵源，對祖謙影響自然會極大。

最先是呂公著，字晦叔，東萊人。夷簡子，封申國公。自少講學，即以治心養性爲本。平居無疾言遽色，於聲利紛華，泊然無所好。時稱其簡重清靜，識慮深敏，量閎而學粹。他和王安石、司馬光同時，俱爲兩人所推敬。

公著長子希哲，字原明，居京師，爲河南人。少時不名一師，初學於焦千之，可稱是歐陽修的再傳。又從胡瑗、孫復、邵雍，並學於王安石。他和程頤在太學爲同舍生，年相若。後來心服頤學問，首先師事。但最要還是他幼年時的家教。公著居家，簡重寡默，夫人亦性嚴有法度，雖甚愛希哲，然教之事事循規蹈矩。甫十歲，祁寒盛暑，侍立終日。不命坐，不敢坐。日必冠帶以見長者。平居雖天

甚熱，在父母長者側，不得去巾襪縛袴。出門不得入茶肆酒肆。市井里巷之語，鄭衛淫靡之音，未嘗經於耳。不正之書，非禮之色，未嘗經於目。他自幼所受家教如此。少長又盡交天下賢豪長者以爲師友，但晚年卻喜從高僧遊。嘗說：「佛氏之道，與吾聖人脗合。」他習靜功深，雖驚恐顛沛，未嘗少動。嘗過山陽渡橋，橋壞，轎人俱墜，浮於水，他安坐轎上，神色不動。過了十年，他卻說：「那時轎壞墮水，還是覺心動。數年前大病，已稍稍勝前。今次疾病全不動了。」他又說：

> 治人事天莫若嗇，修養家以此爲要術。然事事保慎，常令有餘，持身保家安邦之道，不越於此，不止養生也。老子之論，亦當於理。

希哲子好問，字舜徒。好問子本中，字居仁，學者稱東萊先生，亦稱紫微先生，而祖謙則稱小東萊。本中還守家風，不名一師。當時名宿，如劉安世、楊時、游酢、陳瓘、尹焞諸人，皆嘗從遊。自少卽熟聞父祖庭訓，後又偏從名師，所以他常說：「德無常師，主善爲師，此論最要。」又謂：「學者當熟究孝經、論語、中庸、大學，然後偏求諸書，必有得矣。」他著書有童蒙訓、師友淵源錄，又有舍人官箴。他說：

> 當官大要，直不犯禍，和不害義，在人消詳斟酌之耳。然求合於道理，本非私心專爲己也。

又說：

「忍」之一字，衆妙之門，當官處事，尤是先務。王沂公嘗說：「喫得三斗釅醋，方做得宰相。」蓋言忍受得事。

他能詩，晚年也溺於禪。

大器字治先，本中從子。兄弟四人，曰大倫、大猷、大同，築豹隱堂講學。祖謙，大器子。上面所述，是他一家的門第傳統。大抵呂氏家學，都主調和斟酌，不使偏鋒；都喜平易近切，不唱高調；都尚謹愼篤厚，不走險路。這在宋學中是別具一格的。祖謙則從這樣一種家學中薰陶出。他少時，性極褊，後因病中讀論語，至「躬自厚而薄責於人」，有省，遂終身無暴怒。他與朱熹、張栻友，嘗讀陸九淵文，喜之，而未識其人。主試禮部，得一卷，曰：「此必江西小陸之文也。」揭視果然。後來他在調和朱、陸異見上，盡了許多力。但熹對九淵、祖謙兩人，往往連合了批評。他說：

伯恭失之多，子靜失之寡。

又說：

撫學。九淵有首無尾，婺學。祖謙有尾無首，禪學首尾皆無。

他又深不喜祖謙講蘇氏學，他說：

伯恭議論甚好，但每事要鶻圇說作一塊。又生怕人說異端俗學之非，護蘇氏尤力。以爲爭較是非，不如斂藏持養。

宋學家都喜排異端，斥俗學。這可說是宋代新興的平民學派吧！只有呂家是門第舊傳統，祖謙還持守著不變。他們一家傳統，襲有唐代人遺風，他們心中似乎沒有所謂異端與俗學。此因門第家風，重在保泰持盈，喜和不喜爭，喜融通不喜矯激。莊老佛釋，有時對保泰持盈極有用。南北朝、隋、唐大門第時代，莊老佛釋盛行了，這也不是偶然事。祖謙因此遂易近於蘇學。張栻與朱熹書卻說：

伯恭近來於蘇氏父子，亦甚知其非。向來渠亦非助蘇氏，但習熟元祐間一等長厚之論，未肯誦言排之。今頗知此爲病痛矣。

可見當時朋輩中看祖謙，都說他是長厚一路，不肯公開排斥人。寬大和順，是門第的家風，但在宋儒中卻成爲一種特有的孤調。宋學多愛明辨是非，只走一條線。我們可說宋學風氣近戰國，而祖謙則還是春秋傳統呀！熹又說：

伯恭無恙時，好說史學，身後爲後生輩糊塗說出，一般惡口小家，議論賤王尊霸，謀利計功，更不可聽。

宋代學風，上對唐人，可說帶有一種革命的情調。這裏自有一種社會變動的影響。宋儒是新興的平民派，因此很像戰國諸子。春秋時代的封建貴族，一到戰國，全崩潰了，平民學者興起，帶有一種凌厲無前的鋒銳氣。唐代門第家庭，到宋時也崩潰了，那時則又是另一輩的平民學者在興起，所以他們也另有一番凌厲無前的鋒銳氣。他們重理論，不重傳統，所以喜講理學，不喜講史學。理學要講出一個最高原理來，史學則只就事論事，卑之毋高論。理學家講史學，便須講到唐、虞、三代去，講傳統，也只講唐、虞、三代。其實這氣派還是理學的，非史學的；還是革命的，非傳統的。祖謙卻在深厚的門第氣息中薰陶過，因此他的學風，在宋學中，好像不講最高原理，對現實帶有妥協性，沒有革命的一股勁。朱熹又有一番很詳細說這一層。他說：

伊川發明道理之後，到得今日，浙中士君子有一般議論，又費力。只是云不要矯激，遂至於凡事回互。揀一般偎風躲箭處立地，卻笑人慷慨奮發，以爲必陷矯激之禍。此風更不可長。胡文定父子平生不服人，只服范文正公嚴子陵祠堂記，云：「先生之心，出乎日月之上。光武之量，包乎天地之外。微先生不能成光武之大，微光武豈能遂先生之高！」直是說得好。往時李泰伯作袁州學記，說：「崇詩書，尚節義。」文字雖粗，其說振厲，使人讀之森然，可以激懦夫之氣。近日浙中文字雖細膩，只是一般回互，無奮發底意思，此風漸不好。孔子在陳，思魯之狂士。蓋狂士雖不得中，猶以奮發，可與有爲。若一向委靡，濟甚事。

這一節話，深微地描繪出當時浙學不能與初期宋學相比處。初期宋學近乎狂，其實正統宋學也全是狂。而浙學從祖謙以來，因其帶有門第氣，便絕不會是狂。朱熹在此上，寧覺江西陸學還比較地有力。他說：

伯恭門徒，氣宇奄奄，四分五裂，各自爲說，久之必至銷歇。子靜則不然，精神緊峭，其說分明，能變化人，使人旦異而晡不同，其流害未艾也。

卽張栻告誡祖謙也曾說：

尊兄於尋常人病痛，往往皆無之，資質固美，然若坐在此上，卻恐頽墮少精神。

但祖謙雖出身於門第，而祖謙所代表的浙學中人，卻並不出身於門第。朱熹、張栻雖如此般說祖謙，卻未料到他們認爲回互不振厲的頽墮少精神的，卻會起來向宋學樹叛幟。他們認爲四分五裂各自爲統的，卻會起來反傳統。於是作爲正統宋學對壘的，卻不在江西而轉反在浙江。這一風氣，卻由祖謙引其機。這是學術思想史的轉變中，一件至可玩味的事。

祖謙也有和他家傳統不同的一點，他好汲引羣衆，聚徒講學。這是他受當時時代的影響，但反過來影響時代卻更大了。陸九淵曾說：「伯恭在衰絰中，而戶外之屨恒滿。」張栻與朱熹書亦曰：「伯恭聚徒，世多議其非。」又曰：

伯恭眞不易得，向來聚徒頗衆，今歲已謝遣。然渠猶謂前日欲因而引之以善道，某謂來者爲舉業之故，先懷利心，恐難納之於義。大抵渠凡事似於果斷有所未足。

可見當時來從祖謙的，另是一派不近理學的人。若謂都只爲舉業，卻未必是公論。張栻與祖謙書有云：

去年聞從學者甚衆，某殊謂未然。若是爲舉業而來，先懷利心，豈有利上誘得就義之理。但舊已嘗謝遣，後來何爲復集，此次須是執得定。

可見祖謙門下生徒，往來極盛。幾番謝遣，幾番又集合。栻又說：

伯恭愛敝精神於閒文字中，徒自損，何益？如編宋文海，何補於治道，於後學？

其實祖謙的文海，後名宋文鑑。卻頗爲後代所推尊。僅用理學家眼光看，便覺是閒文字。這一層，朱熹和他卻較近。但熹又嫌他重了史學，輕視了經學，因此又說他博雜。熹說：

博雜極害事。伯恭日前只向博雜處用功，卻於要約處不曾仔細研究。

總之，祖謙在當時友朋中，總覺得他不够味，或是不够勁。後來的宋史，也不把他列入道學傳，改入於儒林傳。但他到底是浙東史學開山。當時陳亮便極度推尊他，說：

伯恭規模宏闊，非復往時之比。敬夫元晦，已朗在下風矣。未可以尋常論也。

這不是說他更勝於朱熹、張栻麼？但熹卻說：

伯恭之學，大概尊史記，不然，則與陳同甫說不合。

熹又說：

其學合陳君舉、陳同甫二人之學問而一之。永嘉之學，理會制度，偏考究其小小者。惟君舉爲有所長。若正則則渙無統紀，同甫則談論古今，説王説霸。伯恭則兼君舉、同甫之所長。

這裏便顯然分出了當時學術界兩大壁壘的陣容來。但祖謙究是門第中出身，又與朱、張爲密友，所以他的學問路數雖不同，卻依然和理學正統不致相衝突，而其他諸人則不免要和朱學顯相敵對了。

二六　陳亮

宋學開始便喜歡講傳統，到朱熹纔開始爲宋學排定一新傳統。但同時陸九淵便反對，他自己説，自己學問直傳自孟子。但朱、陸異見，還是在理學内部的異見；浙學則從史學上來反對朱熹新傳統。首先我們將述及陳亮，他不贊成朱熹把儒學傳統遠從戰國直接到宋代，而把漢唐諸儒全擯於門外。

亮字同甫，永康人，學者稱龍川先生。他爲人，才氣超邁，喜談兵，議論風生，下筆數千言立就。孝宗初年，與金約和，天下欣然幸獲蘇息，亮獨以爲不可，上中興五論，不報。又嘗圜視錢塘，喟然歎曰：「城可灌爾！」蓋以地下於西湖也。嗣後又詣闕上書，謂：「請爲陛下陳國家立政之本末，而開今日大有爲之略；論天下形勢之消長，而決今日大有爲之機。」孝宗爲之赫然震動。用种放故事，召令上殿，將擢用，大臣交沮。復上書言三事，孝宗終欲官之，曰：「吾欲爲社稷開數百年之基，寧以博一官？」亟渡江而歸。落魄醉酒，醉則戲爲大言，屢下獄，幾得禍，幸辛棄疾、羅點諸人救之得免。自以豪俠遭大獄，歸益勵志讀書，其學自孟子後惟推王通。嘗曰：

研窮義理之精微，辨析古今之同異，原心於杪忽，較理於分寸，以積累爲工，以涵養爲主，睟面盎背，則於諸儒誠有愧焉。至於堂堂之陳，正正之旗，風雨雲雷，交發而並至，龍蛇虎豹，變見而出沒，推倒一世之智勇，開拓萬古之心胸，自謂差有一日之長。

孝宗內禪，光宗不朝重華宮，亮以進士對策，有「豈徒以一月四朝爲京邑美觀」之語，光宗大喜，擢第一。時亮已暮年，爲之驚喜備至，至於對弟感泣，相約以命服共見先人於地下，識者笑之。

就正統理學論，陳亮自是一修養不到家的人，甚至可說是無修養的人。不然，何至臨老得一個狀元，就使他感激涕零呢？而且他的對策，也確實大可議。所以朱熹要說他是「在利欲膠漆盆中」。也有人說他：「上書氣振，對策氣索，蓋要做狀元。」這些話全不虛。但他對當時理學家的攻擊，卻也直率而恣肆，不能說沒有他一番的道理。他首先提出了「人」與「儒」之辨。他說：

天地人爲三才，人生只是要做個人。聖人，人之極則也。如聖人方是成人，故告子路者則曰：「亦可以爲成人。」謂之聖人者，於人中爲聖。謂之大人者，於人中爲大。纔立個儒者名字，固有該不盡之嫌矣。學者所以學爲人也，豈必其儒哉？子夏、子張、子游，皆所謂儒者也。學之不至，則荀卿有某氏賤儒之說。論語一書，只告子夏以「汝爲君子儒」，其他亦未之聞也。管仲儘合有商量處，畢竟總其大體，卻是個人，當得世界輕重有無，故孔子曰：「人也。」亮之不肖，於今世儒者無能爲役，然亦自要做個人，非專循管、蕭以下規摹也。正欲攬金銀銅鐵，鎔作一器，要以適用爲主耳。

他著重這一點，纔提出他對於所謂「氣質之性」的抗議。他說：

人只是這個人，氣只是這個氣，才只是這個才。譬之金銀銅鐵，鍊有多少，則器有精粗，豈其於本質之外換出一般以爲絕世之美器哉？故浩然之氣，百鍊之血氣也。使世人爭騖高遠以求之，東扶西倒，而卒不著實而適用，則諸儒之所以引之者亦過矣。

這些話全都說中要害處。他提出了對世事的著重於適用，來代替正統宋學對心性之涵養與察識，於是遂別成一番議論與見解。他說：

爲士以文章行義自名，居官以政事書判自顯，各務其實，而極其所至，各有能有不能，卒亦不敢強也。道德性命之說一興，而尋常爛熟無所能解之人，自託於其間，以端慤靜深爲體，以徐行緩語爲用，務爲不可窮測，以蓋其所無。一藝一能，皆以爲不足自通於聖人之道。於是，天下之士始喪其所有而不知適從。爲士者恥言文章行義，而曰盡心知性。居官者恥言政事書判，而曰學道愛人。相蒙相欺，以盡廢天下之實，終於百事不理而已。及其徒既衰，熟視不平者合力共攻之，無鬚之禍，濫及平人，而予於其中受無鬚之禍尤慘。

這些話裏，他也自有曲飾處。他制行不檢，屢蒙奇禍，不該推諉說是中了無鬚之禍。但從他話中，卻可看出正統宋學末流之頹勢，及當時人不滿不平之反響。依亮所說，也不過要重返到初期宋儒的規模。但初期宋儒沒有中期以下一番演進，也說不出陳亮這些話。他又向朱熹提出他有名的所謂「王霸義利」之辨。他說：

自孟、荀論義利王霸，漢唐諸儒未能深明其說。本朝伊、洛諸公，辨析天理人欲，而王霸義利之說於是大明。然謂三代以道治天下，漢唐以智力把持天下，其說固已使人不能心服。而近世諸儒，遂謂三代專以天理行，漢唐專以人欲行，其間有與天理暗合者，是以亦能長久。信斯言也，千五百年之間，天地亦是架漏過時，而人心亦是牽補度日。萬物何以阜蕃，而道何以常存乎？

於是曰：

諸儒自處者，曰義曰王；漢唐做得成者，曰利曰霸。一頭自如此說，一頭自如彼做。說得雖甚好，做得亦不惡。如此卻是義利雙行，王霸並用。如亮之說，卻是直上直下，只有一個頭顱做得成耳。

依亮意，歷史常是在演進，既說是天地間有此一道統，便不該把漢唐單獨擯斥在此道統外。所以他說：

心之用，有不盡而無常泯。法之文，有不備而無常廢。人之所以與天地並立而爲三者，非天地常獨運而人爲有息也。人不立，則天地不能以獨運。夫不爲堯存，不爲桀亡者，非謂其舍人而爲道也。若謂道之存亡，非人之所能與，則舍人可以爲道，而釋氏之言不誣矣。使人人可以爲堯，萬世皆堯，則道豈不光明盛大於天下。使人人無異於桀，則人紀不可修，天地不可立，而道之廢亦已久矣。天地而可架漏過時，則塊然一物也。人心而可牽補度日，則半死半活之蟲也。道於何處而常不息哉？惟聖人爲能盡倫，自餘於倫不盡，而非盡欺人以爲倫也。惟王爲能盡制，自餘於制有不盡，而非盡罔世以爲制也。烏有欺罔而可以得人長世乎？

其實他和熹立場本不同。熹所講側重在每一個人的心性修養上，因此要爲此種修養建立一最高的標準。他所講是歷史時會整個的運行，便像不要有所謂個人修養的最高標準了。所以他又說：

亮大意以爲本領閎濶，工夫至到，便做得三代。有本領，無工夫，只做得漢唐。而秘書（指熹）必謂漢唐並無些子本領，只是頭出頭沒，偶有暗合處，便得功業成就，其實則是利欲場中走。使二千年之英雄豪傑，不得近聖人之光。天地之間，何物非道？赫日當空，處處光明。閉眼之人，開眼卽是。豈舉世皆盲，便不可與共此光明乎？眼盲者摸索得著，故謂之暗合，不應二千年之間，有眼皆盲也。亮以爲後世英雄豪傑之尤者，眼光如黑漆，有時閉眼胡做，遂爲聖門之罪人。及其開眼運用，無往而非赫日之光明。天地賴以撑持，人物賴以生育。今指其閉眼胡做時，便以爲盲，無一分眼光。指其開眼運用時，只以爲偶合，其實不離於盲。嗟呼冤哉！彼直閉眼耳，眼光未嘗不如黑漆也。況夫光如黑漆者，開則其正也，閉則霎時浮翳耳。仰首信眉，何處不是光明？使孔子在時，必持出其光明，以附於長長開眼者之後，則其利欲一時涴世界者，如浮翳盡洗而去之。天地清明，赫日長在，不亦恢廓灑落閎大而端正乎？今不欲天地清明，赫日長在，只是這些子殄滅不得者，便以爲古今秘寶。因吾眼之偶開，便以爲得不傳之絕學。三三兩兩，附耳而語，有同告密。畫界而立，一似結壇。盡絕一世之人於門外，而謂二千年之君子，皆盲眼不可點洗；二千年之天地日月，若有若無；世界皆是利欲，斯道之不絕者僅如縷耳。此英雄豪傑所以自絕於門外，以爲立功建業，別是法門。這些好說話，且與留著妝景足矣。秘書亦何忍見二千年間世界塗涴，而光明寶藏，獨數儒者自得之，更待其時而若合符節乎？點鐵成金，正欲秘書諸人相與洗淨二千年世界，使光明寶藏長長發見。不是只靠這些以幸其不絕，又誣其如縷也。

他這些話，實在也有他一番顚撲不破的眞理。當時陳傅良批評兩家說：

功到成處，便是有德，事到濟處，便是有理，此同甫之說也。如此則三代聖賢，枉作工夫。功有適成，何必有德？事有偶濟，何必有理？此晦庵之說也。如此則漢祖唐宗，賢於僕區不遠。蓋謂二家之說，皆未得當。

此後明儒黃宗羲又爲此公案下評判，他說：

止齋（陳傅良。）之意，畢竟主張龍川一邊過多。夫朱子以事功卑龍川，龍川正不諱言事功，所以終不能服龍川之心。不知三代以上之事功，與漢唐之事功，迥乎不同。所謂功有適成，事有偶濟者，亦只漢祖唐宗一身一家之事功耳。統天下而言之，固未見其成且濟也。以是而論，則言漢祖唐宗不遠於僕區，亦未始不可。

宗羲著有明夷待訪錄，列論歷代制度，而始以原君、原臣、原法三篇。他始從歷史眼光事功立場來再擁護朱熹，作更進一層的發揮。但其實他的說法，陳亮同時葉適已說過。葉適說：

以勢力威力爲君道，以刑政末作爲治體，漢之文、宣，唐之太宗，雖號賢君，其實去桀、紂尚無幾。

立論之苛，尤嚴於熹。但我們今日，不妨再作一番量。縱使說漢祖唐宗全是些私心，究竟也不能說漢唐兩代人物，全都閉著眼，都在給漢祖唐宗牽著鼻子走，全只是利欲私心，奴才氣息。那時一切制度，便全沒有天理，或仍是偶而與天理相暗合。所以陳亮這番話，依然有他的特見。近代人一面看不起程朱的理學，一面卻仍抱著程朱舊態度。他們認爲只有近代西洋才是充滿著光明，一切是天理，而中國自秦以下，便眞如亮所謂「架漏過時，牽補度日」了。天地則一片漆黑，世界則通體塗涴。今試重讀亮所謂「因吾眼之偶開，得不傳之絕學，而謂二千年之君子，皆盲眼不可點洗」，「畫界而立，絕一世之人於門外」這些話，卻不料當前仍見此景象，而有尤甚焉者。但亮許多話，究竟著意在推倒，並沒有開拓。我們若從他話再回頭看陸九淵與王守仁，應該更多些解悟。

二七 葉適

浙學在不排異端不斥異端的風氣下，卻演變成由他們來反傳統。陳亮反對朱熹的，在熹的新傳統裏抹去了漢唐諸儒，葉適則反對朱熹新傳統裏所定孔、曾、思、孟四子書之不合。陳亮還是在爭態度，葉適始是在爭思想。陳亮所根據的還是功利立場，葉適卻直從正統宋學的義理立場來爭辨。全祖望說：

> 水心天資高放，言砭古人多過情，其自曾子、子思而下皆不免，不僅如象山之詆伊川也。要亦有卓然不經人道者，未可以方隅之見棄之。乾、淳諸老既歿，學術之會總爲朱、陸二派，而水心斷斷其間，遂稱鼎足。

可見葉適思想在當時之地位與力量。

葉適字正則，永嘉人，學者稱水心先生。他素主復仇。韓侂胄開禧用兵之說起，他力主「先爲不可勝以待敵之可勝」。他主張修邊而不急於開邊，整兵而不急於用兵，其要尤在節用減賦，以寬民力。他當時對軍事財政，都有極切實極精細的計畫，而時議不納。兵敗了，再起用他，他又獻斫營劫寨之策，勉強把一時頹勢挽住。廷議又急於求和，他謂可不必，只力修堡塢，先謀自固，徐圖進取。別人卻誣陷他附會侂胄挑起兵端。他杜門家居，也不自辯。歎息說：「女眞崛起五六十年，盛極將亡，恐有他人出而有之。」蒙古南侵，他好像已事先料到了。他是一實際有幹才的人，卻不像陳亮狂士大言。

他著書有習學記言序目五十卷及文集、別集等。他極工文章，因此他的弟子多流於文辭，在他思想學術方面，卻少承襲。他說：

孔子自言德行，顏淵而下十人，無曾子。曰：「參也魯。」或曾子於孔子歿後，德加尊，行加修，獨任孔子之道，然無明據。

又曰：

曾子之學，以身爲本，容色辭氣之外不暇問，於大道多遺略。

又曰：

曾子有疾，孟敬子問之。近世以曾子爲親傳孔子之道，死復傳之於人，在此一章。案：此以爲曾子自傳其所得之道則可，以爲得孔子之道而傳之則不可。孔子教其徒，所受各不同，以爲雖不同而皆受之孔子則可，以爲曾子獨受而傳之人則不可。孔子嘗告曾子：「吾道一以貫之。」曾子既唯之，而自以爲忠恕。案：孔子告顏子：「一日克己復禮，天下歸仁焉。」蓋己不必是，人不必非，克己以盡物可也。若動容貌者遠暴慢，正顏色而近信，出辭氣而遠鄙倍，（此即曾子所以告孟敬子者。）則專以己爲是，以人爲非；克與不克，歸與不歸，皆不可知，但以己形物而已。且其言謂「君子所貴乎道者三」，（既上三語。）而「籩豆之事則有司存，」尊其所尊，賤其所賤，又與一貫之指不合。

又曰：

忠以盡己，恕以盡人，雖曰內外合一，而自古聖人經緯天地之妙用，固不止於是。

又曰：

世謂孔子語曾子一貫，曾子唯之不復重問，以爲心悟神領，不在口耳。豈有是哉？一貫之指，因子貢而麤明，因曾子而大迷。

此辨曾子未爲獨傳了孔子的道。他又説：

孔子嘗言：「中庸之德民鮮能。」而子思作中庸，若以爲遺言，則顔、閔猶無是告而獨閟其家，非是。若所自作，則高者極高，深者極深，非上世所傳也。然則言孔子傳曾子，曾子傳子思，必有謬誤。

此辨子思中庸未必是孔子遺言。他又説：

世以孟子傳孔子，殆或庶幾。然開德廣，語治驟，處己過，涉世疏。學者趨新逐奇，忽忘本統，使道不完而有迹。

孟子言性、言命、言仁、言天，皆古人所未及，故曰開德廣。齊、滕大小異，而言行王道皆若建瓴，故曰語治驟。自謂庶人不見諸侯，然以彭更言考之，後車從者之盛，故曰處己過。孔子亦與梁邱據語，孟子不與王驩言，故曰涉世疏。學者不足以知其統而襲其迹，則以道爲新説奇論矣。

又曰：

以心爲官，出孔子之後。以性爲善，自孟子始。然後學者盡廢古人之條目，而專以心爲宗主。致虛意多，實力少，測知廣，凝聚狹。而堯舜以來，內外相成之道廢矣。

又曰：

孟子言性無不善，不幸失其所養，使至於此，牧民者之罪，民非有罪也。以此接堯、舜、禹、湯之統，此孟子之功。後世學者既不親履孟子之時，莫得其所以言之要。

此辨孟子論學，亦針對當時，難免有偏。他又說：

經傳諸書，往往因事該理，多前後斷絕，或彼此不相顧。而大學自心、意及身，發明功用，至於國、家、天下，貫穿通徹，本末全具。故程氏指爲學者趨詣簡捷之地。近世講習尤詳，其間極有當論者。程氏言：「格物者，窮理也。」案：此篇心未正當正，意未誠當誠，知未至當致，而君臣父子之道各有所止，是亦入德之門耳，未至於能窮理也。若窮盡物理，矩矱不踰，天下國家之道，已自無復遺藴，安得意未誠、心未正、知未至者而先能之？若以爲未能窮理，則未正之心，未誠之意，未致之知，安能求之？然所以若是者，正謂爲大學之書者，自不能明，故疑誤後學耳。以此知趨詣簡捷之地，未易求而徒易惑也。

此辨大學未可信。他又説：

文言、上下繫、説卦諸篇，習易者彙爲一書，後世不深考，以爲皆孔子作，而十翼講誦獨多。魏晉而後，遂與老莊並行，號爲孔老。佛學後出，其變爲禪，善其説者以爲與孔子不異，亦援十翼以自況，故又號爲儒釋。本朝承平時，禪説尤熾，豪傑之士，有欲修明吾説以勝之者，而周、張、二程出焉。自謂出入於老佛甚久，已而曰：吾道固有之矣。故無極太極，動静男女，太和參兩，形氣聚散，絪縕感通，有直内，無方外，不足以入堯舜之道，皆本於十翼。以爲此吾所有之道，非彼之道也。及其啟教後學，於子思、孟子之新説奇論，皆特發明之。大抵欲抑浮屠之鋒鋭，而示吾所有之道若此。然不悟十翼非孔子作，則道之本統尚晦；不知夷狄之學亦與中國異，而徒以新説奇論闢之，則子思、孟子之失遂彰。

此辨十翼非孔子作。大抵以上諸條，他把論語裏的曾子和中庸及孟子乃至大學和易傳，逐一批評了，而同時又批評到周、張和二程。其實是在批評朱熹所排定的儒學新傳統。除卻孔子外，全給批評了。他在這一方面所表現，頗似歐陽修。他們同是運用史學眼光來考察，宜乎有許多的相近。

他又說：

孔子之先，非無達人。六經大義，源深流遠。取舍予奪，要有所承。使皆蕪廢訛雜，則仲尼將安取斯？今盡揜舊聞，一歸孔氏，所以尊孔氏者，固已至矣。推孔子之所以承先聖者，則未爲得也。

這也是極平實的話。孔子以前也還有傳統，不該略去不問。孔子以後，也不該把曾子、思、孟作一線之單傳。孟子之後，又不該直落到周、張與二程。這樣說來，便把朱熹排定的新傳統，通體排擊了。

他又說：

周官言道則兼藝，其言「儒以道得民」，「至德以爲道本」，最爲切要。老聃本周史官，而其書盡遺萬事而特言道，凡其形貌朕兆，眇忽微妙，無不悉具，予疑非聃所著。而易傳及子思孟子亦爭言道，皆定爲某物。故後世之於道，始有異說，而又益以莊、列西方之學，愈乖離矣。

這始提出他自已對道的觀點，這是永嘉學派以經制言學之大旨。清儒顏元，亦推本周禮言道，但史學造詣，則遠不逮永嘉。我們若把浙學永嘉上溯之江西之廬陵，歐陽修。則頗見相近似。但歐陽修並不信周官。專就這一點論，則他的見識還超在葉適之上了。

適又說：

程氏語學者，必以敬爲始。予謂學必始於復禮，復禮然後能敬。

敬是私人事，禮是社會事，這是理學與史學之大分野。他又說：

曲禮中三百餘條，人情物理，的然不違。餘篇如此切要語，可併集爲上下篇，使初學者由之而入。豈惟初學，固當終身守而不畔。必使人情事理，不相踰越，而後其道庶幾可存。若他無所用力，而惟曾子動容貌、出辭氣、正顏色三者之求，則厚者以株守爲固，而薄者以捷出爲偽矣。

程頤說敬即便是禮。依葉適意見，該是禮纔始是敬。因只講敬，限在自心自身上，講禮便通到人情與事理。洛、閩重內，浙學則轉向外，這又是理學與史學一條界線。他又說：

正誼不謀利，明道不計功，初看極好，細看全疏濶。古人以利與人，而不自居其功，故道義光明。既無功利，則道義乃無用之虛語。

轉向外，所以不忽了功利。這亦是顏元、戴震排斥宋儒的理論。他又說：

黃叔度爲後世顏子，觀孔子所以許顏子者，皆言其學，不專以質。漢人不知學，而叔度以質爲道，遂使老莊之說與孔顏並行。以善形惡，自是義理中偏側之累。故孟子謂：以善養人，然後能服天下。東漢儒者，欲以不平之意，加於敝法之上，以勝天下之不肖，宜其累發而累挫也。

這一說，實在說中了正統宋學末派之眞毛病。陳亮「無鬚之禍」一段，與此可相參。他又說：

程氏顥答張氏載論定性書，皆老佛語也。老佛之學，所以不可入周孔之道者，周孔以建德爲本，以勞謙爲用，故其所立可與天地相終始，而吾身之區區不與焉。老佛則處身過高，而以德業爲應世，其偶可爲則爲之。所立未毫髮，而自誇甚於丘山，至於壞敗喪失，使中國胥爲夷狄，淪亡而不能救，而不以爲己責也。

這纔徑以程氏爲老、佛，其所抨擊，尤似顏元、戴震之口吻。

他門下有周南，曾五易師而登適之門。紹熙元年以進士對策，述時弊三：一爲道學，二爲朋黨，三爲皇極。他說：

天下之大禍，始於道學，而終於皇極。

這更可證明後代顏元、戴震之意見，早在南宋時，已明白提出了。

二八　薛季宣、陳傅良、唐仲友

陳亮、葉適皆浙人，亮稱永康學派，適稱永嘉學派。而永嘉尚有前緒，薛季宣最爲先輩。季宣字士龍，學者稱艮齋先生。父徽言，爲胡安國高弟。季宣則親受學於袁溉。溉乃程頤弟子，然其學術路徑已有走作。時稱其學自六經百氏，下至博弈小數方術兵書，無所不通。季宣承之，加以考訂，上下千載，禮樂制度，莫不該通委曲，以求見之於事功。嘗謂：

道無形，舍器將安適哉？道非器可名，然不遠器，則常存乎形器之内。昧者離器於道，以爲非道遺之，非但不能知器，亦不知道矣。

吕祖謙甚稱季宣於朱熹，謂其：「於田賦、兵制、地形、水利，甚下功夫，眼前殊少見。其義理不必深窮之説，亦嘗叩之，云：初無是言。」大概季宣還没有對洛學樹叛幟。

陳傅良字君舉，瑞安人，學者稱止齋先生。學於季宣，從遊七八載。日聚書數千卷，考古咨今，解剝於周官、左史，而變通之於當世之治具。條畫本末，粲然甚備。吕祖謙稱之於朱熹曰：「君舉近來議論簡徑，無向來崎嶇周遮氣象，甚可喜也。」陳亮與朱熹爭王霸義利，傅良遺書規之。陳亮復書曰：

人欲如何主持得世界，而尊兄乃名以跳踉叫呼，擁戈直上。元晦之論，只是與二程主張門户，而尊兄乃名之以正大，且地步平正。嗟乎冤哉！亮便應閉口藏舌，不復更下注脚。

後人說：「永嘉諸子，止齋最醇恪。」大抵浙學如季宣、傅良，還是祖謙的氣味重，陳亮則叫囂。葉適精於制度，得浙學之眞傳，又能言義理，遂爲閩學之勁敵。

唐仲友字與政，金華人，學者稱說齋先生。講學最與永嘉諸子同調。然其人似孤僻，不與時流往還。僅於葉適集中，一見其名字。祖謙最主和齊斟酌，並與仲友同里，又皆講學於東陽，亦絕口不及之。仲友既以經術史學負重名，朱熹爲浙東提刑，時仲友知台州，熹劾之，凡六狀，仲友卒落職。當時爲此頗於熹加非議。然考陸九淵與陳倅書謂：

朱元晦在浙東，大節殊偉。劾與政一事，尤快人心。百姓甚惜其去。雖士大夫議論，中間不免紛紜。今其是非，已漸明白。

可見熹劾仲友一事，決非全無憑。淸代四庫館臣專排宋儒，捃拾周密齊東野語，資爲論證，實非確允。而仲友既摧挫，益肆力於學，上自象緯方輿，禮樂刑政，軍賦職官，以至一切掌故，本之經史，旁通午貫，極之繭絲牛毛之細，以求見先古制作之意，推之後世，可見之施行。所著書極富，惜多佚。其學非斥荀子，謂：

卿謂聖人惡亂故制禮，然則禮强人者也。惡亂故制樂，然則正聲乃矯揉，而淫聲乃順其情者也。見禮樂之末而未揣其本，卽性惡之說。

又排釋、老，謂：

釋、老者，爲己則一毛不拔，責人則摩頂放踵，是兼楊、墨而爲之。

而亦極不喜於心學，謂：

聖人之傳道必以心，其端則始於至誠力學。後世求其說而不得，流入釋、老。以爲道者，當造詣頓解，徑進於聖人之域。相與用心不可測度之地，而學問修爲之功幾於盡廢。捕風捉影，卒無分毫之得。曰：「吾之學，心學也。內以欺己，外以欺人。」

或謂永嘉之學，實由仲友倡始，則恐不實。

二九　黃榦

黃榦字直卿，閩縣人，學者稱勉齋先生。他是朱熹門下第一高足。初從熹，夜不設榻，不解帶，少倦則微坐一倚，或自達曙。後熹以女妻之。黃震說：

乾、淳之盛，晦庵、南軒、東萊稱三先生。獨晦庵得年最高，講學最久，尤爲集大成。門人號高弟者，遍於閩浙與江東西，獨勉齋强毅自立，足任負荷。同門有誤解，勉齋一一辯明不少恕。甚至晦庵謂春秋止是直書，勉齋則謂其間亦有曉然若出於微意者。晦庵論近思先太極說，勉齋則謂名近思反若遠思者。其於晦翁沒後，講學精審不苟如此。

榦嘗說：

自先師夢奠以來，向日從遊之士，識見之偏，義利之交戰，而又自以無聞爲恥，言論紛然，誑惑斯世。又有後生好怪之徒，敢於立言，無復忌憚。蓋不待七十子盡沒，而大義已乖矣。由是私竊懼焉。

這可以窺見當時朱門後學之一斑。袁桷嘗說：

朱子門人，當寶慶、紹定間，不敢以師之所傳爲別錄，以黃公勉齋在也。勉齋既歿，夸多務廣，語錄、語類爭出，而二家。朱陸之矛盾始大行。

這又可窺見榦在朱門中地位，及其在當時之力量。所以後人論道統，推他爲三先生後之一人。他曾說：

道生一，一生二，二生三，三生萬物，老氏之所謂道，非吾儒之所謂道也。明道云：「天下之物，無獨必有對。」若只生一，則是獨也。一陰一陽之謂道，道何嘗在一之先？而又何嘗有一而後有道哉？易有太極，易卽陰陽也。太極何嘗在陰陽之先？是生兩儀，何嘗生一而後生二？竊嘗謂太極不可名狀，因陰陽而後見。一動一靜，一晝一夜，以至於一生一死，一呼一吸，無在而非二也。因陰陽之二而反求之太極，所以爲陰陽者，亦不出於二也。如是則二者，道之體也。非其本體之二，何以使末流無往不二哉？

此說雖根據於程顥，但明白承認道之體是二，不在二上再添一個一，卻是大膽的創論。因此他又說：

> 道之在天下，一體一用而已。體則一本，用則萬殊。一本者，天命之性。萬殊者，率性之道。天命之性，即大德之敦化。率性之道，即小德之川流。惟其大德之敦化，故語大莫能載。惟其小德之川流，故語小莫能破。語大莫能載，是萬物統體一太極也。語小莫能破，是一物各具一太極也。萬物統體一太極，此天下無性外之物也。一物各具一太極，此性無不在也。尊德性，所以存心，而極乎道體之大。道問學，所以致知，而盡乎道體之細。自性觀之，萬物只是一樣。自道觀之，一物各自一樣。惟其只是一樣，故但存此心，而萬事萬物之理，無不完具。惟其各自一樣，故須窮理致知，而萬事萬物之理，方始貫通。以此推之，聖賢言語，更相發明，只是一義，豈不自博而返約哉？

他已然在調和朱、陸了。所以在他時，他的同門也不敢競門戶，必排陸以申朱。而依他意見，似乎也不必定要在理先氣後上爭持。他因此又申說他的鬼神論。他說：

諸人講祭祀鬼神一段，蓋疑於祖考已亡，一祭祀之頃，雖是聚己之精神，如何便得祖考來格？雖是祖考之氣已散，而天地之間公共之氣尚在，亦如何便湊合得其爲之祖考而祭之？蓋不知祖考之氣雖散，而所以爲祖考之氣，則未嘗不流行於天地之間。祖考之精神雖亡，而吾所受之精神，卽祖考之精神。以吾所受祖考之精神，而交於所以爲祖考之氣，神氣交感，則洋洋然在其上在其左右者，蓋有必然而不能無者矣。學者但知世間可言可見之理，而稍幽冥難曉，則一切以爲不可信。蓋嘗以琴觀之，南風之奏，今不復見矣，而絲桐則世常有也。撫之以指，則其聲鏗然矣。謂聲在絲桐邪？置絲桐而不撫之以指，則寂然而無聲。謂聲爲在指邪？然非絲桐，則指雖屢動，不能以自鳴也。指自指也，絲桐自絲桐也，一搏拊而其聲自應。向使此心和平仁厚，眞與天地同意，則南風之奏，亦何異於舜之樂哉？今乃以爲但聚己之精神而祭之，便是祖考來格，則是舍絲桐而求聲於指也，可乎？

這一番理論，遠從張載直到朱熹都講過，但他所講更詳明。宋儒的宇宙論，必然要轉落到鬼神論，這是中國自古相傳一種老信仰，而且和一切義理以及實際禮樂分不開。就他說，鬼神之存在，仍是自己精神和天地之氣相感召，不能撇除了任何一面。這仍證明了他「道體卽二」的那主張。

三〇 楊簡

楊簡字敬仲，慈溪人，學者稱慈湖先生。他是陸九淵門下大弟子。他成進士在九淵前。爲富陽主簿時，九淵方登進士第，至富陽，數提「本心」二字，簡問：「何謂本心？」九淵曰：「君今日所聽扇訟，彼訟者必有一是一非，若見得孰是孰非，即決定爲某是某非，非本心而何？」簡聞之，忽覺此心澄然清明，亟問曰：「止如是邪？」九淵厲聲曰：「更何有也？」簡退，拱坐達旦，質明納拜，遂稱弟子。

陳淳（朱熹弟子。）謂：

> 浙間年來象山之學甚旺，由其門人有楊、袁（燮。）貴顯，據要津倡之。不讀書，不窮理，專做打坐工夫。慈湖纔見伊川語，便怒形於色。朋徒私相尊，號爲祖師，以謂眞有得於千載不傳之秘。其或讀書，卻讀語孟精義（朱熹早年作。）而不肯讀集注，（熹晚年作。）讀中庸集解（亦熹早年作。）而不肯讀章句或問，（亦熹晚年作。）讀河南遺書而不肯讀近思錄，讀通書而不肯讀太極圖。而讀通書只讀白本，不肯讀文公解本。

可見當時朱、陸兩派劃分之壁壘。他又說：

> 楊敬仲持循篤，而講貫略。

可見簡的私人生活，雖朱派學人，也加稱道。袁甫說：

> 慈湖先生平生踐履，無一瑕玷。處閨門如對大賓，在闇室如臨上帝。年登耄耋，兢兢敬謹，未嘗須臾放逸。

他生平不作一草字，卽此可想其制行之嚴恪。但他的思想卻似極放縱。他曾說：

> 夫所以爲我者，毋曰血氣形貌而已也。吾性澄然清明而非物，吾性洞然無際而非量。天者，吾性中之象。地者，吾性中之形。故曰：「在天成象，在地成形，皆我之所爲也。」吾未見夫天與地與人之有三也。三者形也，一者性也。舉天地萬物萬化萬理，皆一而已矣。

這一說，卻與黃榦恰恰成對比。若用現代語說，黃榦明白主張二元論，而楊簡明白主張一元論。簡之後學又張揚師說，謂其師嘗大悟幾十，小悟幾十，眞儼然成了禪宗一祖師。所以後人要說他壞了九淵教旨。

三一　金履祥、黃震、王應麟

朱、陸對峙，已到達了宋代理學展演之最高峯。同時從呂祖謙到葉適，浙東史學已嶄然露頭角。朱、陸以下，理學上沒有更大進步，但史學則繼續有傳人。此下姑舉三人略加述說，這已在宋末元初了。

金履祥字吉父，蘭溪人，學者稱仁山先生。先事同郡王柏，同登何基之門。基師事黃榦，榦以「眞實心地刻苦工夫」勉之。其爲學宗旨，只在熟讀四書。晚年嘗謂：「集注義理自足，若添入諸家語，反覺緩散。」王柏從受教，基以胡宏語告之，曰：「立志以定其本，居敬以持其志。志立乎事物之表，敬行乎事物之間。」柏少慕諸葛亮，自號長嘯。年踰三十，讀論語至「居處恭，執事敬」，惕然曰：「長嘯非持敬之道。」遂更號魯齋。其學雖篤信朱熹，而時有創見。謂大學「格致」之傳未亡，無待添補。謂漢志有中庸說二篇，當分「誠明」以下別爲下篇。謂太極圖說「無極」一句，就圖上說，不以無極爲無形，太極爲有理。於詩、書亦多有更定。歐陽修嘗言：

> 經非一世之書。傳之謬，非一人之失。刊正補緝，非一人之能。學者各極其所見，而明者擇焉，以俟聖人之復生。

朱熹有此見識，有此氣魄，葉適掎摭，王柏崇信，貌似不同，其實都從此等見識與氣魄來。因此，經學遂透進了史學的範圍，遠爲此後新經學開先路。

履祥則更進一步深入史學範圍裏，他於天文、地形、禮樂、田乘、兵謀、陰陽、律曆之書，靡不畢究。但宗旨則在濂洛之學。他從王柏及事何基，那時已是南宋末年，國勢阽危，任事者束手罔措。履祥獨進奇策，請以舟師由海道直趨燕薊，擣虛牽制，以解襄樊之圍。他敍述洋島險易，歷歷有據。宋亡，屏居金華山中，著書以歿。後人謂何基清介純實似尹焞，王柏高明剛正似謝良佐，履祥則兼得之二者，而並充於一己。尤爲明體達用之儒，爲浙學之中興。履祥有通鑑前編、論孟考證諸書，而論語考證多發朱熹所未發，於朱說多所牴牾。不默守師承，也和王柏同樣。朱熹素不喜浙學，不喜浙學之治史，不料身後卻由浙學傳其學髓，此所謂金華學派。履祥又傳許謙，直到明初宋濂諸儒，還是遠承這派的餘瀾。

朱熹學派，流傳在閩中與江右者，都無大興發，支離、乖戾、固陋，無不有之。只在浙東有振作。這因朱學已和二程不同，他自己實已轉移到書本考索上。因此默守訓詁傳注者，皆見爲不勝任。只有透進史學範圍的，始能再有所光大。這一層，在熹本人卻未悟到。學術思想之轉變，往往當身者不清楚。這是其一例。浙中朱學，一支是金履祥，另一支是黃震。

震字東發，慈溪人，學者稱於越先生。度宗時，震進言當時大弊，曰民窮，曰兵弱，曰財匱，曰士大夫無恥。幾獲罪。宋亡，隱居窮餓而卒。他曾師事王文貫，文貫是輔廣學生。輔廣初從呂祖謙，後問學於朱熹，已是閩學與浙學之混血兒。著書散佚不傳，但他的學統則流衍有光。在蜀有魏了翁，在閩有熊禾，在浙則再傳而有震。震之學，則以獨得於遺籍者爲多。默識而冥搜，大抵以自求其心之所安而止。有日鈔百卷，折衷諸儒，於熹亦不苟同。這一點，和王柏、金履祥近似，但履祥一派，由許謙傳宋濂，皆以文章著，故聲采發越。而震則獨與其弟子唱歎海隅，不免稍見闇澹。

他曾說：

> 二程先生講明周子之說，以達於孔孟，由性命而歸之躬行，其說未嘗不兼舉。後有學者，宜已不待他求。不幸有佛氏爲吾儒之異端，莊列之戲誕，遁入禪學，又爲異端之異端。雖其無父無君，喪失本心，正與孝弟相反。奈何程門言心，彼亦於此時指虛空而言心；程門言性，彼亦於此時指虛空而言性，不惟大相反，而適相亂。彼之虛空，反以高廣而易入；此之切實，反以平

常而易厭。故二程既沒，門人弟子多潛移於禪學而不自知。雖晦翁朱先生，初年亦幾陷焉，後始一切反而歸之平實。平生用功，多於論語，平生說論語，多主孝弟忠信。至其言太極性命等說，乃因一時行輩儒先，相與講論而發，亦本非其得已。文公既歿，其學雖盛行，學者乃不於其切實，而獨於其高遠。講學舍論語不言，而必先大易。說論語，舍孝弟忠信不言，而獨講一貫。凡皆文公之所深戒，學者乃自偏徇而莫知返。入耳出口，無關躬行。漢唐老師宿儒，泥於訓詁，多不精義理。近世三尺童子，承襲緒餘，皆能言義理。然能言而不能行，反出漢唐諸儒下。是不痛省而速反之，流弊當何如也。

這一番呼籲，卻很像晚明顧炎武。炎武日知錄，也竭力推尊他。他又說：

萬事莫不有理，學者當貫通之以理，故夫子謂之一以貫。然必先以學問之功，而後能至於貫通之地，故曾子釋之以忠與恕。蓋理固無所不在，而人之未能以貫通者，己私間之也。盡己之謂忠，推己及人之謂恕，忠恕既盡，己私乃克，此理所在，斯能貫通。故忠恕者，所能一以貫之者也。聖賢之學，首尾該貫，昭然甚明，初未嘗單出而爲一貫之說。奈何異端之學既興，蕩空之說肆行，盡論語二十篇，無一可借爲蕩空之證者。始節略忠恕之說，單摘一貫之語，矯誣聖言，自證己說。以爲天下之理，自成一貫，初無事於他求。是不從事於博文而徑欲約禮也，不從事於博學詳說而徑欲反說約也，已非聖賢教人本旨矣。甚至挑剔新説，謂不必言貫，此道不必貫而本一。嗚呼！此「有物混成」之説也，而可以亂聖言哉！愚嘗考其故，其端蓋自春秋戰國來矣。夫道卽理也。道者大路之名，人之無不由於理，亦猶人之無不由於路。謂理爲道者，正以人所當行，欲人之曉然易見，而非超出於人事之外，他有所謂高深之道也。周室既衰，士之得志於當世者，外此道而爲功名，則爲管、晏之功利，爲蘇、張之縱横，爲申、韓之法術。不得志於當世者，外此道而爲横議，則爲老聃之清虛，爲莊、列之寓言，爲鄒衍之誣誕。然得志於當世者，其禍雖烈，而禍猶止於一時。不得志於當世者，其説雖高，而禍乃極於萬世。凡今之削髮緇衣，呵佛罵祖者，自以爲深於禪學，而不知皆戰國之士不得志於當世者，戲劇之餘談也。凡今之流於高虛，求異一世者，自以爲善談聖經，而不知此卽禪學，亦戰國之士不得志於當世者，展轉之流毒也。

這一説，仍還像晚明顧炎武乃及清初顏元諸人之意見，但他説來卻別具深趣。他認爲聰明智慧之士，不得志於當世，而又沒有深切薰染到孔子的教訓，他們便會捨棄忽忘了世事而論道。他們之所謂道，則只是高虛，求異於人，而因此以爲害。

他又説：

高者淪空虛，卑者溺功利，不力辨之，則行之者差。周子、程子，始又不得已而詳於言。周、程既沒，學者談虛，借周、程之說，售佛老之私。向也以異端而談禪，世猶知禪學自爲禪學。及其以儒者而談禪，世因誤認禪學亦爲儒學。以僞易眞，是非瞀亂。此而不闢，其誤天下後世之躬行，將又有大於楊、墨以來之患者。文公朱先生，於是力主知行之說，必使先明義理，別白是非，然後見之躬行，可免陷入異端之弊。此其救世之心甚切，析理之說甚精。學者因其言之已明，正其身之所行，爲聖爲賢，何所不可？顧乃掇拾緒餘，增衍浮說，徒有終身之言論，竟無一日之躬行。甚至借以文姦，轉以欺世。風俗大壞，甚不忍言。然則今日其將何以救此？亦在明吾夫子之訓，而深以言之輕出爲恥。其形於言也，常恐行有不類，惕然愧恥而不敢輕於言。其見於行也，常恐不副所言，惕然愧恥而不敢不勉於行。則言日以精，行日以修，庶幾君子之歸，而不致駸駸陷入虛誕欺妄之域，則可無負文公知行並進之訓矣。

這一節，上半意在批評如陸學之專務踐履而忽講明，下半則指摘朱學末流之僅有議論而更不躬行。顧炎武激於明學末流之病，特提「博學於文，行己有恥」兩語以爲學的，其實震在宋末已早說了。

上述金履祥，純粹是朱熹傳統。黃震則夾有呂祖謙，王應麟卻兼可追溯於陸九淵。但兩人學術最後歸宿都在朱熹。應麟字伯厚，鄞縣人，學者稱厚齋先生。父撝，爲樓昉高弟，昉是呂祖謙學生，後又從遊於史彌鞏，彌鞏是楊簡門人。應麟既承家學，又自從師於王埜，埜是眞德秀弟子。而德秀則號稱爲得朱學之正傳。應麟又和湯漢交遊，漢亦兼治朱、呂、陸三派之學，與應麟鄰牆而居。朝夕講論濂、洛、關、閩、江西之同異，永嘉制度，西蜀史學，沙隨古易，蔡氏圖書，通貫精微，剖析幽眇。漢說：「我閱人良多，惟伯厚乃眞儒。」大概呂祖謙本主和齊斟酌，不名一師，浙學都有此風氣。應麟兼師諸家，綜羅文獻，可謂是後起之秀。他中進士後卻說：「今之事舉子業者，一切委棄，制度典故漫不省，非國家所望於通儒。」於是閉門發憤，誓以博學宏辭科自見，果得中。蒙古滅宋後二十年始卒。自擬志節於司空圖、韓偓。後人說他入元曾應山長聘，其事無可考。縱有之，山長究非命官比，無損大節。他著書極浩博，困學紀聞二十卷，尤爲後世推重，以與顧炎武日知錄相擬。爲後來清儒學術開先河。

他弟子胡三省，宋亡，隱居不仕，著資治通鑑音注、釋文辨誤百餘卷，亦爲史學巨擘。

三二 金、元諸儒

兩宋諸儒所講，儘管派別紛歧，但有兩點共同的精神。一，他們都想重新闡明以往中國學術的大傳統，來樹立一個指導政治和教育的大原則，好憑此來達成他們所理想的新社會與新人生。二，他們無不深切地注意到一切學問和行事之最後關鍵都在人的心，所以他們對於人類心理方面的研究與探索，尤特別賦以深厚的興趣，而在此方面的貢獻也甚大。第一種精神比較開展而濶大，第二種精神比較凝斂而謹密。在北宋初期，大家興趣比較偏在第一點，但經范仲淹、王安石兩次政治改革失敗，大家興趣便轉向到第二點。他們認爲若果在社會下層學術心術基礎沒有打穩固，急遽要在上層政治圖速效，那是無把握的危險事。這是中期宋學的態度。南渡以後，這一方面幾乎已發展到盡頭處，露出了內部的破綻與裂痕。又兼以政治頽敗，國勢阽危，逼得他們轉移目光，重新注意到第一點，尤其是歷史與制度方面之討究。這一種學風，若上面臨制以一種異族政權之統治，無疑的決不能發皇暢遂，而必然會曲折改變其面目，轉移其方向，而循致忘失其精神。我們將繼此一述金、元兩代之學術，便可看出此意味。而回頭來使我們更容易對於兩宋學術之本質獲得一種更恰貼的新瞭解。

三三　李純甫

宋室南渡，關洛陷於完顏氏，百年不聞有學統。有李純甫字之純，別號屛山居士，襄陰人。雄於文，而溺情於佛老，敢爲無忌憚之言，盡取北宋諸儒詆斥無餘地。大略謂自堯、舜、禹、湯、文、武以來，道術將爲天下裂，於是奉老聃、孔、孟、莊周洎佛如來爲五聖人，而推莊老浮屠之言，以爲能合於孔孟。又推唐之李翺，宋之王安石、蘇軾、轍兄弟，以爲能陰引莊老佛書以證明孔孟諸書之精義。自言年二十九，閱李翺復性書，知翺亦年二十九，參藥山而退，因發憤參萬松師，著鳴道集說。其言曰：

> 學至於佛則無所學。伊川諸儒雖號深明性理，發揚六經聖人之心學，然皆竊吾佛書者也。

有重修面壁記，謂：

> 其著而成書者，清涼得之以疏華嚴，圭峯得之以鈔圓覺，無盡得之以解法華，潁濱得之以釋老子，吉甫得之以注莊子，李翺得之以述中庸，荆公父子得之以論周易，伊川兄弟得之以訓詩、書，東萊得之以議左氏，無垢得之以說語、孟。使聖人之道，不墮於寂滅，不死於虛無，不縛於形器，相爲表裏，如符契然。

這是一種三教合一論，而三教中則以佛教爲宗主。故他說：

中國之書不及西方之書。

他是金代文章一大家，著述多於趙秉文，早年卽穎悟，爲文師法莊、列、左氏、戰國策，喜談兵，慨然有經世志。自謂功名可俯拾，作矮柏賦，以諸葛亮、王猛自期許。時金勢已衰，元兵起，他曾上萬言書。金遷都汴，他曾入翰林。自度道不行，縱酒自放，無再仕進意，乃日與禪僧遊，著書自編爲內外稿，凡論性理及闢佛老者號內稿，應物文字爲外稿。又解楞嚴金剛經，老莊中庸集解，鳴道集說，號爲「中國心學，西方文教」，凡數十萬言。今其書皆不傳，僅永樂大典中有其集，怕也不會流傳了。

他的學術路徑，很有些像蘇軾兄弟，而所處環境不同，內心情感上刺激又不同，因而放蕩恣肆，成爲脫出一切規矩準繩的狂人。他曾說：

學者內有三疵，外有四孽。何謂三疵？識鑿之而賊，氣憑之而亢，才蕩之而浮。何謂四孽？學封之而塞，辯譁之而疑，文甘之而狂，名錮之而死。

實在他自身便犯着不少的疵孽！他正是黃震所指「不得志於當時，而流於高虛以求異於世俗」的一顯例。儻他生江南，在祖國政府下，有師友夾輔，有社會涵育，他縱是一狂才，怕也只會像張九成和陳亮。

三四 趙復、姚樞、許衡

蒙古入中原，爲禍之烈尤甚於金。但那時中國統一了，不比宋、金時代南北相隔絕，因此南方學統終於流傳到北方，反比金代有了些起色。

趙復字仁甫，湖北德安人，學者稱江漢先生。元師伐宋，屠德安。時姚樞在軍中，他把儒、道、釋三家和醫師、卜人一例，認爲占一藝的全都放活了，復因此得爲一俘虜。樞與言，大奇之。但復終不欲生，乘月夜逃赴水。樞覺而追之，履積屍而前，見復方解髮脫屨，呼天而號，欲自沉，亟挽之。遂携與同至燕，爲之建太極書院，立周子祠，以二程、張、楊、游、朱六人配。集遺書八千餘卷，請復講授其中。學子從者百餘人。復以周、程而後，其書廣博，學者未能貫通，乃作傳道圖，以書目條列於後。使學者得識門徑。程朱之學，流傳北方由復始。

姚樞字公茂，柳城人，徙洛陽。爲蒙古幕官長。蒙古大營貨賂，分及樞，樞拒之，因退隱蘇門山。讀書鳴琴，築室奉孔子及宋儒周、程、張、邵、司馬六人像。刊小學、四書並諸經傳注，以惠後學。

許衡字仲平，河內人，學者稱魯齋先生。幼嗜學，遭亂，貧，乏書，嘗從日者遊。偶見尚書，請就宿，手鈔而歸。避難徂徠山，得王弼易注，夜思晝誦，漸有從學者。聞姚樞在蘇門，往謁。得程、朱遺書，還，謂其徒曰：「昔者授受殊孟浪，今始聞進學之序。若必欲相從，當棄前日所學，從事小學之灑掃應對，以爲進學基。」衆皆從。衡自得小學，卽主以此書開導學者，嘗語其子曰：「小學、四書，吾敬信如神明。能明此書，雖他書不治可也。」他曾說：

教人與用人正相反。用人當用其所長，教人當教其所短。

又說：

學者治生最爲先務。苟生理不足，則於爲學之道有所妨。彼旁求妄進及作官謀利者，殆亦窘於生理所致。士君子當以務農爲生。商賈雖逐末，果處之不失義理，或以姑濟一時，亦無不可。

他又說：

綱常不可亡於天下，苟在上者無以任之，則在下之任也。

他在亂離中，常毅然以斯道爲己任。元世祖聞其名，召之。他臨死告其子，説：

我生平爲虛名所累，竟不能辭官，死後慎勿請謚立碑，但書許某之墓，使子孫識其處足矣。

大概他對當時大局，自知無可救助，故在政府，自請罷免中書執政而改就國子監，時人譏其欺世自免。但當時北方儒學，終因趙復、姚樞及他三人之力而始廣其傳，這也算功不可泯了。

三五　劉因

劉因字夢吉，容城人，學者稱靜修先生。他與許衡爲元初北方兩大儒。因初治訓詁疏釋之學，輒歎曰：「聖人精義，殆不止此！」後來趙復得周、程、張、邵、朱、呂之書，始曰：「我固謂當有是也。」衡仕元而因則否。衡於元初，有興文播化功，數十年間，彬彬號名卿材大夫者皆衡門人，由是北人始知有所謂聖賢之學。而因享年不永，又抗節不仕，故其霑被亦不遠。嘗爲詩曰：

人生喪亂世，無君欲誰仕？滄海一橫流，飄蕩豈由己。

又曰：

乾坤固未壞，杞人已哀鳴。雖知無所濟，安敢遂忘情？

元代學風，至爲委靡，虞集嘗論之，謂：

文正許衡諡。沒，後之隨聲附影者，謂修辭申義爲玩物，而苟且於文章；謂辨疑答問爲躐等，而姑困其師長。謂無所猷爲為涵養德性，謂深中厚貌爲變化氣質。外以聾瞽天下之耳目，內以蠱晦學者之心思，上負國家，下負天下。而謂文正之學果出於此乎？

這固然由於受時代的壓迫，但許衡所稱，本屬粗迹，其力不足以斡旋。因高蹈不仕，在天地混濁中，保持一清潔的人格，論其對後世的影響，卻似轉優於衡了。

三六　吴澄

吴澄字幼清，撫州崇仁人，學者稱草廬先生。年輕時曾應過南宋的鄉試，後入仕元。在這一點上，他似乎還不如許衡。他當國子監司業，告學者言：

> 朱子於道問學之功居多，而陸子以尊德性爲主。問學不本於德性，則其蔽必偏於語言訓釋之末。欲學必以德性爲本，庶幾得之。

當時北人只知有許衡，衡崇信朱熹，聞澄言，乃羣指爲陸學。其實澄固主和會朱、陸之説者，其著書，則終近於朱。朱學後人，多僅習成説，能深通經術者甚少。澄之五經纂言，直可接步於熹，非熹門人後學所能逮。

時有蜀人黄澤，流寓江西，著九江經説。澄觀其書，以爲生平所見明經士，未有能及者。休寧趙汸，受學於澤，究心春秋。大抵元代通經之士多南人，北方則祇流傳了性理與道學。

三七　初期明學

明代學術，大體沿襲宋。關於學術上之中心問題及最高目標，均未能擺脫宋人，別自創闢。而且明代學術，較之宋代，遠爲單純。初期宋學之博大開展，以及南渡後浙東史學之精密細緻，明人都沒有。他們只沿襲著正統宋學的一脈，但又於正統宋學中剔去了周、邵、張三家。實際明代學術，只好說沿襲著朱、陸異同的一問題。他們對此問題之貢獻，可說已超過了朱、陸，但亦僅此而止。明學較之宋學，似乎更精微，但也更單純。黃宗羲說：

> 有明文章事功，皆不及前代。獨於理學，前代所不及。蠶絲牛毛，無不辨析，眞能發先儒之所未發。程朱之闢釋氏，其說雖繁，總是在迹上，其彌近理而大亂眞者，終是指不出。明儒於毫釐之際，使無遁影。

這是明學之獨特處。

其實明代學術，只須舉王守仁一人作代表，其他有光彩有力量的，也都在守仁後。我們此刻姑把守仁未起以前劃爲明學之初期，但初期明學絕不能和初期宋學相比擬。那一時期，只是經歷過蒙古百年統治之後，一種嚴霜大雪掩蓋下底生機萌芽，卻不像初期宋學般元氣淋漓，規模濶大。

三八　吳與弼

明學開端，首先當數到吳與弼。與弼字子傅，號康齋，撫州崇仁人。父溥，國子司業。他十九歲到京師覲親，從學於楊溥，獲讀伊洛淵源錄，慨然有志於道。遂棄舉子業，謝人事，獨處小樓，玩四書、五經、諸儒語錄，不下樓者兩年。後遂居鄉，躬耕食力，弟子從遊者甚眾。雨中被簑笠，負耒耜，與諸生並耕。歸則飯糲，蔬豆共食。一日刈禾，鐮傷指，負痛曰：「何可爲物所勝？」竟刈如初。陳獻章自廣東來學，晨光纔辨，與弼手自簸穀，獻章未起，與弼大聲曰：「秀才怎麼懶惰，他日如何到伊川門下？又如何到孟子門下？」他嘗歎箋注之繁，無益有害，故不輕著述。省郡交薦，太息曰：「宦官釋氏不除，欲天下之治，難矣！」終不出。後朝廷禮聘，勉赴京，卒不受官而歸。

與弼有日錄，章袞謂此乃其一人之史，皆自言己事。非若他人，以己意附成說，以成說附己意，泛言廣論者比。顧憲成稱其「一團元氣，可追太古之樸」。顧允成則謂其「安貧樂道，曠然自足，如鳳凰翔於千仞之上」。下鈔其日錄數則，以見一斑。

食後坐東窗，四體舒泰，神氣清朗，讀書愈有進益。數日趣同，此必又透一關矣。

貧困中事務紛至，兼以病瘡，不免時有憤躁。徐整衣冠讀書，便覺意思通暢。古人云：「不遇盤根錯節，無以別利器。」又云：「若要熟，也須從這裏過。」然誠難能，只得小心忍耐做將去。朱子云：「終不成處不去便放下。」旨哉是言也。

南軒讀孟子甚樂，湛然虛明，平旦之氣，略無所擾。綠陰清晝，薰風徐來，而山林闃寂，天地自濶，日月自長。邵子所謂「心静方能知白日，眼明始會識青天」，於斯可驗。

澹如秋水貧中味，和似春風静後功。

夜大雨，屋漏無乾處，吾意泰然。

夜觀晦庵文集。累夜乏油，貧婦燒薪爲光，誦讀甚好。爲諸生授孟子卒章，不勝感激。臨寢，猶諷詠明道先生行狀久之。頑鈍之姿，爲之惕然興起。

中堂讀倦，遊後園歸，絲桐三弄，心地悠然。日明風静，天壤之間，不知復有何樂。

月下詠詩，獨步綠陰，時倚修竹，好風徐來，人境寂然，心甚平澹，無康節所謂攻心之事。

十一月單衾，徹夜寒甚，腹痛，以夏布帳加覆。

看漚田，晚歸，大雨。中途雨止月白，衣服皆濕。貧賤之分當然。靜坐獨處不難，居廣居應天下爲難。

憩亭子看收菜，臥久見靜中意思。

年老厭煩，非理也。朱子云：「一日未死，一日要是當。」

我們若說宋學在人生問題上是探討發明的階段，則明儒是在享受和證實的階段了。試看與弼日錄，那是何等地一種人生享受呀！

三九　胡居仁、婁諒、陳獻章

與弼從學有胡居仁、婁諒、陳獻章。居仁字叔心，饒之餘干人。弱冠，即奮志聖賢之學。往遊與弼門，遂絕意科舉，築室梅溪山中，事親講學，不干人事。久之，欲廣聞見，適閩歷浙，入金陵，從彭蠡而返。與鄉人婁諒等爲會於弋陽之龜峯，餘干之應天寺。嗣又講學白鹿、貴溪、桐源諸書院。居仁嚴毅清苦，家世爲農，至居仁而窶甚，鶉衣脫粟，蕭然自得。他嘗說：

又曰：

心無主宰，靜也不是工夫，動也不是工夫。靜而無主，不是空了天性，便是昏了天性，此大本所以不立。動而無主，若不猖狂妄動，便是逐物徇私，此達道所以不行。己立後自能了當得萬事，是有主也。

又曰：

今世有一等學問，言靜中不可著個「操」字，若操時又不是靜，以何思何慮爲主，悉屏思慮，以爲靜中工夫，只是如此，所以流於佛老。不知操是持守意，卽靜時敬也。若無個「操」字，是中無主，悠悠茫茫，無所歸著。若不外馳，定入空無。此學所以易差也。

又曰：

意者，心有專主之謂。大學解以爲心之所發，恐未然。

婁諒字克貞，別號一齋，上饒人。少有志於聖學，嘗求師四方，夷然曰：「率舉子業。」聞與弼在臨川，乃往從之。與弼一見喜之，曰：「老夫聰明性緊，賢也聰明性緊。」一日治地，召諒往，曰：「學者須親細務。」諒素豪邁，由此折節，躬親掃除，不責僮僕。與弼學規，須來學者始見，餘則否。羅倫未第時，往訪，與弼不出。諒告與弼：「此一有志知名士，奈何不見？」與弼曰：「我那得工夫見小後生？」倫不悦，移書四方，謂是名教中作怪。張元楨從而和之。與弼置若不聞。諒語二人曰：「君子小人不容並立。使後世以康齋爲小人，二兄爲君子無疑。儻後世以君子處康齋，不知二兄安頓何地？」兩人之議遂息。胡居仁頗於諒有訾評，嘗謂：

> 婁克貞說他非陸子之比。陸子不窮理，他卻肯窮。公甫（陳獻章）不讀書，他勤讀書。以愚觀之，他亦不是窮理。他讀書，只是將聖賢言語來護己見，未嘗求聖賢指意，舍己以從之也。

諒著書甚富，然多散佚。如居仁所言，則諒之爲學，固不僅是蹈襲師門的。王守仁年十七，曾從諒問學，甚相契。

陳獻章字公甫，新會人，學者稱白沙先生。自幼警悟，讀書一覽輒記。嘗讀孟子有所謂「天民」者，慨然曰：「爲人當如此。」會試中乙榜，入國子監讀書。又至崇仁，從學於與弼。歸，絕意科舉，築陽春臺，靜坐其中，數年不出閾。嗣又遊太學，名動京師。歸而門人益進。屢薦不起，卒於家。其自序爲學曰：

僕年二十七，始發憤從吳聘君學。其於古聖賢垂訓之書，蓋無所不講，然未知入處。比歸白沙，杜門不出，專求所以用力之方。既無師友指引，日靠書册尋之，忘寐忘食。如是者累年，而卒未有得。所謂未得，謂吾此心與此理，未有湊泊脗合處也。於是舍彼之繁，求吾之約，惟在靜坐。久之，然後見吾此心之體，隱然呈露，常若有物。日用間種種應酬，隨吾所欲，如馬之御銜勒也。體認物理，稽諸聖訓，各有頭緒來歷，如水之有源委也。於是涣然自信，曰：作聖之功，其在玆乎？有學於僕者，輒教之靜坐。蓋以吾所經歷粗有實效者告之，非務爲高虛以誤人也。

他又說：

學勞擾則無由見道。故觀書博識，不如靜坐。

又曰：

爲學須靜坐中養出個端倪來，方有商量處。

又曰：

日用間隨處體認天理，著此一鞭，何患不到古人佳處。

又曰：

夫學有由積累而至者，有不由積累而至者。有可以言傳者，有不可以言傳者。夫道至無而動，至近而神。大抵由積累而至者，可以言傳也。不由積累而至者，不可以言傳也。知者能知至無於至近，則無動而非神。

其後羅欽順非之，曰：

近世道學之昌，白沙不爲無力，而學術之誤，亦恐自白沙始。至無而動，至近而神，此白沙自得之妙也。彼徒見夫至神者，遂以爲道在是矣，而深之不能極，幾之不能研，其病在此。

卽其弟子湛若水，亦並不遵由師門靜坐教法。有人問呂枏：「白沙在山中，十年作何事？」枏曰：「用功不必山林，市朝也做得。昔終南僧用功三十年，儘禪定也。有僧曰：汝習靜久矣，同去長安柳街一行。及到，見了妖麗之物，粉白黛綠，心動了，一旦廢了前三十年工夫。可見亦要於繁華波蕩中學。」惟王守仁弟子王畿極稱之，曰：

我朝理學，開端是白沙，至先師而大明。

黃宗羲明儒學案本其意，謂：

有明之學，至白沙始入精微，至陽明而後大。兩先生之學，最爲相近。

或問王畿：「白沙與陽明同異？」畿曰：

白沙是百源山中傳流，亦是孔門別派。得其環中以應無窮，乃景象也。緣世人精神撒潑，向外馳求，欲返其性情而無從入，只得假靜中一段行持，窺見本來面目，以爲安身立命根基，所謂權法也。若致知宗旨，不論語默動靜，從人情事變徹底練習以歸於玄。譬之眞金爲銅鉛所雜，不遇烈火烹熬，則不可得而精。

這是說獻章近於宋代之邵雍。然此乃指心地修養言。故羅倫曰：

白沙觀天人之微，究聖賢之藴，充道以富，崇德以貴，天下之物，可愛可求，漠然無動於其中。

倫與獻章爲石交，似乎此説最可窺測獻章之所養。

四〇 薛瑄

上述諸儒皆南籍。薛瑄，山西河津人，號敬軒，他可代表明代初期之北學。其爲學，悃愊無華，恪守宋人矩矱。嘗手鈔性理大全，通宵不寐。人稱爲薛夫子。時中官王振用事，大臣欲瑄詣振謝，拒不可，曰：「拜爵公朝，謝恩私室，某所不能。」已遇振於東閣，百官皆跪，瑄長揖而已。振大恨，陷之罪，繫獄論死。瑄讀易不輟。覆奏將決，振有老僕，亦山西人，泣於竈下。振怪問，曰：「聞薛夫子將刑。」振問：「何以知其人？」曰：「鄉人也。」具言瑄生平。振惘然，立傳旨戍邊，尋放還。嗣復起用，爲南京大理寺卿。中官金英奉使過南京，公卿餞之江上，瑄獨不往。英返，言於衆曰：「南京好官惟薛瑄。」英宗復辟，于謙將就刑，瑄謂同列曰：「此事人所共知，各有子孫。」石亨奮然曰：「事已定，不必多言。」召閣議，瑄又力言之，終不獲救。其後遂乞致仕。臨卒有詩：「七十六年無一事，此心始覺性天通。」崔銑論瑄之出處，謂：「王振之引，若辭而不往，豈不愈於抗而見禍？于忠肅有社稷功，其受害也，先生固爭之，爭不得，即以此事去，尤爲光明俊偉。」故黄宗羲謂瑄出處，「盡美不能盡善」。

所著有讀書錄，大概爲太極圖說、西銘、正蒙之義疏。高攀龍說其「無甚透悟」，殆是的評。

四一　中期明學

初期明學，南方如吳與弼、陳獻章，都是隱退人，偏於田野山林。北方如薛瑄，亦僅持守，於義理少發揮。明學要到王守仁，始是光采畢露。我們姑定守仁時代爲明學之中期。

與守仁同時，尙有湛若水、羅欽順。守仁問學於婁諒，若水從遊於陳獻章，都遠從與弼開端。兩人相交遊，而講學宗旨不同，一時平分天下之學術。當時學於湛者或卒業於王，學於王者或卒業於湛。王、湛之並立，猶如朱、陸之對抗。而羅欽順則學無師承，生前旣少朋徒之講習，卒後亦無從學之傳述。困心衡慮，爲獨得之學，而剖析發明，堪與王、湛相鼎足。明學之盛莫踰此。此下則只成爲王學之支流與裔，直要到明末纔始有大變化。故以王門各派，並附於中期。

此下將分篇敍述此三家，來表現有明學術之一段最高潮。並依次及於王門，以見王學之流衍。

四二　王守仁

王守仁字伯安，學者稱爲陽明先生，浙之餘姚人。父華，是狀元，仕至南京吏部尙書。守仁自小就豪邁不羈。十二歲就師，問：「何爲第一等事？」師曰：「讀書登第。」他說：「恐未是，該是讀書作聖人吧！」十五歲閒行出居庸關，逐胡人騎射，經月始返。十七歲親迎於洪都。婚日，偶行入鐵柱宮，見道士趺坐，叩之，對坐忘歸。十八歲謁婁諒，大喜，慨然謂「聖人必可學而至」。二十一歲在京師，發憤欲實做格物工夫。因見庭前竹子，格之七日不通，謂「聖賢有分」，遂轉愛辭章養生家言，又學兵法。三十一歲歸越，習靜陽明洞，能預知來客。然時念其祖母與父，一日忽徹悟，曰：「此念生於孩提，不可滅。若此念滅，是滅了自己種性。」遂輟坐而去。三十四歲始識湛若水。三十五歲因忤宦者劉瑾得罪，謫貴州龍場驛。

龍場驛在萬山叢棘中，蛇虺瘴癘，夷語不相解。又懼劉瑾派人行刺，自念得失榮辱俱可忘，獨生死一念尚在，乃鑿石椁，日夜端居以俟。適從僕皆病，他親析薪汲水，作糜飼之。又爲歌詩，唱越調，雜以詼笑，謀取病僕懽。因常沉思：「若令聖人處我境，更有何道？」忽一晚，中夜大悟，不覺呼躍而起。自是始倡言「良知」之學，時爲三十七歲。翌年，他主講貴陽書院，始論「知行合一」。三十九歲由龍場驛陞廬陵縣知縣，歸途，語學者悟入之功。他說：

前在貴陽，舉知行合一之教，紛紛異同，罔知所入。玆來乃與諸生靜坐僧寺，使自悟性體，顧恍恍若有可卽。

他又有與門人書，謂：

前在寺中所云靜坐事，非欲坐禪入定也。蓋因吾輩平日爲事物紛拏，未知爲己，欲以此補小學收放心一段工夫耳。

是年冬，他到南京，與黃綰論學，云：

學者欲爲聖人，必須廓清心體，使纖翳不留，眞性始見，方有操持涵養之地。

黃綰疑其難。他又說：

聖人之心如明鏡，纖翳自無所容，自不消磨刮。若常人之心，如斑垢駁蝕之鏡，須痛刮磨一番，盡去駁蝕，然後纖塵卽見，纔拂便去，亦不消費力，到此已是識得仁體矣。若駁蝕未去，其間固有一點明處，塵埃之落，固亦見得，纔拂便去。至於堆積於駁蝕之上，終弗之能見也。此學、利、困、勉之所由異，幸勿以爲難而疑之。

這是他親身歷練過的眞實話。當他早年在陽明洞習靜，已能排遣閒思雜慮。後來龍場驛處困三載，他眞把一切榮辱得喪，甚至死生，一切念頭都放下了。他那時心境，眞可說是纖翳不留。現在要教學者在平時偶一靜坐來自明心體，實在也不是件容易事。他四十二歲至滁州，時從學者日眾。日與門人遨遊琅琊瀼泉間，月夕，環龍潭而坐者數百人，歌聲振山谷。孟源問：「靜坐中思慮紛雜，不能強禁絕。」他答道：

紛雜思慮，亦強禁絕不得。只就思慮萌動處，省察克治。到天理精明後，有個物各付物的意思，自然精專無紛雜之念。

那時他教法已是有一些變了。明年，回南京，客有道：「自滁遊學之士多放言高論，亦有漸背師教者。」他因說：

吾年來欲懲末俗之卑汚，引接學者，多就高明一路，以救時弊。今見學者漸有流入空虛，爲脫落新奇之論，吾已悔之矣。

是年，始專以「致良知」訓學者。一日，與陸澄論爲學工夫，他說：

教人爲學，不可執一偏。初學時，心猿意馬，拴縛不定，其所思慮，多是人欲一邊，故且教之靜坐，息思慮。久之，俟其心意稍定，只懸空靜守，如槁木死灰亦無用，須教他省察克治。省察克治之功，則無時而可間。如去盜賊，須有個掃除廓清之意。無事時，將好色、好貨、好名等私念，逐一追究搜尋出來，定要拔去病根，永不復起，方始爲快。常如貓之捕鼠，一眼看著，一耳聽著。纔有一念萌動，卽與克去，斬釘截鐵，不可姑容，與他方便。不可窩藏，不可放他出路。方是眞實用功，方能掃除廓清。到得無私可克，自有端拱時在。

其實他所說的「省察克治」，便已是「致良知」。或問：「知行合一？」他答道：

此須識我立言宗旨。今人學問，只因知、行分作兩件，故有一念發動，雖是不善，然卻未嘗行，便不去禁止。我今說個「知行合一」，正要人曉得一念發動處便卽是行了。發動處有不善，就將這不善的念克倒了。須要徹根徹底，不使那一念不善潛伏胸中，此是我立言宗旨。

可見他所講「知行合一」，宗旨還在「省察克治」，還在「致良知」。陸澄問：「靜時亦覺意思好，才遇事便不同，如何？」他答道：

是徒知養靜，而不用克己工夫也。如此，臨事便要傾倒。人須在事上磨，方立得住。

他又說：

人若眞實切己用功不已，則於此心理之精微，日見一日。私欲之細微，亦日見一日。若不用克己工夫，終日只是說話而已。天理終不自見，私欲亦終不自見。如人走路一般，走得一段，方認得一段。走到歧路處，有疑便問，問了又走，方能漸到得欲到之處。今人於已知之天理不肯存，已知之人欲不肯去。只管愁不能盡知，只管閒講，何益之有？且待克得自己無私可克，方愁不能盡知，亦未遲。

這些都是他講「致良知」精義。致良知要在事上磨，要克去己私，要知行合一，要走得一段再認一段。其實他所講，還是靜存動察，還是去人欲存天理，還是在變化氣質。工夫大體，還是和兩宋儒者並無二致。

他四十五歲陞巡撫南贛、汀、漳等處，此下連年建立了許多奇功偉績。四十六歲平漳寇，平橫水、桶岡諸寇。四十七歲平大帽、浰頭諸寇。四十八歲擒宸濠。但功愈高，謗愈張，甚至有人說他要造反。他這一段處境，卻較龍場驛更艱難，更困阨。而他內心工夫也更細密，更自然了。五十歲有與鄒守益書說：

近來信得「致良知」三字，眞聖門正法眼藏。往日尚疑未盡，今日多事以來，只此良知，無不具足。譬諸操舟得舵，平瀾淺瀨，無不如意。雖遇顛風逆浪，舵柄在手，可免沉溺之患。

五十一歲，父華卒。五十二歲有如下一番問答：

鄒守益、薛侃、王艮等侍，因言謗議日熾。先生曰：「諸君且言其故。」有言先生勢位隆盛，是以忌嫉謗。有言先生學日明，爲宋儒爭異同，則以學術謗。有言天下從游者衆，與其進不與其退，又以身謗。先生曰：「三言者誠皆有之，特吾自知，諸君論未及耳。」請問，曰：「吾自南京以前，尚有鄉愿意思，在今只信良知眞是眞非處，更無揜藏迴護，纔做得狂者。使天下盡說我行不揜言，吾亦只依良知行。」

那是他工夫到了最純熟時的境界。五十三歲在越，

中秋，宴門人於天泉橋。是夜，月白如晝。門人百餘人，酒酣，各歌詩，投壺擊鼓，盪舟爲樂。先生見諸生興劇，退而作詩，云：「鏗然舍瑟春風裏，點也雖狂得我情。」明日，諸生入謝。先生曰：「昔孔子在陳，思魯之狂士。以學者沒溺富貴，如拘如囚，而莫之省。有高明脫落者，知一切俗緣，皆非性體。然不加實踐以入於精微，則漸有輕滅世故，濶略倫物之病。雖

比世之庸瑣者不同，其爲未得於道一也。故孔子思歸以裁之。今諸君已見此意，正好精詣力造以求至於道，無以一見自足而終止於狂也。」

其實他本身性格，便近一狂者。幼年便想做第一等事業，做聖賢。後來格庭前竹子失望，又轉學靜坐，學長生。轉回頭來，在氣節上表現他的狂。得罪劉瑾，遠貶龍場驛，遂悟良知之學。此後功業日盛，讒謗日張，他一依自己良知，我行我素，自謂纔眞做得一狂者。近儒章炳麟說他是孔門之子路，這卻未爲恰當。他平生在文學在事功上，都有絕大成就。但他晚年心境，卻把這些成就都一掃而空，此遠非子路可比。五十六歲復起，總督兩廣、江西、湖廣軍務，征思田。臨行，門人錢德洪、王畿論學：

畿舉先生教言，曰：「無善無惡是心之體，有善有惡是意之動，知善知惡是良知，爲善去惡是格物。」德洪曰：「此意如何？」畿曰：「此恐未是究竟話頭。若說心體是無善無惡，意亦是無善無惡的意，知亦是無善無惡的知，物亦是無善無惡的物。若說意有善惡，畢竟心體還有善惡在。」德洪曰：「心體是天命之性，原是無善無惡的，但人有習心，意念上見有善惡在。格、致、誠、正、修，正是復那性體工夫。若原無善惡，工夫亦不消說矣。」是夕，侍坐天泉橋，各舉請正。先生曰：「我今將行，正要你們來講破此意。二君之見，正好相資，不可各執一邊。我這裏接人，原有二種。利根之人，直從本原上悟入。人心本體原是明瑩無滯的，原是個未發之中。利根之人一悟本體，卽是工夫，人己內外，一齊俱透了。其次不外有習心在，本體受蔽，姑且教在意念上實落爲善去惡，工夫熟後，渣滓去得盡時，本體亦明盡了。汝中之見，是我這裏接利根人的；德洪之見，是我這裏爲其次立法的。二君相取爲用，則中人上下，皆可引入於道。若各執一邊，眼前便有失人，使與道體各有未盡。」既而曰：「以後與朋友講學，切不可失了我的宗旨。無善無惡是心之體，有善有惡是意之動，知善知惡是良知，爲善去惡是格物。只依我這話頭隨人指點，自沒病痛。此原是徹上徹下工夫。利根之人世亦難遇，本體工夫一悟盡透，此顏子、明道所不敢承當，豈可輕易望人？人有習心，不教他在良知上實用爲善去惡功夫，只去懸空想個本體，一切事爲俱不著實，不過養成一個虛寂，此病不是小小，不可不早說破。」是日，德洪、汝中俱有省。

這是他講學最後一番話。五十七歲平思田，平八寨斷籐峽，在班師的路途中死了。

我們綜觀他的一生，實可算是以身教身，以心教心，最具體最到家的一實例。他平生講學，總是針對著對方講，從不憑空講，也不是在講書本，或講天地與萬物。他所講，也只本他自己內心眞實經驗講，也不是憑空講，不在講書本，或講天地與萬物。他只是講的良知之學，只是講人之心，只是本著己心來指點人心。他之所講，正可道地稱之爲「心學」。

他最後一番話，後人稱之爲「四句教」。在這「四句教」上，引起此下絕大爭辨。最惹爭辨的是四句中第一句，卽「無善無惡心之體」那一句。但若眞實了悟了他講學宗旨，那一句卻是他必然應有的一句。

讓我們把他所講再從頭一分述。他最主要的是講「良知」，什麼是良知呢？他曾說：

天理在人心，亘古亘今，無有終始。天理卽是良知。

從前程顥曾說過，「天理」二字是他自己體貼出來。但什麼是天理，程顥沒有透切發揮。直從程顥到朱熹，提出「格物窮理」的教法。朱熹甚至說：「理在氣之中，也在氣之先。」故要明理，必先格物，必先卽物而格，到一旦豁然貫通時，纔算明得此天理。這樣明天理，則是太難了。現在守仁說，天理卽是人心之良知。那便不須向天地萬物去窮格。他又說：

良知是天理之昭明靈覺處，故良知卽是天理。

他既說「天理卽良知」，又說「良知卽天理」，可見良知、天理只是一件，更無分別。其實守仁此說，顯然與程顥用自心體貼出天理來之說大不同。至少是天理的範圍變得狹窄了。試問天理何以卽是良知，良知又何以卽是天理呢？守仁說：

知善知惡是良知。

天理逃不掉善與惡，正爲人心分別著善與惡，故說是天理。若人心根本不知有所謂善與惡，那亦無天理可見。而知善知惡者是心之知，並不是此心之本體有所謂善與惡。此心之本體則只是一個知，而在知上卻知道出善惡來。換言之，卽知道出天理來。現在試再問：心之知如何知道出善與惡的天理呢？守仁說：

良知只是個是非之心，是非只是個好惡。只好惡就盡了是非，只是非就盡了萬事萬變。

講天理又逃不掉是與非，只是與非就盡了萬事萬變。儘管萬事萬變，只把「是非」兩字，全包括了。但什麼是萬事萬變中的是與非之分界呢？守仁說：那分界便在人心之「好惡」上。人心所好便爲是，人心所惡便爲非。若使人心根本無好惡，則一切萬事萬變亦將不見有所謂是與非。這一說好像是大膽而奇突，但細思實是有至理。讓我們再逐層講下去。

要講這一問題，便牽涉到守仁所謂的「知行合一」上。

徐愛因未會先生知行合一之訓，與宗賢、惟賢往復辯論未能決，以問。先生曰：「試舉看。」愛曰：「如今人，儘有知得父當孝，兄當弟，卻不能孝，不能弟，知與行分明是兩件。」先生曰：「此已被私欲隔斷，不是知行本體了。未有知而不行者，知而不行，只是未知。聖賢教人知行，正是要復那本體。故大學指個眞知行與人看，說：『如好好色，如惡惡臭。』見好色屬知，好好色屬行，只見那好色時已自好了，不是見了後又立個心去好。聞惡臭屬知，惡惡臭屬行，只聞那惡臭時已自惡了，不是聞了後別立個心去惡。如鼻塞人見惡臭在前，鼻中不曾聞得，便亦不甚惡，亦只是不曾知臭。就如稱某人知孝知弟，必是其人已曾行孝行弟，方可稱他知孝知弟。不成只是曉得說些孝弟的話，便可稱爲知孝弟。又如知痛，必已自痛了才知痛。知寒，必已自寒了；知饑，必已自饑了。知行如何分得開？此便是知行本體，不曾有私意隔斷的。聖人教人必要是如此，方可謂之知。不然，只是不曾知。」

守仁所謂「知行合一」，他說是指的知行本體。他認爲知行本體原是合一，所以不合一者，則只緣私意隔斷。而他所舉知行本體原是合一的實例，則爲人心之好惡。如好好色，如惡惡臭，那是知行合一不可分的。因其好之，所以說這色是好色。因其惡之，所以說這臭是惡臭。若我心根本無好惡，則外面只應有色臭，亦根本無好色與惡臭之存在。那豈不是是非和好惡合一的明證嗎？好惡屬行，是非屬知，知行本體原是合一，所以好惡與是非也是合一。好惡與是非合一，那纔是天理。若使人心所好，天理轉爲非，人心所惡，天理轉爲是，則人心與天理正相反，試問又何從於人心上體貼出天理來？所以他要說：「良知卽天理，天理卽良知。」他又說：

至善只是此心純乎天理之極便是。

「此心純乎天理之極」者，便是此心沒有絲毫私意把此知行本體分開著。知行本體原來合一，原來不分開，所以說它是良知。「良」是本來義，說良知便已包有行，說良知便已包有天理了。他又說：

知是心之本體，心自然會知的。見父自然知孝，見兄自然知弟，見孺子入井自然知惻隱，此便是良知，不假外求。若良知之發，更無私意障礙，卽所謂充其惻隱之心而仁不可勝用矣。然在常人不能無私意障礙，所以須用致知格物之功，勝私復理，卽心之良知更無障礙，得以充塞流行，便是致其知。致知則意誠。

知行合一，便是意之誠，知行不合一，便見是意不誠。而意不誠則因有私意在障礙著。若無私意障礙，則我們自會見父知孝，見兄知弟，也如好好色、惡惡臭般。聖人只指點出那些人心的眞好眞惡，卽眞知眞行而認爲是天理，並不是在人心之眞好眞惡眞知眞行外來另尋一天理。所以他又說：

> 爾那一點良知，是爾自家底準則。爾意念著處，他是便知是，非便知非，更瞞它一些不得。爾只不要欺他，實實落落依著它做去，善便存，惡便去。它這裏何等穩當快樂。

實實落落依著它做去，這卽是他之所謂「致良知」。現在我們若問：什麼是天理？將叫人無從回答出。程顥、朱熹所以要下格物窮理的工夫，便要教人如何去明天理。但守仁意見則很簡單，只要知與行到眞實合一處，便卽是天理。那各人可以反問自知，不待外求了。你喜歡的是否眞實在喜歡，你厭惡的是否眞實在厭惡。換言之，你意究竟誠不誠，那豈不各人反問自知嗎？所以他又說：

> 誠意之說，自是聖人教人用功第一義。

他又說：

> 僕近時與朋友論學，惟說「立誠」二字。殺人須就咽喉上著刀，吾人爲學，當從心髓入微處用力，自然篤實光輝。雖私欲之萌，眞是紅鑪點雪。天下之大本立矣。

天下之大本卽立於人之「心」，卽立於人之心之「誠」。除卻人之心，除卻人心之誠，一切道理都會失掉了本原。所以他又說：

誠無爲，便是心髓入微處，良知卽從此發竅者。故謂之立天下之大本。看來良知猶是第二義。

如你好好色，只是你心誠好之，並不是爲著其他日的而始好。換言之，不是把好好色之心作手段。作手段是有所爲而爲，有所爲而爲者總是虛是假。你心裏並不眞好此好色，換言之，你心裏也並不覺得此色之眞可好。因此非眞知非眞行，那決不是知行之本體。換言之，只是你意不誠。誠是無爲的，是無所爲而誠覺其可好的。這誠覺其可好之心，是眞知，卽便是眞行。一切天理，則建立在此心之眞知眞行上，便是建立在誠上。「誠」卽是心體，卽是良知。意不誠，則因私欲障隔，私欲是另有所爲而把此來作手段。然意之誠不誠，自己心下仍明白，這便是良知之體仍然是存在，只你沒有自依了自己的良知。你心中並不眞誠好此色，你自己豈不明白嗎？自己明白自己的不誠，總會自己感到不穩當，不快樂。不穩當，不快樂，實際還是不可好。世間那有不穩當，不快樂，實際上並不是這會事的天理呢？所以他又說：

> 人但得好善如好好色，惡惡如惡惡臭，便是聖人。

聖人也只是「此心純乎天理」。換言之，聖人也只是「誠」，只是好善則眞好善，惡惡則眞惡惡，如此而已。此種眞好眞惡，你則不須向聖人求，只向自己求。汝之好惡之眞不眞，別人儘不知，你自己卻儘是知。此之謂「獨知」。所以他又說：

> 人若不知於此獨知之地用力，只在人所共知處用功，便是作僞。此獨知處，便是誠的萌芽。此處不論善念惡念，更無虛假。一是百是，一錯百錯，正是王霸、義利、誠僞、善惡界頭。於此一立定，便是端本澄源，便是立誠。

可見守仁所講，還是兩宋諸儒傳下天理、人欲、王霸、義利分界的問題，只在他手裏，更講得鞭辟近裏了。

但守仁這些話，必然會引起人誤會。徐愛問：「至善只求諸心，恐於天下事理有不能盡。」這是初聞守仁良知之學必然要發生的疑問。

> 愛又說：「聞先生說，已覺有省悟處。但舊說纏於胸中，尚有未脫然者。如事父，其間溫清定

省之類有許多節目，不知亦須講求否？」先生曰：「如何不講求？只是有個頭腦，就此心去人欲存天理上講求。如講求冬溫，也只是要盡此心之孝。講求夏凊，也是要盡此心之孝。只是講求得此心若無人欲，純是天理，是個誠於孝親的心，冬時自然思量父母的寒，夏時自然思量父母的熱，便自要去求個溫與凊的道理。這都是那誠孝的心發出來的條件。譬之樹木，這誠孝的心便是根，許多條件便是枝葉。須先有根，然後有枝葉。不是先尋了枝葉，然後去種根。」

他又說：

卽如今扮戲子，扮得許多溫凊奉養的儀節是當，不成亦謂之至善？

可見他說「良知卽天理」，並不是盡廢了講求。只俱備此良知，纔始有講求。講求的最後歸宿，也仍歸宿到良知上。

問：「聖人應變不窮，莫亦是預先講求否？」先生曰：「如何講求得許多？聖人之心如明鏡，只是一個明，則隨感而應，無物不照。未有已往之形尚在，未照之形先具者。周公制禮作樂，皆聖人所能爲，堯舜何不盡爲之，而待於周公？孔子删述六經，周公何不先爲之，而有待於孔子？是知聖人遇此時方有此事。只怕鏡不明，不怕物來不能照。學者惟患此心之未能明，不患事變之不能盡。」

問：「名物度數亦須先講求否？」先生曰：「人只要成就自家心體，則用在其中。苟無是心，雖預先講得世上許多名物度數，與己原不相干，只是裝綴，臨時自行不去。亦不是將名物度數全然不理，只要知所先後則近道。」又曰：「人要隨才成就。才是其所能爲。如夔之樂，稷之種，是他資性合下便如此。成就之者，亦只是要他心體純乎天理，其運用處皆從天理上發來，然後謂之才。到得純乎天理處，亦能不器。使夔、稷易藝而爲，當亦能之。」

問：「聖人可學而至，然伯夷、伊尹於孔子才力終不同，其同謂之聖者安在？」先生曰：「聖人之所以爲聖，只是其心純乎天理，而無人欲之雜。猶精金之所以爲精，但以其成色足，而無銅鉛之雜也。人到純乎天理方是聖，金到足色方是精。然聖人之才力亦有大小不同，猶金之分兩有輕重。分兩雖不同，而足色則同。以夷、尹而廁之堯、孔之間，其純乎天理同也。雖凡人而肯爲學，使此心純乎天理，則亦可爲聖人。猶一兩之金，比之萬鎰，分兩雖懸絕，而其到足色處，可以無愧。後世不知作聖之本，卻專去知識才能上求。故不務去天理上著工夫，徒弊精竭力從册子上鑽研，名物上考索，形迹上比擬，知識愈廣而人欲愈滋，才力愈多而天理愈蔽。正如見人有萬鎰精金，不務煆鍊成色，求無愧於彼之精純，而乃妄希分兩，務同彼之萬鎰。錫鉛銅鐵，雜然而投，分兩愈增，而成色愈下。及其梢末，無復有金矣。」時徐愛在傍，曰：

「先生此喻，足以破世儒支離之惑，大有功於後學。」先生又曰：「吾輩用功，只求日減，不求日增。減得一分人欲，便是復得一分天理，何等輕快脫灑，何等簡易！」

這幾條，是他良知學發展到的最高處。良知之學發展到最高處，還是「人皆可以爲堯舜」。做堯舜的條件，不在外面事業上，卻在自己心性上。人之才性有不同，如稷好耕稼、夔好樂。但就其才性發展到至誠至盡處，便都是堯舜。得位爲天子，治國平天下者是聖人；一技一藝，農夫樂工，同樣可以爲聖人。聖人論德不論才。才不同而德合，便同樣是聖人。如是則不必做了大人，（即做大事業的人。）纔始是聖人；即做一小人，（做小事業的人。）也還可以成其爲聖人。這和王安石大人論的意見，顯然不同了。佛教發展到慧能，人人都可以成佛。儒學發展到王守仁，便人人都可以作聖。這一理論，固然當溯源及於孟子與陸九淵，但到守仁手裏，卻說得更透闢。必待要到人人作了聖人的人生，纔是理想的人生。這樣的社會，也纔是理想的社會。人人分工而合德，人人平等自由，各還他一個天賦的才性之眞，與本心的好惡之誠，而各成爲一圓滿無缺之聖。這又是何等地美滿的社會和人生呀！這一意義，又和張載西銘說法不同了。西銘僅就一人言，此一人則與天地萬物爲一體。守仁的良知之學，則就人人言，這一社會，便成了中國一人、天下一家的社會。所以良知之學是心學，而推擴到社會大羣與技藝專業上，實可有其甚深甚遠之到達。一樣的社會，一樣的藝業，只不從功利看，而從德性看，便會發展出異樣的光彩。守仁這一說法最詳細的發揮，在他的所謂拔本塞源論。（見與顧東橋書末一節，收入傳習錄第二卷。）這一說法，朱熹的中庸章句序上也曾說到了，但沒有守仁說得那麼明白而圓密。

我們細看上引諸條，也可明白守仁的良知學，並不忽略了外面事理之講求。程頤、朱熹格物窮理的教法，守仁良知學裏仍還是重要，所爭只在先有一頭腦，先有一根柢，此卽陸九淵所爭的所謂「先立乎其大」。如此看來，守仁學說，還是逃不開朱陸異同的問題。在守仁自然是偏主陸的一邊多，所以後世稱程朱與陸王，這是宋明理學一大分野，一大對壘。後人又稱程朱爲「理學」，陸王爲「心學」，謂程、朱主「性卽理」，陸、王主「心卽理」。在此分歧下，王門從學自不免要呰議及朱熹。但守仁卻說：

是有心求異，卽不是。吾說與晦庵時有不同，爲入門下手處，有毫釐千里之分，不得不辨。然吾之心與晦庵之心，未嘗異也。若其餘文義解得明當處，如何動得他一字？

別人又問：

「格物之說，如先生所教，明白簡易，人人見得。文公聰明絕世，於此反有未審，何也？」先生曰：「文公精神氣魄大，是他早年合下便要繼往開來，故一向只就考索著述上用功。若先切己自修，自然不暇及此。到得德盛時，果憂道之不明，如孔子退修六籍，刪繁就簡，開示來學，亦大段不費甚考索。文公早歲便著許多書，晚年方悔，是倒做了。」

他又說：

文公不可及，他力量大，一悔便轉。可惜不久卽去世。

因此守仁又有朱子晚年定論之纂輯。大意謂：

洙泗之傳，至孟子而息。千五百餘年，濂溪、明道始復追尋其緒。自後辨析日詳，然亦日就支離決裂，旋復湮晦。吾嘗深求其故，大抵皆世儒之多言有以亂之。守仁蚤歲業舉，溺志辭章之習，既乃稍知從事正學，而苦於衆說之紛撓疲痛，茫無可入。因求諸老、釋，欣然有會於心，以爲聖人之學在此矣。然於孔子之教，間相出入，而措之日用，往往缺漏無歸。其後謫官龍場，居夷處困，動心忍性之餘，恍若有悟。體驗探求，再更寒暑，證諸六經、四子，沛然若決江河而放之海也。然後歎聖人之道坦如大路，而世之儒者，妄開竇逕，陷荆棘，墮坑塹；究其爲說，反出二氏下。宜乎世之高明之士，厭此而趨彼。此豈二氏之罪哉？嘗以此語同志，而聞者競相非議。雖每痛反深抑，而愈益精明的確。獨於朱子之說有相牴牾，恒疚於心。及官留都，復取朱子書而檢求之，然後知其晚歲，固已大悟舊說之非。世之所傳集注、或問之類，乃其中年未定之說。而其諸語類之屬，又其門人挾勝心以附己見，固於朱子平日之說猶有大相謬戾者。予既自幸其說之不謬於朱子，又喜朱子之先得我心之同然。且慨夫世之學者，徒守朱子中年未定之說，而不復知其晚歲既悟之論。輒採錄而裒集之。庶幾無疑於吾說，而聖學之明可冀矣。

他這朱子晚年定論的裒集，亦可謂始終未能擺脫盡朱熹的牢籠。同時羅欽順即已指出其極易覺察的幾條錯誤。稍後陳建特著學蔀通辨，詳加指摘，幾於體無完膚。從來以一代大儒、一代宗師來寫一本書，總沒有像此書般的粗疏的。這裏自應有一套學問思辨工夫，卻非守仁所提致良知，知行合一，立誠，事上磨練這幾句話所能包括。守仁之學究近陸九淵。朱熹說：「九淵之學有首無尾。」正指這等處。所以後來王學流弊，也正在有首無尾，空疏不讀書。

四三　湛若水

湛若水字元明，廣東增城人，學者稱甘泉先生。他從學於陳獻章，與王守仁講學相倡和，而各立宗旨。從遊者遍天下。年九十五而卒。守仁講學主「致良知」，若水則主「隨處體認天理」，亦並不盡守其師說。嘗謂：

古之論學，未有以靜爲言者。以靜爲言，皆禪也。靜不可以致力，纔致力卽已非靜，故論語曰「執事敬」。中庸戒愼恐懼、愼獨，皆動以致其力之方也。故善學者，必令動靜一於敬，敬立而動靜混矣，此合內外之道也。

又曰：

靜坐，程門有此傳授。伊川見人靜坐，便歎其善學。然此不是常理。日往月來，一寒一暑，都是自然，豈分動靜難易？若不察見天理，隨他入關入定，三年九年，與天理何干？若見得天理，則耕田鑿井，百官萬物金革百萬之衆，也只是自然天理流行。孔門之教，「居處恭，執事敬，與人忠。」卽隨處體認之功，連靜坐亦在內。

若水之教，專在「隨處體認天理」。故曰：

明道看喜怒哀樂未發前作何氣象，延平李侗。默坐澄心，體認天理，象山在人情事變上用工夫。三先生之言，各有所爲而發。合而觀之，合一用功，乃盡也。所謂隨處體認天理者，隨未發已發。隨動隨靜。蓋動靜皆吾心之本體，體用一原。若謂靜未發爲本體，而外已發而動以爲言，恐亦歧而二之。

他之所以與守仁相異處，據他說：

陽明謂隨處體認天理是求於外。若然，則告子「義外」之說爲是，孔子「執事敬」之教爲欺我矣。蓋陽明與吾看心不同。吾之所謂心者，體萬物而不遺者也，故無內外。陽明之所謂心，指腔子裏而爲言者也，故以吾之說爲外。

今按：傳習錄有云：

目無體，以萬物之色爲體。耳無體，以萬物之聲爲體。鼻無體，以萬物之臭爲體。口無體，以萬物之味爲體。心無體，以天地萬物感應之是非爲體。

則守仁之所謂心，亦應「體萬物而不遺」。抑且守仁亦言：

孟子謂「必有事焉」，是動靜皆有事。

人須在事上磨練做工夫，乃有益。若止好靜，遇事便亂，終無長進。那靜時工夫，亦差似收斂而實放溺也。

則守仁亦不專主靜上做工夫。守仁所以說「隨處體認天理」爲求於外，乃根據他「良知卽天理」的主張。但若水說：

心與事應，然後天理見。天理非在外也，特因事之來，隨感而應耳。故事物之來，體之者心

> 也。心得中正，則天理矣。人與天地萬物一體，宇宙內卽與人不是二物，故宇宙內無一事一物合是人少得底。

此說仍與守仁「心以天地萬物感應之是非爲體」，及「致良知」與「事上磨練」之說，大體甚相近。守仁說格物，也說：

> 意在於事君，卽事君便是一物。意在於事親，卽事親便是一物。意在於仁民愛物，卽仁民愛物便是一物。意在於視聽言動，卽視聽言動便是一物。

致知必兼格物言，豈不仍是「心與事應然後天理見」之說？後儒黃宗羲批評王、湛兩家異見，謂：

> 天地萬物之理，實不外於腔子裏，故見心之廣大。若以天地萬物之理卽吾心之理，求之天地萬物以爲廣大，則先生仍是爲舊說所拘。

其實宗羲這番話，確是有病。那能謂天地萬物之理不外於腔子裏？卽專就人事論，守仁說：「見父自然知孝，見兄自然知弟」，這只關修身事。豈能說見家自然知齊，見國自然知治，見天下自然知平？

齊家治國平天下，皆有關天理之事，但不能説全在腔子裏。這要照若水所説，「心體萬物而不遺，無內外」始得，卻不得謂是求於外。朱熹的「格物窮理」説，乃是把學問的範圍放大了，非守仁之「致良知」可比。陸九淵譏朱熹爲支離，若水則説：

所謂支離者，二之之謂也。非徒逐外而忘內，謂之支離。是內而非外者，亦謂之支離。過猶不及耳。

此則若水並不認天地萬物之理單爲吾心之理。亦可説若水認天理較近程朱，與守仁良知卽天理之説有別。他又説：

體認天理云者，兼知行合內外言之也。天理無內外也。所謂隨處云者，隨心、隨意、隨身、隨家、隨國、隨天下，蓋隨其所寂所感時耳。所寂所感不同，而皆不離於吾心中正之本體。但人爲氣習所蔽，故生而蒙，長而不學則愚。故學問、思辨、篤行諸訓，所以破其愚，去其蔽，警發其良知良能，非有加也。若徒守其心而無學問、思辨、篤行之功，則恐無所警發，雖似正實邪，下則爲老、佛、楊、墨，上則爲夷、惠、伊尹。昔曾參芸瓜，誤斷其根，父建大杖擊之，死而復甦。曾子以爲正，孔子乃曰：「小杖受，大杖逃。」一事出入之間，其可不講學乎？孔子至聖也，然必七十乃從心所欲，不踰矩，人不學則老死於愚耳矣。

這一節見若水與守仁書，可見兩人異見。在若水認爲守仁之說，將徒守其心而不復加學問思辨之功，故主隨處體認天理以爲矯救。程顥說天理二字是我自己體貼出來，朱熹則要教人向外面天地萬物去窮格；若水說：「天理是一頭腦」，這是說：格物要把天理作頭腦。守仁說：「良知是一頭腦」，則反諸心而卽獲。於是學問思辨力行工夫，在守仁的良知教法裏，終不免要忽略了。黃宗羲又說：

天理無處而心其處，心無處而寂然未發者其處。寂然不動，感卽在寂之中，則體認者亦惟體認之於寂而已。今日隨處體認，無乃體認未感，其言終覺有病。

宗羲這番話，又是有病。天理那能說「無處」。朱熹說：「理必掛搭在氣上」，故要格物窮理。再用守仁說法，「心無體，以天地萬物感應之是非爲體」，卻亦並不曾說以寂然不動處爲體。無怪守仁生平從不提到陳獻章。但守仁大弟子王畿，便已盛推獻章了。而宗羲明儒學案便說：「作聖之功，到獻章而始明，到守仁而始大。」若我們從另一見地看，則與其從獻章識途到守仁，似不如從守仁建基而補充以若水。這兩種意見，便形成了後來王學本身內部之分歧。

若水又有求放心篇，頗不以孟子求放心之說爲是。他謂：

孟子之言求放心，吾疑之。孰疑之？曰：以吾心而疑之。孰信哉？信吾心而已耳。吾常觀吾心於無物之先矣，洞然而虛，昭然而靈。虛者，心之所以生也。靈者，心之所以神也。吾常觀吾心於有物之後矣，窒然而塞，憒然而昏。塞者，心之所以死也。昏者，心之所以物也。其虛焉靈焉，非由外來也，其本體也。其塞焉昏焉，非由內往也，欲蔽之也。其本體固在也。一朝而覺焉，蔽者徹，虛而靈者見矣。日月蔽於雲，非無日月也。鑑蔽於塵，非無明也。人心蔽於物，非無虛與靈也。心體物而不遺，無內外，無終始，無所放處，亦無所放時，其本體也。當其放於外，何者在內？當其放於前，何者在後？放者一心，求者又一心，以心求心，祗益亂耳。況能有存邪？

這一說，朱熹也早說過，惟其若水認識到這裏，故他要提出「隨處體認天理」的主張。但若水之學，究從獻章來，擺脫不了獻章之束縛，太過重視「此心只是一個虛明靈覺」，雖主隨處體認天理，卻力避朱熹格物窮理之說，而想會通程顥、李侗、陸九淵三家來自立宗旨，因此也不能明暢地和守仁作對壘。

四四 羅欽順

王、湛兩家講學，雖各立宗旨，但大體路徑意趣則甚相似，羅欽順便不同了。欽順字允升，江西泰和人，學者稱整庵先生。他官至吏部尚書，年八十三而卒。他家居，平旦，正衣冠，升學古樓。羣從入，敍揖畢，危坐觀書，雖獨處無惰容。食恒二簋，居無臺榭，燕集無聲樂。當時人稱之，謂：

先生自發身詞林以至八座，其行己居官，如精金美玉，無得致疵。

他自敍爲學云：

昔官京師，逢一老僧，問：「何由成佛？」渠漫舉禪語：「佛在庭前柏樹子。」意其必有所謂，爲之精思達旦。攬衣將起，則恍然而悟，不覺流汗通體。既而得證道歌讀之，若合符節。自以爲至奇至妙，天下之理莫或加焉。後官南雍，聖賢之書未嘗一日去手，潛玩久之，漸覺就實。

始知前所見者，乃此心虛靈之妙，而非性之理也。自此研磨體認，積數十年，用心甚苦。年垂六十，始了然有見乎心性之眞，而確乎有以自信。

他是一個在躬行實踐中體認眞理透悟眞理的人。他極崇拜朱熹，但反對朱熹的理氣論。他說：

通天地，亘古今，無非一氣。氣本一也，而動靜往來闔闢升降，循環無已，積微而著，由著復微。爲四時之溫涼寒暑，爲萬物之生長收藏，爲斯民之日用彝倫，爲人事之成敗得失。千條萬緒，紛紜轇轕，而卒不克亂。莫知其所以然而然，是卽所謂理也。初非別有一物，依於氣而立，附於氣以行。

他對這一問題，認爲只有程顥言之最精，程頤、朱熹皆有未合。於是推溯到周敦頤太極圖說。他說：

「無極之眞，二五之精，妙合而凝」三語，愚不能無疑。凡物必兩而後可以言合，太極與陰陽果二物乎？其爲物也果二，則方其未合之先，各安在邪？朱子終身認理氣爲二物，其源蓋出於此。

北宋理學家如周敦頤、張載皆本周易來創建宇宙論，但皆不肯言唯氣一元。因主唯氣一元卽接近於唯物。程顥言天理二字是他自己體貼出來，但他亦不主張唯心。因主唯心一元，究嫌太玄，不近情實。於是歸納出朱熹的理氣論。他說：「理必附於氣」，但又說：「氣必寓有理」，定要分開說，但又說理氣本無先後可言，此當稱之爲「理氣混合的一元論」。今欽順只取朱熹言理必附於氣，不再說氣必寓有理，好像是把理氣二元打歸一路，其實是走了偏鋒。但他極反對陸九淵，因此也反對王守仁。他說：

以良知爲天理，則易簡在先，工夫居後，後則可緩。白沙所謂「得此欛柄入手，更有何事」。自茲以往，但有分殊處合要理會是也。謂天理非良知，則易簡居後，工夫在先，先則當急。所謂「果能此道矣，雖愚必明，雖柔必強」是也。

守仁「良知卽天理」之說，其先只是把天理二字說得狹了。待到後來，則說成唯心一元的宇宙論，如云「良知生天生地，成鬼成帝，爲造化的精靈」是也。此且不說，因欽順早卒，未及知守仁的晚年思想。但卽論良知卽天理，把天理範圍說狹了，如云見父自然知孝，見兄自然知弟，人人都可作聖人，便不須再要學問思辨工夫了。講到工夫，則朱熹所論，實爲精密圓到，守仁也自說：

某於良知之說，從百死千難中得來，非是容易見得到此。此本是學者究竟話頭，不得已與人一口說盡。但恐學者得之容易，只把做一種光景玩弄，孤負此知。

可見守仁之悟出良知，仍是易簡居後，工夫在前的。即如守仁說，亦見九淵譏朱子以支離，而自居爲易簡，其言也應有病。但工夫也該有個頭腦。守仁又說：

爲學須得個頭腦，工夫方有著落。

又說：

文公格物之說，只是少頭腦。

又說：

凡工夫只是要簡易眞切。愈眞切，愈簡易；愈簡易，愈眞切。

此下王畿、王艮浙中泰州王門，直從良知爲工夫頭腦，江右王門則認有現成良知之嫌，王門卽分歧在此。愈簡易，愈眞切，轉成欽順之所謂「易簡在先，工夫居後」矣。朱熹言格物窮理，也不能說他少頭腦。欽順論學，自應也有一頭腦。今且問：欽順工夫之頭腦是什麼？他曾說：

> 心性至爲難明，是以多誤。謂之兩物，又非兩物。謂之一物，又非一物。除卻心卽無性，除卻性卽無心。惟就一物中剖分得兩物出來，方可謂之知性。學未至於知性，天下之言，未易知也。

則欽順頭腦在「知性」。大概欽順之意，陸王只重明心，未遽見性，這是他反對陸王的意見。他於「知性」工夫上，也確有見地。他說：

> 樂記：「人生而靜，天之性也。感於物而動，性之欲也。」一段，義理精粹，要非聖人不能言。象山從而疑之，過矣。彼蓋專以欲爲惡也。夫人之有欲，固出於天，蓋有必然而不容已，且有當然而不可易者。於其所不容已者，而皆合乎當然之則，夫安往而非善乎？惟其恣情縱欲而不知反，斯爲惡耳。先儒多以去人欲遏人欲爲言，蓋所以防其流者不得不嚴，但語意似乎偏重。夫欲與喜怒哀樂，皆性之所有者。喜怒哀樂又可去乎？

這一節，話極剴切。其實欽順之論心性，正猶朱熹之論理氣，不謂之兩物，又不謂之一物，朱熹論理欲也如此。後來戴震孟子字義疏證，力排宋儒，其實只發揮了欽順這一節話，而又誤解了朱熹。守仁以好惡言良知，卻又力辨天理與人欲，此亦如陸九淵，言之簡易，但析理未精。欽順論理氣，不守朱熹之理氣兩分說。但他論心性，仍側重在心性兩分上。黃宗羲批評他，說：

先生之論心性，頗與其論理氣自相矛盾。夫在天爲氣者，在人爲心。在天爲理者，在人爲性。理氣如是，則心性亦如是，決無異也。人受天之氣以生，只有一心而已。而一動一靜，喜怒哀樂，循環無已。當惻隱處自惻隱，當羞惡處自羞惡，當恭敬處自恭敬，當是非處自是非。千條萬緒，轇轕紛紜，歷然不能昧者，是卽所謂性也。初非別有一物，立於心之先，附於心之中也。先生以謂天性正於受生之初，明覺發於既生之後，明覺是心而非性。信如斯言，則性體也，心用也。性自人生以上，靜也。心是感物而動，動也。性是天地萬物之理，公也。心是一己所有，私也。明明先立一性以爲此心之主，與理能生氣之說無異。於先生理氣之論，無乃大悖乎？

這一辨，其實只是把朱熹的「理氣說」來駁欽順的「心性說」則可。果如宗羲之說，只認心性爲一，在宇宙論方面則主「唯氣一元」，在人生論方面又主「唯心一元」，則天與人分成兩截，如何合一起來？佛家心性不分，陸王學在此方面轉與相近。而欽順思想的造詣，最爲後人推重者，厥在其辨佛書。高攀龍曾說：

先生於禪學，尤極探討，發其所以不同之故。自唐以來，排斥佛氏，未有若是之明且悉者。

下面試略述其大概。他辨「唯識」云：

以心識爲本，六識爲末，固其名之不可易者。然求其實，初非心識之外別有所謂六識也。又非以其本之一，分而爲末之六也。凡有所視，則全體在目。有所聽，則全體在耳。有所言，則全體在口。有所動，則全體在身。所謂感而遂通，便是此理。以此觀之，本末明是一物，豈可分而爲二？而以其半爲眞，半爲妄哉？

晚明王夫之，卽常本此說闢佛、老。他又說：

感物而動，有當視者，有不當視者。有當聽者，有不當聽者。有當言當動，有不當言不當動者。凡其當然者，卽其自然之不可違者，故曰「眞」。所不當然者，則往往出於情欲使然，故曰「妄」。眞者存之，妄者去之，以此治其身心，以此達諸家國天下，此吾儒所以立人極之道，而內外本末，無非一貫。若如佛氏之說，則方其未悟之先，凡視聽言動，不問其當然與不當然，一切謂之妄。及其既悟，又不問其當然與不當然，一切謂之眞。吾不知何者在所當存，何者在所當去？當去者不去，當存者必不能存，人欲肆而天理滅矣。

又曰：

程子嘗言：「仁者渾然與物同體。」佛家亦有「心佛衆生渾然齊致」之語。究而言之，相遠奚啻燕越？唐相裴休，深於禪學者也，嘗序圓覺經疏，首兩句云：「夫血氣之屬必有知，凡有知者必同體。」此卽「心佛衆生渾然齊致」之謂也。蓋其所謂齊，固不出乎知覺而已矣。且天地之間，萬物之衆，有有知者，有無知者，謂有知者爲同體，則無知者非異體乎？有同有異，是二本也。蓋以知覺爲性，其窒礙必至於此。若吾儒所見，則凡賦形於兩間者，同一陰陽之氣以成形，同一陰陽之理以爲性。有知無知，無非出於一本。故此身雖小，萬物雖多，其血氣之流通，脈絡之聯屬，原無絲毫空闕之處，無須臾間斷之時，此其所以爲渾然也。

其實欽順這一節所爭辨，早已是宋代周、張、朱熹的說法。至於孟子道性善，尚不以犬牛之性混同人性，更不論無知之物了？在這上，像是禪宗論性，反和孟子相接近。其實是宋儒論性較孟子更進了一步，而陸王比較近孟子，無怪欽順要斥之爲禪。欽順把有知、無知混同合一來說天地萬物之一體，所以他仍要把心、性分成兩個看。陸、王扣緊在有知上，扣緊在人的本身上，便自然要認心性爲一了。現在我們把欽順闢佛意見，扼要言之，則可以歸納爲如下之兩語。欽順說：

彼明以知覺爲性，始終不知性之爲理。

此一辨，仍主程、朱「性卽理」，而排斥陸、王之「心卽理」。守仁以心之良知爲性，良知不僅指知是非，抑且指知好惡。一切人事之理，脫不了「是非」「好惡」之兩端。故守仁所謂的良知，不僅指心，亦指性。所以守仁之言心卽理，轉言良知卽天理，但其天理的範圍則狹了。至其晚年，則又言「良知生天生地，成鬼成帝，爲造化的精靈」，而又主張儒、釋、老三教合一，則離開他自已本所主張的更遠了。

四五　王門諸流

我們既把王守仁作爲明學中期之代表，我們將把王門諸儒，盡歸入這一期，以見王學之流極。南宋有了一朱熹，以下諸儒，或述朱，或諍朱，總之不離以熹爲中心之論點。明代亦然，有了一王守仁，此下無論是述王，是諍王，要之也不離以守仁爲中心之論點。王門諸儒，派别紛歧，而王門以外，還有述朱諍王的。總之，此下的思想，非述朱，卽述王，而以述王爲主體。我們若專就理學立場言，以思想史的客觀立場言，則學朱難、學王易，因此王學後人似較朱學爲發皇。但亦因此更不勝其流弊。

四六　錢德洪、王畿

王門弟子，普遍到全國，但浙江是王守仁本鄉，故從遊者亦最先。徐愛早死，於是錢德洪、王畿，遂於王門最稱大弟子。守仁平宸濠歸，四方來者甚衆，往往由兩人先疏通其大旨，而後卒業於守仁，一時稱教授師。及守仁征思田，兩人居守越中書院。天泉橋一夕話，兩人信守各別。及守仁卒，兩人講學不輟，江、浙、宣、歙、楚、廣，名區奥地，皆有講舍。德洪卒年七十九，畿卒年八十六，王學之宣揚，兩人功爲大。黄宗羲有言：

緒山。德洪龍溪。畿親炙陽明最久，習聞其過重之言。龍溪謂：「寂者心之本體，寂以照爲用，守其空知而遺照，是乖其用也。」緒山謂：「未發竟從何處覓，離已發而求未發，必不可得。」是兩先生之良知，俱以現在知覺而言，於聖賢凝聚處，盡與掃除，在師門之旨，不能無毫釐之差。龍溪從現在悟其變動不居之體，緒山只於事物上實心磨鍊，故緒山之徹悟不如龍溪，龍溪之修持不如緒山。乃龍溪竟入於禪，而緒山不失儒者之矩矱。蓋龍溪懸崖撒手，非師門宗旨所可繫縛。緒山則把纜放船，雖無大得，亦無大失。

茲約略分疏兩人講學大旨如後述。

德洪字洪甫，學者稱緒山先生，餘姚人，與守仁爲同邑。他在野三十年，無日不講學。他曾說：

吾人與萬物混處於天地之中，其能以宰乎天地萬物者，非吾心乎？何也？天地萬物有聲矣，而爲之辨其聲者誰歟？天地萬物有色矣，而爲之辨其色者誰歟？天地萬物有味也，而爲之辨其味者誰歟？天地萬物有變化也，而神明其變化者誰歟？是天地萬物之聲非聲也，由吾心聽，斯有聲也。天地萬物之色非色也，由吾心視，斯有色也。天地萬物之味非味也，由吾心嘗，斯有味也。天地萬物之變化非變化也，由吾心神明之，斯有變化也。然則天地也，萬物也，非吾心則弗靈矣。吾心之靈毀，則聲色味變化不可得而見矣。聲色味變化不可見，則天地萬物亦幾乎息矣。故曰：人者，天地之心，萬物之靈也。所以主宰乎天地萬物者也。

朱熹嘗謂主宰乎天地萬物者是理，由德洪此說，則主宰乎天地萬物者是人之心。此亦「心卽理」之主張，而更堅強。但理的範圍則狹了。而德洪之言心，猶有更進一步的闡發。他說：

吾心爲天地萬物之靈者，非吾獨靈之也。吾一人之視其色若是矣，凡天下之有目者同是明也。一人之聽其聲若是矣，凡天下之有耳者同是聰也。一人之嘗其味若是矣，凡天下之有口者同是嗜也。一人之思慮其變化若是矣，凡天下之有心知者同是神明也。非徒天下爲然也。凡前乎千百世以上，其耳目同，其口同，其心知亦無弗同也。後乎千百世以下，其耳目同，其口同，其心知亦無弗同也。然則明非吾之目也，天視之也。聽非吾之耳也，天聽之也。嗜非吾之口也，天嘗之也。變化非吾之心知也，天神明之也。故目以天視，則盡乎明矣。耳以天聽，則竭乎聰矣。口以天嘗，則不爽乎嗜矣。思慮以天動，則通乎神明矣。天作之，天成之，不參以人，是謂天能，是之謂天理，萬物之靈。

此卽陸九淵「東海有聖人，此心同，此理同」之意，而說得更明白，更淸徹。昔孟子指人心之同然者爲性，今德洪指人心之同然者爲天、爲理，則豈不把心的地位，又轉移到天與理上去？此卽程朱所謂之「性卽理」，其實還只是「心卽理」。德洪在王門，立說較平正者在此。德洪又分天心與人心，其實卽聖心與俗心，公心與私心，亦卽天理與人欲的分別。德洪又說：

求之於心者，所以求心之聖。求之於聖者，所以求聖之心。聖人先得此心之同然，故盡心必證於聖人。

孟子道性善，言必稱堯舜。果主張心學，必把握住這一層，始可以無弊。陸九淵嘗要問朱熹：「堯舜以前曾讀何書來？」就心之本體言，則聖人之心還只是凡俗人之心。但就工夫言，則凡俗人之心，畢竟該以聖人之心爲標指，爲依歸。凡主張陸王心卽理之說的，往往忽略了應有工夫。但德洪之說，似乎可以少流弊。

以上德洪幾段話，專注重在人之心，專注重在人心之同然處。只人心之所同然者，是天，是理，得此則便是聖。凡未得人心之所同然者，是人，是欲，是俗。如此立下宗旨，可不再添善惡的分辨來作另外一標準。因此他又暢論「無善無惡心之體」一語的含義。他說：

人之心體，一也。指名曰善，可也。曰至善無惡，亦可也。曰無善無惡，亦可也。曰善曰至善，人皆信而無疑，又爲無善無惡者，何也？至善之體，惡固非其所有，善亦不得而有也。至善之體，虛靈也。猶目之明，耳之聰也。虛靈之體不可有乎善，猶明之不可有乎色，聰之不可有乎聲也。目無色，故能盡萬物之色。耳無聲，故能盡萬物之聲。心無善，故能盡天下萬事之善。今之論至善者，乃索之於事事物物之中，先求其所謂定理者，以爲應事宰物之則，是虛靈之內先有乎善也。虛靈之內先有乎善，是耳未聽而先有乎聲，目未視而先有乎色。塞其聰明之用，而窒其虛靈之體，非至善之謂矣。今人乍見孺子入井，皆有怵惕惻隱之心，怵惕惻隱之心是謂善矣。然未見孺子之前，先加講求之功，預有此善以爲之則邪？抑虛靈觸發，其機自不容已邪？目患不能明，不患有色不能辨。耳患不能聰，不患有聲不能聽。心患不能虛，不患有感不能應。虛則靈，靈則因應無方。萬感萬應，而萬應俱寂。是無應非善，而實未嘗有乎善也。衡能一天下之輕重，而不可加以銖兩之積。鑑能別天下之妍媸，而不可留夫一物之形。心能盡天下之善，而不可存乎一善之迹。太虛之中，日月星辰，風雨露雷，曀霾絪緼，何物不有，而未嘗有一物爲太虛之所有。故曰：「一闔一闢謂之變，往來不窮謂之通。」又曰：「天下何思何慮？天下殊塗而同歸，一致而百慮。」夫既曰百慮，則所謂何思何慮者，非絶去思慮之謂也。千思萬慮而一順乎不識不知之則，則無逆吾明覺自然之體，是千思萬慮謂之何思何慮也。此心不有乎善，是至善之極，謂之無善也。故先師曰：「無善無惡心之體。」至善本體本來如是，未嘗有所私意撰說其間也。

又曰：

先師「無善無惡心之體」之說，乃對後世格物窮理之學，爲先有乎善者立言也。

這裏是他闡述師門所主「無善無惡心之體」一語之意義與宗旨。但循德洪之所言，氣之外不能先有了一理，心之外不能先有了一性，卽善不能在心之先與外。至少其說將接近乎老之自然與釋之虛無。用近代語說之，這是一哲學形上學問題。由此落實到人生修養上，德洪又提出如下之意見。他說：

昔者吾師之立教也，揭誠意爲大學之要，指致知格物爲誠意之功。門弟子聞言之下，皆得入門用力之地。用功勤者，究極此知之體，使天則流行，纖翳無作，千感萬應，而眞體常寂。此誠意之極功。故誠意之功，初學用之，卽得入手；聖人用之，精詣無盡。吾師既沒，吾黨病學者善惡之機生滅不已，乃於本體提揭過重。聞者遂謂誠意不足以盡道，必先有悟，而意自不生。格物非所以言功，必先歸寂，而物自化。遂相與虛憶以求悟，而不切乎民彝物則之常。執體以求寂，而無有乎圓神活潑之機。希高凌節，影響謬戾，而吾師平易切實之旨，壅而弗宣。師云：「誠意之極，止至善而已。」是止至善者，未嘗離誠意而得也。言止則不必言寂，言至善則不必言悟。蓋心無體，心之上不可以言功也。應感起物，而好惡形焉，於是乎有精察克治之功。誠意之功極，則體自寂而應自順，初學以至成德，徹始徹終，無二功也。是故不事誠意而求寂與悟，是不入門而思見宗廟百官也。知寂與悟而示人以誠意之功，是欲人見宗廟百官而閉之門也。

這一番意見，可謂是守仁重回南都後，講「致良知」，講「事上磨練」之眞傳。至於靜坐歸寂，只守仁初期講學時爲然，後來並不教學者多在這上面用力。從前朱熹力排陸九淵，於德洪所說「心無體，心之上不可以言功」之說，已多量透發過。但講心學者，總喜歡在心體上求悟。要在心體上求悟，又總喜歡用歸寂守靜的工夫。此卽程顥的說話中有時也不免。若論孔孟先秦儒，則並不見如此般用功。德洪對此點，又有一段極精闢的話。他說：

> 夫鏡，物也。故斑垢駁雜得積其上，而可以先加磨去之功。吾心良知，虛靈也。虛靈，非物也。非物，則斑垢駁雜停於吾心之何所？則磨之之功又於何所乎？今所指吾心之斑垢駁雜者，非指氣拘物蔽而言乎？既曰氣拘，曰物蔽，則吾心之斑垢駁雜，由人情事物之感而後有也。既由人情事物之感而後有，而今之致知也，則將於未涉人情事物之感之前，而先加致之之功，則夫所謂致之之功者，又將何所施邪？

這是他與同門聶豹的一封信，豹是專主守靜歸寂的。守仁征思田，豹問：「勿忘勿助？」守仁答書云：「此間只說必有事焉，不說勿忘勿助。專言勿忘勿助，是空鍋而爨也。」德洪此等處，還是未背於師傳。

王畿與德洪便不同。德洪嘗說：

龍溪學日平實，每於毁譽紛冗中，益見奮惕。弟向與意見不同。雖承先師遺命，相取爲益，終與入處異路，未見能渾接一體。歸來屢經多故，不肖始能純信本心，龍溪亦於事上肯自磨滌。

大抵德洪偏主事上磨鍊，而畿則偏在直信本心。茲再約鈔畿語，以見梗概。

畿字汝中，山陰人，學者稱龍溪先生。他曾說：

夫一體之謂仁，萬物皆備於我，非意之也。吾之目遇色，自能辨青黄，是萬物之色備於目也。吾之耳遇聲，自能辨清濁，是萬物之聲備於耳也。吾心之良知，遇父自能知孝，遇兄自能知弟，遇君上自能知敬，遇孺子入井自能知怵惕，遇堂下之牛自能知觳觫。推之爲五常，擴之爲百行，萬物之變不可勝窮，無不有以應之，是萬物之變備於吾之良知也。夫目之能備五色，耳之能備五聲，良知之能備萬物之變，以其虚也。致虚則自無物欲之間，吾之良知，自與萬物相爲流通而無所凝滯。後之儒者，不明一體之義，不能自信其心，反疑良知涉虚，不足以備萬物。先取古人孝弟愛敬五常百行之迹，指爲典要，揣摩依仿，執之以爲應物之則，而不復知有變動周流之義。是疑目之不能辨五色，而先塗之以丹雘；耳之不能辨五聲，而先聒之以宫羽。豈惟失卻視聽之用，而且汩其聰明之體，其不至聾且瞶者幾希！

這些話和德洪頗相似，但主要是承象山「堯舜以前曾讀何書」義，太偏激了。他又說：

> 君子之學，貴於得悟。入悟有三：有從言而入者，有從靜坐而入者，有從人情事變鍊習而入者。得於言者謂之解悟，觸發印正，未離言詮。譬之門外之寶，非己家珍。得於靜坐者，謂之證悟，收攝保聚，甚有待於境。譬之濁水初澄，濁根尚在，纔遇風波，易於淆動。得於鍊習者，謂之徹悟，磨礱煅煉，左右逢源。譬之湛體冷然，本來晶瑩，愈振愈凝寂，不可得而澄淆也。

此論工夫，讀書最下，靜坐較勝，事上磨鍊爲主；良知學近禪可證。又曰：

> 孔門教人之法，見於禮經。其言曰：「辨志樂羣，親師取友，謂之小成。強立而不返，謂之大成。」未嘗有靜坐之說。靜坐之說，起於二氏，學者殆相沿而不自覺耳。後世學絕教衰，自幼不知所養，薰染於功利之習，全體精神奔放在外，不知心性爲何物，所謂欲反其性情而無從入，可哀也已！程門見人靜坐，每歎以爲善學，蓋使之收攝精神，向裏尋求，亦是方便法門。先師所謂因以補小學一段工夫也。

靜坐起於二氏，王門則正以二氏補儒學也。又曰：

吾人未嘗廢靜坐，若必藉此爲了手，未免等待，非究竟法。聖人之學，主於經世，原與世界不相離。古者教人只言藏修游息，未嘗專說閉關靜坐。況欲根潛藏，非對境則不易發。若以現在感應不得力，必待閉關靜坐，養成無欲之體，始爲了手，不惟蹉卻見在工夫，未免喜靜厭動，與世間已無交涉，如何復經得世？獨修獨行，如方外人則可。大修行人，於塵勞煩惱中作道場。吾人若欲承接堯、舜、姬、孔學脈，不得如此討便宜。

以上言悟，言靜坐，言事上磨鍊，皆王門慣用語，非儒家傳統語。其言經世，亦指事上磨鍊，非言治平大業。要之爲目標宗旨，自闢蹊徑。惟靜坐一事，二程兄弟亦曾以此教人，而禪宗反不主靜坐，故使人易於迷其疆境所近，道途所歸也。他又說：

儒者之學，以經世爲用，而其實以無欲爲本。無欲者，無我也。天地萬物本吾一體，莫非我也。

周敦頤說：「主靜立人極。」又曰：「無欲故靜。」他說：「無欲者，無我也。」則其所嚮往，究與敦頤所謂「志伊尹之所志，學顏子之所學」者不同矣。他又說：

儒者之學，務於經世，然經世之術，約有二端：有主於事者，有主於道者。主於事者，以有爲利，必有所待而後能寓諸庸。主於道者，以無爲用，無所待而無不足。

此如程顥所謂「堯舜事業，亦只如太虛中一點浮雲過目」，則何所謂經世？王守仁以黃金成色來定聖人造詣。事業在外不在內，故必有所待。道德在內不在外，故可無所待。重道德，輕事業，語若近是，而意態輕重究不同。故他又說：

吾之一身，不論出處潛見，當以天下爲己任。最初立志，便分路徑。入此路徑，便是大人之學。外此，便是小成曲學。先師萬物一體之論，此其胚胎也。吾人欲爲天地立心，必其能以天地之心爲心。欲爲生民立命，必其能以生民之命爲命。誠得此體，方是上下與天地同流。宇宙內事，皆己分內事，方是一體之實學。所謂大丈夫事，小根器者不足以當之。

他從「萬物一體」來闡良知，以經世，以天下爲己任，來說致良知與事上磨鍊，對師門宗旨，不能說有差失。但主要在如何得此心體，則仍然須先一悟。王學與關、洛究有辨。他又說：

吾人爲學之所大患者，在於包裹心深，擔當力弱。這八字，是良知學警策人之兩要領。同時江西王門，更著眼「包裹心深」四字，因之偏重靜坐，求見本體，然仍是「擔當力弱」。龍溪派則猖狂妄行，更輪不到擔當。他又說：

以世界論之，是千百年習染。以人身論之，是半生依靠。見在種種行持點檢，只在世情上尋得一件極好事業來做，終是看人口眼。若是超出世情漢子，必須從渾沌裏立定根基，將一種要好心腸，洗滌乾淨。枝葉愈枯，靈根愈固。從此生天生地，生人生物，方是大生。故學問須識眞性，獨往獨來，使眞性常顯，始能不落陪奉。

此處所說也不錯，然龍溪認讀聖賢書亦是「依靠陪奉」，則非陷於猖狂不可。他又說：

悟須實悟，修須眞修。凡見解上揣摩，知識上湊泊，皆是從言而入，非實悟也。凡氣魄上承當，格套上模擬，皆是泥象而求，非眞修也。

這裏他所謂「實悟」，顯不同情於朱熹讀書窮理的教法；所謂「眞修」，則連北宋諸儒，也尚多在「氣魄上承當，格套上模擬」。似乎愈求鞭辟近裏，而在氣魄上、格套上，則反而愈變愈狹小。可見心學工夫，實做來還是另一套。畿在政治上，自始便不甚熱心。二十六歲試吏部，不第，歎曰：「學貴自得耳！」立取京兆所給路券焚之，歸始受業於守仁。二十九歲，復當會試。守仁命其往，曰：「吾非以一第爲子榮，顧吾之學疑信者半，子之京師，可以發明。」是年，德洪亦在選，時閣部大臣都不喜學，兩人相語：「此豈我輩入仕時。」遂同不就廷試而歸。三十二歲又與德洪赴廷試，聞守仁訃，兩人奔喪至廣信，扶櫬歸越，築場廬墓，心喪三年。直到三十五歲，始赴廷對，遂入仕，然不久卽告病。他在林下四十餘年，無日不講學。兩都、吳、楚、閩、越，皆有講舍。年八十，猶周流不倦。這是他所謂「不論出處潛見，當以天下爲己任」之實踐。守仁良知學，亦可謂富於一種社會教育的精神，而德洪與畿兩人，則畢生是一社會講學家，畢生從事在社會教育上。他們與以前理學講學態度，顯有不同。但這樣流動性的集會講學，一面是講各自的良知，反身而卽得。一面是講天地萬物爲一體，當下卽聖人。聽講的人多而又雜，講得又簡易，又廣大，自然難免有流弊。於是遂有所謂僞良知，識者譏之爲狂禪。同時江西同門，則正想力矯此流弊。黃宗羲也說他「於儒者矩矱，未免有出入」。然仍謂：

> 先生親承陽明末命，其微言往往而在。象山之後，不能無慈湖；文成之後，不能無龍溪；以

爲學術之盛衰因之。慈湖決象山之瀾，而先生疏河導源，於文成之學，固多所發明。

上引都是他比較有矩矱規繩的話。至於所謂懸崖撒手，茫無把柄，近禪近老的一些顯豁語，這裏且不詳引。

四七　王艮

王艮字汝止，泰州人，學者稱心齋先生。七歲受書鄉塾，貧不能竟學，從父商於山東。常在衣袖中帶孝經、論語、大學，逢人質難。有一天，他父親寒天起牀，冷水盥洗。他見了，痛哭說：「爲子令親如此，尚得爲人乎？」於是有事必身代，因此不得專功於學。然歷年默究，以經證悟，以悟證經，人莫能窺其際。時守仁巡撫江西，講良知學，大江之南，學者翕從。艮僻處鄉隅，未之知。有客，吉安人，寓泰州，聞艮說，詫曰：「汝所講，乃絕類王巡撫。」艮大喜說：「眞麼？」他又說：「王公論良知，我講格物，若眞講得相同，是天意把王公送與天下後世。若講得不相同，或者天意要把我送與王公。」遂立起身赴江西，求見。守仁出迎門外，肅之坐上坐，他不客氣坐了。談論良久，漸漸心折，把坐位移到側邊去。談畢，歎曰：「簡易直截，我不如也。」遂下拜稱弟子。退而思之，感有不合。悔曰：「我輕易了。」明日再往，告以悔。守仁說：「你能不輕信，好極了，我們當仍以朋友賓主禮相談。」於是他重坐上坐，辯難久之，始大服，仍納拜願爲弟子。守仁向他門人說：「向者吾擒宸濠，心無所動，今卻爲那人動了。」他在江西住了些時，忽然說：「千載絕學，天啟吾師，怎好使天下有聽不到吾師說法的人？」於是告辭歸家，特造蒲輪，直去京都，沿路招搖講說。時京師正對守仁謗議蠭起，他冠服異常，言論聳動，羣目以爲怪魁。同門在京者勸之歸，守仁亦移書責備。他始還會稽。守仁因其意氣太高，行事太奇，存心要裁抑他。艮來三日，不獲見。適守仁送客出門，艮長跪道旁，說：「我知道自己錯了。」守仁不理，徑自返入。艮隨進到庭下，厲聲說：「孔子不爲已甚。」守仁方揖之起。守仁卒，艮回泰州，開門授徒，遠近麕集。守仁門下，王畿最稱辯才，然有信有不信。獨艮能從眉睫間稍微表示，叫人有省覺，人盡愛戴之。他弟子王棟說：

自古農工商賈，業雖不同，然人人皆可共學。孔門弟子三千，身通六藝者纔七十二，餘皆無知鄙夫耳。至秦滅學，漢興，惟記誦古人遺經者起爲經師，更相授受。於是指此學獨爲經生文士之業，而千古聖人共明共成之學，遂泯沒而不傳。天生吾師，崛起海濱，慨然獨悟。直宗孔孟，直指人心，然後愚夫俗子，不識一字之人，皆知自性自靈，自完自足。不假聞見，不煩口耳，而二千年不傳之消息，一朝復明。

黄宗羲則說：

陽明先生之學，有泰州、龍溪而風行天下，亦因泰州、龍溪而漸失其傳。泰州、龍溪時時不滿其師說，益啟瞿曇之秘而歸之師，蓋躋陽明而爲禪矣。然龍溪之後，力量無過於龍溪者，又得江右爲之救正，故不至十分決裂。泰州之後，其人多能以赤手搏龍蛇，傳至顏山農、何心隱一派，遂非復名教之所能羈絡矣。

守仁的良知學，本來可說是一種社會大眾的哲學。但眞落到社會大眾手裏，自然和在士大夫階層中不同。單從這一點講，我們卻該認泰州一派爲王學惟一的眞傳。艮主要的思想，是他的「格物說」。在他未見守仁以前，他早講大學「格物」了。他說：

身與天下國家，一物也。
知得身是天下國家之本，則以天地萬物依於己，不以己依於天地萬物。
身未安，本不立。本亂而末治者，否矣。本亂，末愈亂。

因此，他把「格物」解成爲「安身」。

有疑安身之說者，曰：「夷、齊雖不安其身，然而安其心。」曰：「安其身而安其心者，上也。不安其身而安其心者，次之。不安其身又不安其心，斯爲下矣。危其身於天地萬物者，謂之失本。潔其身於天地萬物者，謂之遺末。」

又曰：

凡見人惡，只是己未盡善。己若盡善，自當轉易。己一身不是小，一正百正，一了百了，此之謂天下善，此之謂通天下之故，聖人以此修己安百姓而天下平。

但他說安身非自私，他要教人把一切過惡歸到自身來，這纔是他安身之正法。故他又說：

愛人直到人亦愛，敬人直到人亦敬，信人直到人亦信，方是學無止法。

人不愛我，非特人之不仁，己之不仁可知矣。人不信我，非特人之不信，己之不信可知矣。

他又說：

瞽瞍未化，舜是一樣命。瞽瞍既化，舜是一樣命。可見性能易命。

如是則安身便可以造命。換言之，安身便所以行道。所以他又說：

身與道原是一件，至尊者此道，至尊者此身。尊身不尊道，不謂之尊身。尊道不尊身，不謂之尊道。須道尊身尊，纔是至善。

他又說：

出必爲帝者師，處必爲天下萬世師。學也者，學爲人師也。學不足以爲人師，皆苟道也。故必以修身爲本。身在一家，必修身立本以爲一家之法。身在一國，必修身立本以爲一國之法。身在天下，必修身立本以爲天下之法。出不爲帝者師，是漫然苟出。處不爲天下萬世師，是獨善其身，而不講明此學於天下。是皆非也，皆小成也。

尊身卽所以尊道，而尊身之至，必求其能爲帝者師，爲天下萬世師。

有以伊、傅稱先生者，先生曰：「伊、傅之事我不能，伊、傅之學我不由。」曰：「何謂也？」曰：「伊、傅得君。設其不遇，則終身獨善而已。孔子則不然也。」

可見爲帝者師，不在位上求，而在德上求。雖身處隴畝，依然可以是帝者師，是天下萬世師。使吾身可以爲帝者師，爲天下萬世師，卽便是修其身以治國平天下之道。他格物的大致理論是如此。但也只可說是他一人之說，從來講格物者不如此講。他又著樂學歌，歌云：

人心本自樂，自將私欲縛。私欲一萌時，良知還自覺。一覺便消除，人心依舊樂。樂是樂此學，學是學此樂。不樂不是學，不學不是樂。樂便然後學，學便然後樂。樂是學，學是樂。嗚呼！天下之樂，何如此學？天下之學，何如此樂？

這是他所尋得的孔、顏樂處呀！安身樂學，那是人人所該追求的，但畢竟與傳統儒學有不同。

王襞字宗順，艮仲子，學者稱東厓先生。九歲隨父至會稽。每遇講會，襞以童子歌詩，聲中金石。守仁令其師錢德洪、王畿，先後留越中近二十年。艮開講淮南，襞襄助其事。艮卒，襞繼講席，往來各郡，主其教事。歸則扁舟於村落間，歌聲振乎林木，怳然有舞雩氣象。他曾說：

鳥啼花落，山峙川流，飢食渴飲，夏葛冬裘，至道無餘蘊矣。充拓得開，則天地變化，草木蕃。充拓不去，則天地閉，賢人隱。今人纔提學字，便起幾層意思。將議論講說之間，規矩戒嚴之際，工焉而心日勞，勤焉而動日拙。忍欲希名而誇好善，持念藏機而謂改過，心神震動，血氣靡寧。不知原無一物，原自見成。但不礙其流行之體，眞樂自見。

這些話，雖本其父樂學歌，也還有王畿精神的傳授。

朱恕，泰州人，樵薪養母。一日過王艮講堂，歌曰：「離山十里，薪在家裏，離山一里，薪在山裏。」艮聽得，便對他學生說：「小子聽之。道病不求耳！求則不難，不求無易。」恕聽艮講，浸浸有味，自是每樵必造階下旁聽。餓則向都養乞漿解裹飯以食，聽畢則浩歌負薪而去。有宗姓招他說：「我貸汝數十金，別尋活計，庶免作苦，且可日夕與吾輩遊。」恕得金，俯而思，繼而恚，曰：「汝非愛我，我自憧憧然，經營念起，斷送一生矣。」遂擲還之。胡直亦守仁門人，爲學使，召之，不往。以事役之，短衣徒跣入見。直與之成禮而退。

韓貞，興化人，業陶瓦。慕朱樵而從之學，後乃卒業於王襞。有茅屋三間，以之償債，遂處窰中。自咏曰：「三間茅屋歸新主，一片煙霞是故人。」年近四十未娶，襞門人醵金爲之完姻。嗣覺有得，以化俗自任，農工商賈從遊者千餘。秋成農隙，聚徒談學，一村既畢，復之一村，前歌後答，弦誦之聲洋洋然。縣令聞而嘉之，遺米二石，金一鍰。貞受米反金。令問之，對曰：「某寠人，無補於左右。第凡與某居者，幸無訟牒煩公府，此卽某所以報也。」

這裏略舉樵夫、陶匠兩人，以見泰州講學風聲播染之一斑。又泰州學派中有王棟論格物，別見於劉宗周一章。

四八　羅洪先、聶豹、鄒守益、歐陽德、劉文敏

王學流衍，最盛大有力量者，除浙中與泰州外，還有江西一派，當時稱江右王門，卻與浙中、泰州顯然有不同。這是在士大夫階層的，讀書閒居人中的王學。黃宗羲說：

> 姚江之學，惟江右爲得其傳。東廓鄒守益。念庵羅洪先。兩峯劉文敏。雙江聶豹。其選也，再傳而爲塘南王時槐。思默，萬廷言。皆能推原陽明未盡之意。當時越中流弊錯出，挾師說以杜學者之口，而江右獨能破之。陽明之道，賴以不墜。蓋陽明一生精神，俱在江右，亦其感應之理宜也。

以下特就江右王門擇要簡述其大概。

羅洪先，字達夫，學者稱念庵先生，江西吉水人。父循，山東按察副使。洪先自己是狀元。幼聞守仁講學，心卽嚮慕，及傳習錄出，讀之至忘寢食。時聶豹倡歸寂之說。豹字文蔚，永豐人，學者稱雙江先生。守仁在越，豹以御史按閩，渡江一見，謂：「思、孟、周、程，無意相遭於千載之下。」然是時特以賓禮見。後六年，豹出守蘇州，守仁已卒四年，豹語錢德洪、王畿曰：「吾學誠得先生開發，冀再見執贄，不及矣。」以二君爲證，設位，北面再拜，稱門人。後因得罪輔臣，繫詔獄。經歲，閒久靜極，忽見此心眞體，光明瑩徹，萬物皆備。乃喜曰：「此未發之中也。守是不失，天下之理皆從此出矣。」及出獄，乃與來學立靜坐法，使之歸寂以通感，執體以應用。時同門爲良知之學者，多謂未發卽在已發中，故未發之功亦在發上用，先天之功在後天用。道不可須臾離。若謂動處無功，是卽離了。心體事而無不在，若脫略事爲，則類於禪悟。以此羣起質難。惟洪先深契豹旨，謂：「雙江所言眞是霹靂手段，許多英雄瞞昧，被他一口道著。如康莊大道，更無可疑。」自闢石蓮洞，默坐半榻間，不出戶者三年。事能前知。人或訝之，曰：「是偶然，不足道。」洪先於靜坐外，經年出遊，求師問友，不擇方內外。嘗閱楞嚴，得返聞之旨，覺此身如在太虛，視聽若寄世外。見者驚其神采，自省曰：「誤入禪定矣。」其功遂輟。有黃陂山人方與時，自負得息心訣，洪先偕王畿訪之。畿先返，洪先獨留，夜坐，自謂「已入深山更深處，家書休遣雁來過」。先世田宅，盡推與庶弟。將卒，問疾者入室，見如懸磬，嗟曰：「何一貧至此！」洪先夷然，曰：「貧固自好。」洪先生平未及守仁門，曾與錢德洪編定守仁年譜，自稱後學。德洪曰：「子年十四時，欲見師於贛，父母不聽，則及門乃素志。今學其學數十年，非徒得其門，升堂入室矣。」遂未得洪先同意，於譜中改稱門人。鄧以讚嘗說：

> 陽明必爲聖學無疑。然及門之士，概多矛盾，其私淑有得者，莫如念庵。

黃宗羲謂鄧說可以作定論。

以下略引洪先的說話。他說：

> 不肖三四年間，曾以主靜一言爲談良知者告。以爲良知固出於禀受之自然而未嘗泯滅。然欲得流行發見，常如孩提之時，必有致之之功。非經枯槁寂寞之後，一切退聽，而天理炯然，未易及此。陽明之龍場是也。學者舍龍場之懲創，而第談晚年之熟化，譬之趨萬里者，不能蹈險出幽，而欲從容於九達之逵，豈止躐等而已？

又曰：

孟子所言良知，指不學不慮，當之自知，乃所以良也。知者感也，而所以爲良者非感也。而今之言良知者，一切以知覺簸弄終日，精神隨知流轉，無復有凝聚純一之時，此豈所謂不失赤子之心者乎？

又曰：

但取足於知，而不原其所以良，故失養其端，而惟任其所以發。遂以見存之知，爲事物之則，而不察理欲之混淆。以外交之物，爲知覺之體，而不知物我之倒置。豈先生之本旨也？

因此他對守仁門下，都有極嚴厲的批評，而尤其側重在王畿。他說：

龍溪之學，謂之以良知致良知，如道家先天制後天之意。其說實出陽明口授，大抵本之佛氏，翻傳燈諸書，其旨洞然。直是與吾儒兢兢業業，必有事一段，絕不相蒙。分明兩人指守仁與畿。屬兩家風氣。今比而同之，是亂天下也。

他認可了守仁的良知學，但不取王畿直信本心的說法。主要在於吾人所認爲本心者，其實非眞本心。他又說：

往年喜書象山「小心翼翼，昭事上帝，上帝臨汝，毋貳爾心，戰戰兢兢，那有閒言時候」一段。龍溪在旁，輒欲更書他語，心頗疑之。六經言學，必先兢業戒懼，乃知必有事焉，自是孔門家法。

是「必有事焉」，在洪先當知戒懼，在龍溪則成簸弄矣。他又說：

予問龍溪曰：「凡去私欲，須於發根處破除始得。私欲之起，必有由來。皆緣自己原有貪好，原有計算。此處漫過，一時潔淨，不但潛伏，且恐陰爲之培植矣。」錢緒山曰：「此等工夫零碎，但依良知運用，安事破除？」龍溪曰：「不然。此搗巢搜賊之法，勿謂盡無益也。」

這些處，王畿卻還欣賞他的意見，只不贊成他太專重靜坐。他又批評錢德洪，說：

執事只欲主張良知常發，便於聖賢幾多凝聚處，盡與掃除解脫。夫心固常發，亦常不發，可倒一邊立說否？至謂：「未發之中，竟從何處覓？」則立言亦太易矣。

他於同時王門，最欣賞聶豹困辨錄提倡的「歸寂說」，但他亦有所諍議。他說：

> 余始手箋是錄，以爲字字句句無一弗當於心。自今觀之，亦稍有辨矣。公（指豹。）之言曰：「心主乎內，應於外而後有外，外其影也。」心果有內外乎？又曰：「未發非體也，於未發之時而見吾之寂體。」（此豹語，以下又洪先語。）未發非時也，寂無體，不可見也。余（洪先自指。）懼見寂之非寂也。自其發而不出位者言之，謂之寂；自其常寂而通微者言之，謂之發。蓋原其能戒懼而無思爲，非實有所指，得以示之人也。故收攝斂聚，可以言靜，而不可謂爲寂然之體。喜怒哀樂可以言時，而不可謂無未發之中。何也？心無時，亦無體，執見而後有可指也。易曰：「聖人立象以盡意，繫辭以盡言。」言固不盡意也。坤之震，剝之復，得之於言外，以證吾之學焉可也。必也時而靜，時而動，截然內外，如卦爻然，果聖人意哉？

當時反對豹說者，本說心不該分寂感，不該分內外。則洪先之說，到底仍還贊成了反對者的這一面。實則豹與洪先，後人雖同稱之爲王門，豹與守仁僅一面，洪先則並一面而無之，自與錢德洪、王畿與守仁常日相親者不同。

同時有鄒守益，字謙之，安福人，學者稱東廓先生。他也是官家子，會試第一，廷試第三，也是科第中得意人。他有答聶豹書，謂：

越中之論，誠有過高者。忘言絕意之辨，向亦駭之。及臥病江上，獲從緒山、龍溪切磋，漸以平實。其明透警發處，受教甚多。夫乾乾不息於誠，所以致良知也。懲忿窒慾，遷善改過，皆致良知之條目也。若以懲窒之功爲第二義，則所謂如好好色，如惡惡臭，己百己千者，皆爲剩語矣。源泉混混以放乎四海，性之本體也。有所壅蔽，則決而排之，未嘗以人力加損，故曰：行所無事。若忿慾之壅，不皆懲窒，而曰本體原自流行，是不決不排而望放乎海也。苟認定懲窒爲治性之功，而不察流行之體原不可以人力加損，則亦非行所無事之旨矣。

可見當時江西王門，對於浙中錢、王諸人所謂「除卻已發何處覓未發」，以及「卽流行卽本體」那一套理論，並不能正面提出反對意見，只是存心補偏救弊，在側面時時提出戒懼立誠等說法，因此終亦不能眞有補救的力量。卽同屬江右，亦自有諍辨。守益又說：

天性與氣質，更無二件。人此身都是氣質用事，目之能視，耳之能聽，口之能言，手足之能持行，皆是氣質，天性從此處流行。先師有曰：「惻隱之心，氣質之性也。」正與孟子形色天性同旨。其謂浩然之氣，塞天地，配道義，氣質與天性一滾出來，如何説得論性不論氣。後儒説兩件，反更不明，除卻氣質，何處求天地之性？

又説：

良知虚靈，晝夜不息，與天同運。故必有事焉，無分於動静。若分動静而學，則交换時須有接續，雖妙手不能措巧。

這些話極諦當，都近浙中錢、王。但説到下手切實做工夫，並不能給人另指示一門路。只是江右王門在心體的探究上，更深入些，致知工夫更謹慎些，如是而已。

同時又有歐陽德，字崇一，泰和人，學者稱南野先生。曾與羅欽順辨良知。欽順謂：「佛氏有見於心，無見於性，故以知覺爲性。今言吾心之良知即是天理，亦是以知覺爲性矣。」德申之曰：

知覺與良知，名同而實異。凡知視、知聽、知言、知動皆知覺，而未必其皆善。知惻隱、知羞惡、知恭敬、知是非，所謂本然之善。本然之善以知爲體，不能離知而别有體。蓋天性之眞，明覺自然，隨感而通，自有條理，是以謂之良知，亦謂之天理。天理者，良知之條理。良知者，天理之靈明。知覺不足以言之。

這一說爲「良知」規定一範圍，確立一界說，可糾正守仁晚年言良知氾濫無準之病。傳習錄：

先生遊南鎮，一友指巖中花樹，問曰：「天下無心外之物，如此花樹，在深山中，自開自落，於我心亦何相關？」先生曰：「你未看此花時，此花與汝心同歸於寂。你來看此花時，則此花顏色一時明白起來。便知此花不在你的心外。」

其實說天理不在良知外，還只是把天理範圍狹窄了。與一切物不在心外，兩說相差甚遠。守仁良知之學，最先所講，本重發揮第一說，但後來轉入第二說，便截然不同。傳習錄又有一條云：

或問：「人有虛靈，方有良知，若草木瓦石之類，亦有良知否？」先生曰：「人的良知，就是草木瓦石的良知。若草木瓦石無人的良知，不可以爲草木瓦石矣。豈惟草木瓦石，天地無人的良知，亦不可以爲天地。蓋天地萬物與人原是一體，其發竅之最精處，是人心一點靈明。風雨露雷，日月星辰，禽獸草木，山川土石，與人原只一體。故五穀禽獸之類，皆可以養人。藥石之類，皆可以療疾。只爲同此一氣，故能相通耳。

此說較似近朱熹，只把「良知」二字換了朱熹的「理」字。照此說法，朱熹主張格物窮理，豈不成爲要窮格草木瓦石之良知？顯見與其說物物有良知，不如說物物有性有理之妥當。宜乎羅欽順要以「知覺爲性」責守仁。大抵王學末流種種毛病，都從此等說法所致。陸九淵則從不說此等話，此是陸、王之相異處。而德之辨「知覺」與「良知」，則實是師門干城，也是師門諍臣。

羅欽順又辨，人之知識不容有二。孟子但以不慮而知者名之曰「良」，非謂別有一知也。今以知惻隱、羞惡、恭敬、是非爲良知，知視、聽、言、動爲知覺，殆如楞伽所謂之「眞識」及「分別事識」。德申之曰：

非謂知識有二也。惻隱羞惡恭敬是非之知，不離乎視聽言動。而視聽言動未必皆得其惻隱羞惡之本然者。故就視聽言動言，統謂之知覺，就其惻隱羞惡言，乃見其所謂良者。知覺未可謂之性，未可謂之理，知之良者，乃所謂天之理也。猶之道心人心，非有二心，天命氣質，非有二性也。

就大學原書言，自以欽順之說爲正。若如德之言良知，則決非孟子所言之良知。此在守仁說大學早有此弊。欽順再致辨難，謂：「認良知爲天理，乃欲致吾心之良知於事物，則道理全是人安排出，事物無復本然之則矣。抑且於天地萬物之理，一切置之度外，更不復講，無以達夫一貫之妙。」德又申之曰：

良知必發於視聽思慮，視聽思慮必交於天地人物。天地人物無窮，視聽思慮亦無窮，故良知亦無窮。離卻天地人物，亦無所謂良知。故有耳目則有聰明之德，有父子則有慈孝之心。所謂良知，天然自有之則也。視聽而不以私意蔽其聰明，父子而不以私意蔽其慈孝，是謂致良知，是乃循其天然之則也。舍此則無所據，而不免於安排布置，遠人以爲道矣。

這一說，和守仁晚年說良知顯不同，和聶豹歸寂主張又不同。良知既是知是知非之獨知，其體無時而不發。非在未感以前別有未發之時。所謂未發者，乃指喜怒哀樂之發而有其未發者在。故致和即所以致中。當時錢德洪、王畿、鄒守益，都同此主張。羅洪先最擁護豹，但在理論辨析上，最後仍折入這一邊。但此與守仁晚年說良知又不同。王學都用此良知，但說法有種種不同，亦與孟子之說良知不同，此事不可不知。

同時又有劉文敏，字宜充，安福人，學者稱兩峯先生。時稱聶雙江得劉兩峯，而不傷其孤零。然在最後的理論辨析上，文敏仍還和眾見不能有大異。他說：

吾性本自常生，本自常止。往來起伏，非常生也。專寂凝固，非常止也。生而不逐，自爲常止。止而不住，是謂常生。

又說：

主宰卽流行之主宰，流行卽主宰之流行。

又說：

喜怒哀樂，情也。情之得其正者，性也。發與未發，本無二致。先師云：「心體上著不得一念留滯。」能悟本體，卽是功夫。人己內外，一齊俱透。

如是則卽流行卽本體，以及卽本體卽工夫，如文敏所言，還可說無大語病。雖在輕重緩急間，儘可微有所區別，而要如聶豹之明劃兩分，專主靜坐來教人「歸寂以通感，執體以應用」，到底轉不免更偏了。因此江右王門也遂無法與浙中顯然割席。

四九　王時槐

江右王門之再傳，卻別有一番新意見，我們在此將略述王時槐。時槐字子植，安福人，學者稱塘南先生。弱冠，師劉文敏。出仕後，求質於四方學者，終不以爲自得。五十罷官，屏絕外務，反躬密體。如是三年，有見於空寂之體。又十年，漸悟生生眞機，遂自創己說。年八十四而卒。高攀龍稱之，謂：

> 塘南之學，八十年磨勘至此，可謂洞徹心境。

他也曾究心禪學，於當時儒家所謂「彌近理而大亂眞」處，更能有深摯的剖判。他很有些像羅欽順，但欽順專守程朱，嚴斥陸王。而他則承統陸王，想來融會程朱。他曾說：

> 孔門以求仁爲宗，而姚江特揭致知。蓋當其時，皆以博聞廣見求知於外爲學，故先生以其根於

性而本良者救之。觀其言曰：「良知卽是未發之中。」既云未發之中，仁知豈有二哉？今末學往往以分別照了爲良知，昧其本矣。

他又說：

致良知一語，惜陽明發此於晚年，未及與學者深究其旨。先生沒後，學者大率以情識爲良知，是以見諸行事，殊不得力。羅念庵乃舉未發以究其弊，然似未免於頭上安頭。夫所謂良知者，卽本心不慮之眞明，原自寂然，不屬分別，此外豈更有未發邪？

他指出同時言良知者，只是「情識」，只是「分別照了」，因此要在良知之外再來求未發。他認爲：

知者，先天之發竅也。謂之發竅，則已屬後天矣。雖屬後天，而形氣不足以干之。故「知」之一字，內不倚於空寂，外不墮於形氣，此孔門之所謂「中」也。末世學者，往往以墮於形氣之靈識爲知，此聖學所以晦。

如何說有一個「內不倚於空寂，外不墮於形氣」的知呢？他說：

澄然無念，是謂一念。非無念也，乃念之至微至微者也。此正所謂生生之眞機，所謂動之微，吉之先見者。此幾更無一息之停，正所謂發也。若至於念頭斷續，轉換不一，則又是發之標末矣。譬之澄潭之水，非不流也，乃流之至平至細者。若至於急灘迅波，則又是流之奔放者矣。澄潭之水固發也，山下源泉亦發也。水之性乃未發也。離水而求性曰支，卽水以爲性曰混，以水與性爲二物曰岐。

這裏他主張心無有不發，正如水無有不流。又提出「性」與「生機」兩觀點。心之發，正是心之生機，而此生機中卻有一性，性則永如是，故稱曰未發。心之發，便見事。所以他說：

事之體，強名曰心。心之用，強名曰事。其實只是一件，無內外彼此之分。故未有有心而無事，未有有事而無心。故曰：「必有事焉。」又曰：「萬物皆備於我。」故充塞宇宙皆心也，事也，物也。吾心之大，包羅天地，貫徹古今，故但言盡心，則天地萬物皆舉之矣。學者誤認區區之心，渺焉在胸膈之內，而紛紛之事，雜焉在形骸之外。故逐外專內，兩不相入，終不足以入道。

守仁說知行合一，此刻則改成「心事合一」。其實還是一義。所以他說：

舍發而求未發，恐無是理。既曰戒愼恐懼，非發而何？但今人將發字看得麤了，故以澄然無念時爲未發，不知澄然無念正是發也。

我們若說知行合一，應該說除卻行，更無知。若說心事合一，應該說除卻事，更無心。這卽是除卻已發，更不見未發。所以他又說：

未發之中固是性，然天下無性外之物，則視聽言動百行萬事皆性矣，皆中矣。若謂中只是性，性無過不及，則此性反爲枯寂之物，只可謂之偏，不可謂之中。如佛、老自謂悟性，而遺棄倫理，正是不知性。

若知心事合一，便知視聽言動百行萬事中皆見性。除卻視聽言動百行萬事，亦更無性可見。於是他來發揮守仁的致知格物說：

問：「致知焉盡矣，何必格物？」曰：「知無體，不可執也。物者，知之顯迹也。舍物則何以達此知之用？如窒水之流，非所以盡水之性也。故致知必在格物。陽明以意之所在爲物，此意最精。蓋一念未萌，則萬境俱寂，念之所涉，境則隨生。且如念不注於目前，則雖泰山覿面而不睹。念苟注於世外，則雖蓬壺遥隔而成象。故意之所在爲物，此物非內非外，是本心之影也。」

又曰：

盈天地間皆物也，何以格之？惟以意之所在爲物，則格物之性，非逐物，亦非離物也。至博而至約矣。

此處所謂格物之性，其實還是不離於人之心意，與朱熹格物補傳之心物兩分說其實相似。

他又分別知與意，說：

知包羅宇宙，以統體言，故曰大。意裁成萬務，以應用言，故曰廣。

他又分別意與念，說：

斷續可以言念，不可以言意。生機可以言意，不可以言心。虛明可以言心，不可以言性。至於性則不容言矣。

此處分別念、意、心、性四字，甚爲恰當。王門言良心極少能如此分別者。他又說：

意不可以動靜言，動靜者念也，非意也。意者，生生之密機。有性則常生而爲意，有意則漸著而爲念。未有性而不意者，性而不意則爲頑空。亦未有意而不念者，意而不念則爲滯機。生幾者，天地萬物所從出，不屬有無，不分體用。若謂生幾以前，更有無生之本體，便落二見。陽明曰：「大學之要，誠意而已矣。」格物致知者，誠意之功也。知者意之體，非意之外有知也。物者意之用，非意之外有物也。但舉意之一字，則寂感體用悉具。意非念慮起滅之謂也，是生幾之動，而未形有無之間也。獨卽意之入微，非有二也。意本生生，惟造化之機不充則不能生，故學貴收斂入。收斂卽爲愼獨，此凝道之樞要也。

於是他本此試作程朱與陸王之調和。他說：

朱子格物之説，本於程子。程子以窮至物理爲格物。性卽理也。性無内外，理無内外，卽我之知識念慮與天地日月山河草木鳥獸皆物也，皆理也。天下無性外之物，無理外之物，故窮此理至於物物皆一理之貫徹，則充塞宇宙，緜亘古今，總之一理而已矣。此之謂窮理盡性之學，與陽明致良知之旨又何異乎？蓋自此理之昭明而言，謂之良知，良知非情識之謂，卽程門所謂理也，性也。良知貫徹於天地萬物，不可以内外言也。通乎此，則朱子之格物非逐外，而陽明之良知非專内，明矣。但朱子之説，欲人究徹彌宇宙亘古今之一理，在初學遽難下手。教以姑從讀書而入，卽事察理，以漸而融會之。後學不悟，遂不免尋枝摘葉，零碎支離，則是徒逐物而不達理，其失程朱之本旨遠矣。陽明以學爲求諸心而救正之，大有功於後學。而後學復以心爲在内，物爲在外。且謂理在心，不在物。殊不知心無内外，物無内外。徒執内而遺外，又失陽明之本旨也。

如此調和朱、王，則朱、王後學流弊皆可免。他又説：

禪家之學，與孔門正脈絶不相侔。今人謂孔、釋之見性本同，但其作用始異，非也。心迹猶形影，影分曲直，則形之欹正可知。孔門眞見盈天地間只一生生之理，是之謂性。學者默識而敬存之，則親親仁民愛物，自不容已。何也？此性原是生生，由本之末，萬古生生，孰能遏之？故明物察倫，非強爲也，以盡性也。釋氏以空寂爲性，以生生爲幻妄，則自其萌芽處，便已斬斷，安得不棄君親、離事物哉？

這是他所剖別的儒、釋疆界。他以「此理之昭明」釋「良知」，以「生生之理」釋「性」，皆極切實，極剴明。因此他說：

本心，常生者也。自其生生而言，卽謂之事。故心無一刻不生，卽無一刻無事。事卽本心，故視聽言動，子臣弟友，辭受取予，皆心也。灑掃應對，便是形而上者。學者終日乾乾，只是默識此心之生理而已。時時默識，內不落空，外不逐物，一了百了，無有零碎本領之分。

他又說：

此理至大而至約，惟「虛而生」三字盡之。其虛也，包六合以無外，而無虛之相。其生也，徹萬古以不息，而無生之迹。只此謂之本心，時時刻刻還他本來，卽謂之學。

會合上兩條，時槐仍主「心卽理」之說。若無人心，豈更無天地自然乎？他又說：

聖學失傳，自紫陽以後，爲學者往往守定一個天理在方寸間。陽明特揭無善無惡，提出心體，令人知本心善亦著不得。第宗其說者致有流弊，不若說無聲無臭字樣，直捷穩當。

無聲無臭，豈如說「天理」二字更爲妥帖乎？他又說：

本性中涵生理曰仁，本性中涵靈通曰知。仁、知皆無聲臭，故曰性之德。若惻隱是非，乃仁、知之端倪，發用於外者是情，所謂性之用也。後儒以愛言仁，以照言知，遂執此以爲學，是徒認情之流行，不達性之蘊奧。

這些處，他又分析得很細密。他又於當時僞良知流弊，指出許多件，如云：

學者以任情爲率性，以媚世爲與物同體，以破戒爲不好名，以不事檢束爲孔、顔樂地，以虛見爲超悟，以無所用恥爲不動心，以放其心者不求爲未嘗致纖毫之力者，多矣，可歎哉！

以上略述了時槐論學大旨。蓋是深有會於程朱，而未脫陸王之牢籠者。下面再提及他的不朽論。

問：「人之死也，形卽朽滅，神亦飄散，故舜、蹠同歸於必朽，所僅存者，惟留善惡之名於後世耳。」予曰：「不然。」又問：「君子之修身力學，義當然也，非爲生死而爲也。儻爲生死而爲善，則是有所爲而爲矣。」予亦曰：「不然。夫學以全生全歸爲準的。既云全歸，安得謂與形而俱朽乎？全歸者，天地合德，日月合明，至誠之所以悠久而無疆也。孰謂舜、蹠之同朽乎？以全歸爲學，安得謂有爲而爲乎？」曰：「天地合德，日月合明，悠久無疆，特言其理耳！豈眞有精神靈爽長存而不泯乎？是反爲沉滯不化之物矣。」予曰：「理果有乎？有卽沉滯矣。理果無乎？無卽斷滅矣。沉滯則非德，非明，非至誠也。斷滅則無合，無悠久也。此等見解，一切透過，乃可以語知生之學。」

若我們再把時槐自己說法來加以闡明。人之生，俱帶此有生理靈通之性而生。全生全歸，便該全此生理之仁與靈通之知。而此仁與知，卽所謂性之德，形氣不足以干。雖屬無聲無臭，而可悠久不息。仁道與知理之不朽，卽是人生之不朽。聖人仁知兼盡，故聖人雖死而不朽。其性之德，則常與天地合德，日月合明而常在。他又說：

古人有所謂不朽者。夫身外之物固必朽，文章、勛業、名譽皆必朽也，精氣、體魄、靈識亦必朽也。然則不朽者何事，非深於道者孰能知之？

至此他乃不得不反對守仁之「無善無惡說」。

因看大乘止觀，謂性空如鏡，妍來妍見，媸來媸見。因省曰：「然則性亦空寂，隨物善惡乎？此說大害道。乃知孟子性善之說，終是穩當。向使性中本無仁義，則惻隱羞惡從何處來？吾人應事處人，如此則安，不如此則不安，此非善而何？」

然則時槐立說之精卓處，正爲其於心外又言性。性則有善無惡。因又說：

善由性生，惡由外染。程子所謂性固善，惡亦不可不謂之性者，猶言清固水，濁亦不可不謂之水耳。然水之本性豈有濁乎？其流之濁，乃染於外物耳。

故全生全歸而不朽，正爲全得此至善。他又說：

徹古今，彌宇宙，皆後天也。先天無體，舍後天亦無所謂先天。故必修於後天，正所以完先天之性。

這一個先天之性，正是無聲無臭的至善。正當於「生理之仁」「靈通之知」上認。這始是徹古今，彌宇宙而不朽之所在。陸王講心學皆少言性，時槐直從性體上透悟，因此補充了陸王許多未說到的話。

五〇　羅汝芳、趙貞吉

羅汝芳字惟德，南城人，學者稱近溪先生。少時讀薛瑄書，謂：「萬起萬滅之私，亂吾心久矣，今當一切決去，以全吾湛然之體。」決志行之。閉關臨田寺，置水鏡几上，對之默坐，使心與水鏡無二。久之，病心火。偶過僧寺，見有榜「急救心火」者，以爲名醫，訪之，則聚徒而講學者。汝芳從衆中聽，良久，喜曰：「此眞能救吾心火。」問之，爲顏山農，名鈞，吉安人，得泰州王艮之傳。汝芳自述其不動心於生死得失，鈞曰：「是制欲，非體仁也。」汝芳曰：「克去己私，回復天理，非制欲安能體仁？」鈞曰：「子不觀孟子之講四端乎？知皆擴而充之，若火之始然，泉之始達。如此體仁，何等直捷？」汝芳聞語，如夢得醒。明日五鼓，往納拜稱弟子。後鈞以事繫獄，汝芳侍養獄中，六年不赴廷試。卒盡鬻田產脫之。汝芳嘗仕吳，以講學見惡於張居正，勒令致仕。歸田，身已老。鈞至，汝芳不離左右，一茗一果必親進。諸孫以爲勞，汝芳曰：「吾師非汝輩所能事。」常與門人往來金陵、兩浙、閩、廣，益張皇講學，所至弟子滿座，而未嘗以師席自居。論者謂：「王畿筆勝舌，羅汝芳舌勝筆。」微談劇論，所觸若春行雷動。雖素不識學者，俄頃間能令其心地開明，道在眼前。一洗當時理學家膚淺套括之氣，使人當下有受用。王時槐嘗說：

> 汝芳蚤歲，於釋典玄宗，無不探討。緇流羽客，延納弗拒。人所共知。而不知其取長棄短，迄有定裁。會語出晚年者，一本諸大學孝弟慈之旨，絕口不及二氏。

他嘗說：

> 向從大學至善推演到孝弟慈，嘗由一身之孝弟慈而觀之一家，未嘗有一人而不孝弟慈者。由一家之孝弟慈而觀之一國，未嘗有一人而不孝弟慈者。由一國之孝弟慈而觀之天下，亦未嘗有一人而不孝弟慈者。又由搢紳士大夫以推之羣黎百姓，又由孩提少長以推之壯盛衰老，皆是愛親敬長，以能知能行此孝弟慈也。又時乘閒暇，縱步街衢，肆覽大眾，何啻億兆，窺覷其中，總

是父母妻子之念固結維係，所以勤謹生涯，保護軀體，而自有不能已者。故某自三十登第，六十歸山，中間侍養二親，敦睦九族，入朝而徧友賢良，遠仕而躬禦魑魅，以至年載多深，經歷久遠，乃歎孔門學、庸，全從周易「生生」一語化出。蓋天命不已，方是生而又生，於是父母而已身，已身而子，子而又孫，以至曾且元。故父母兄弟子孫，是替天命生生不已顯現個膚皮。天命生生不已，是替孝父母、弟兄長、慈子孫通透個骨髓。直豎起來，便成上下今古。横亘將去，便作家國天下。孔子謂「仁者人也」，「親親爲大」，將中庸、大學已是一句道盡。孟氏謂「人性皆善」，「堯舜之道孝弟而已矣」，將中庸、大學亦是一句道盡。

從來理學家，都把陰陽來講天地，把理欲來講心性，愈講愈玄深，愈説愈微妙。現在汝芳則專把生生之道與孝弟慈之心來把宇宙人生世道統體綰結爲一了。而這道理，卻又是人人所能知，所能行。他的學統，顯自泰州學派王艮格物之説轉出來。但王艮到底要出必爲帝者師，處必爲天下萬世師，而又仍然只限在人生與世道之一邊。若如汝芳説，則只須孝弟慈，便直豎起來成爲上下古今，横亘將去便作家國天下，而並與天命之生生不已，如膚皮骨髓相互通透，成爲一體。這眞是陸王易簡之學，到達了最易簡的階層了。

問：「吾儕或言觀心，或言行已，或言博學，或言守靜，先生皆未見許，然則誰人方可以言道邪？」曰：「此捧茶童子卻是道也。」一友率爾曰：「豈童子亦能戒慎恐懼邪？」羅子曰：「茶房到此，幾層廳事？」衆曰：「三層。」曰：「童子過許多門限階級，不曾打破一個茶甌。」其友省悟，曰：「如此，童子果知戒懼，只是日用不知。」羅子難之曰：「他若是不知，如何會捧茶？捧茶又會戒懼？」其友語塞。

一廣文自敍平生爲學，童子捧茶方至。羅子指謂一友曰：「君自視與童子何如？」曰：「信得更無兩樣。」頃之，復問曰：「不知君此時何所用工？」曰：「此時覺心中光明，無有沾滯。」曰：「君前云與捧茶童子一般，說得儘是。今云心中光明，又自己翻帳也。」友遽然曰：「並無翻帳。」曰：「童子見在，請君問他心中有此光景否？若無此光景，則分明與君兩樣。」廣文曰：「不識先生心中工夫卻是如何？」曰：「我的心也無個中，也無個外。所用工夫，也不在心中，也不在心外。只是童子獻茶來時，隨衆起而受，從容啜畢。童子來接時，隨衆付而與。君必以心相求，則此無非是心。以工夫相求，則此無非是工夫。若以聖賢格言相求，則此亦可說動靜不失其時，其道光明也。」廣文悅然自失。

從來理學家總愛講大聖賢，講修齊治平大道理，現在汝芳則常喜講那捧茶童子，這也有道理。以前王守仁困居龍場驛，嘗沉思：「聖人處此，更有何道？」因而中夜大徹大悟。始知聖人之道，吾性自足。孔子講學杏壇，行道列國，若使那捧茶童子去講學行道，自不及孔子。但我們應知，人世界不能專有講學行道人，沒有捧茶人。若使孔子來當此捧茶之役，試問孔子尚有何道，比此捧茶童子捧得更好更合理？這樣講來，豈不眼前那個捧茶童子便是孔子，便是聖人了。若叫聖人來處龍場驛，也只有如守仁般。叫聖人來捧茶，也只有如這童子般。我們不能說，龍場驛不是聖人該處的環境，捧茶不是聖人該當的職役。如是則天地間豈不要專爲聖人安排一個特殊的環境，又安排一種特殊的職役。而把在此環境職役以外之一切人，都擯之於聖人之外。則聖人便爲天地間特待的人物，而聖道亦爲天地間特設的道理，這又與其他人有何相關呢？我們若這樣想，便知人皆可以爲堯舜，並不要人都做成堯舜般，而是若叫堯舜來做我，也只能如我般，那我便已是堯舜。但我與堯舜究不是無別。那童子捧茶與孔子杏壇講學，列國行道，王守仁龍場驛處困，究不是同等。但這分別，則只在分量上，不在性質上。守仁說：「有一錢一分的黃金，有十兩百兩的黃金，而其爲成色十足之黃金，則無不同。」這一說法，汝芳盡情發揮了。

問因戒謹恐懼，不免爲吾心寧靜之累。羅子曰：「戒謹恐懼姑置之，今且請言子之心之寧靜作何狀？」其生謾應以：「天命本然，原是太虛無物。」羅子謂：「此說汝原來事，與今時心體不切。」生又歷引孟子言夜氣清明，程子教觀喜怒哀樂未發以前氣象，皆是此心體寧靜處。曰：「此皆鈔書常套，與今時心體恐亦不切。」諸士子沉默半晌，適郡邑命執事供茶，循序周旋，略無差僭。羅子目以告生曰：「諦觀羣胥此際供事，心則寧靜否？」諸生欣然起曰：「羣胥進退恭肅，內固不出，而外亦不入，雖欲不謂其心寧靜，不可得也。」曰：「如是寧靜，正與戒懼相合，而又何相妨邪？」曰：「戒謹恐懼相似，用功之意，或不應如是現成也。」曰：「諸生可言適纔童冠歌詩之時，與吏胥進茶之時，全不戒謹邪？其戒謹又全不用功邪？蓋說做工夫，是指道體之精詳處。說個道體，是指工夫之貫徹處。道體人人具足，則豈有全無功夫之人？道體既時時不離，則豈有全無功夫之時？故孟子云：『行矣而不著，習矣而不察。』所以終身在於道體工夫之中，儘是寧靜而不自知其爲寧靜，儘是戒懼而不自知其爲戒懼。不肯體認承當，以混混沌沌枉過一生。」

這裏汝芳又在指點著進茶的事。而有一大堪注意處，即是他不喜人鈔書，不喜人引經據典，把格言套語來當講學事。他只就眼前親切實生活，具體講究。本來程顥早就說：「天理二字是他自家心上體貼出來。」他又說：「某寫字時一心在字上，並非要字好，只此是學。」此刻羣胥進茶，一心在進茶上，這也卽是羣胥當時心體之敬之自然流露，此亦卽天理。故說：「灑掃應對卽是形而上。」這些話認眞講，便要講到汝芳的一套。然而一到認眞如此講，便是黄宗羲所謂「以赤手搏龍蛇」，可以什麼也不要。不說我該如何做聖人，卻說聖人來做我，看該如何做。於是佛菩薩不得不讓位給祖師們。此種精神，正卽是佛教中禪宗的精神。佛教有了禪，佛教便快垮臺了。理學中有了陸王心學，陸王心學中有了泰州學派，乃至於羅汝芳，易簡篤實到極處，那也眞成爲聖學中之禪學了。

汝芳曾自序他的爲學經過說：

某初日夜想做個好人，而科名宦業皆不足了平生，卻把近思錄、性理大全所說工夫，信受奉行，也到忘食忘寢忘死生地位。病得無奈，卻看見傳習錄，說諸儒工夫未是。始去尋求象山、慈湖等書。然於三先生所謂工夫，每有罣礙。病雖小愈，終沉滯不安。時年已弱冠，先君極爲憂苦。幸自幼蒙父母憐愛甚，而自心於父母及弟妹，亦互相憐愛。眞比世人十分切至。因此每讀論、孟孝弟之言，則必感動，或長要涕淚。以先只把當做尋常人情，不爲緊要。不想後來諸家之書，做得著緊喫苦。在省中逢著大會，師友發揮，卻翻然悟得，只此就是做好人的路徑。奈何不把當數，卻去東奔西走，而幾至忘身也哉！從此回頭，將論語再來細讀，眞覺字字句句重於至寶。又看孟子，又看大學，又看中庸，更無一字一句不相照映。由是卻想孔、孟極口稱頌堯、舜，而說其道「孝弟而已矣」，豈非也是學得沒奈何，然後遇此機竅？故曰：「我非生而知之者，好古敏以求之者也。」又曰：「規矩，方圓之至；聖人，人倫之至也。」其時孔、孟一段精神，似覺渾融在中，一切宗旨，一切工夫，橫穿直貫，處處自相湊合。但有易經一書，卻貫串不來。天幸楚中一友，（胡宗正。）他談易經，與諸家甚是不同，來從某改舉業，殊悔當面錯過。及告病歸侍老親，因遣人請至山中，細細叩問。始言渠得異傳，不敢輕授。某復以師事之，閉戶三月，亦幾忘生，方蒙見許。反而求之，又不外前時孝弟之良，究極本原而已。從此一切經書，皆必歸會孔孟，孔孟之言，皆必歸會孝弟。以之而學，學果不厭。以之而教，教果不倦。以之而仁，仁果萬物一體而萬世一心也。

這雖是汝芳一人之自述，卻可透露出當時學術思想演變進趨之大消息。宋、明學講到王守仁門下，實已發揮得最易簡，最切近，義無餘藴了。然而種種歧見，種種爭辨，還是愈歧而愈狹，愈辨而愈細，使人入而不能出。眞用功人，不由得你不深感到這裏的苦處。汝芳說：「學得沒奈何，然後遇此機竅。」當知唐代禪宗，也正是在這一局面下迸爆而出的。從此卻把宋、明幾百年各家各派爭辨歧見，只把孔孟「孝弟」兩字來統括淨盡了。但孝弟只是盡人事，如何把來通天道？於是古經籍中易經一書，便成爲汝芳最難打通的一關。直從周、邵、張諸家，到朱熹之格物窮理而求一旦之豁然貫通，是一條路。又從程顥之「學者先須識仁」，到王守仁的「人心一點靈明是天地萬物發竅最精處」，又是一段路。此刻汝芳則只把捉到天地生生之德，來和斯人孝弟之心綰合成一了，又可省卻許多葛籐與繳繞。如是說來，眞是愚夫愚婦，當下便知便能了。卻不料正爲如是，也把古聖人古經典地位，都讓世間愚夫愚婦日常心情代替占盡了。試問：這一種精神，如何不說它是佛門中禪的精神呢？

問：「仁者以天地萬物爲一體，又曰仁者渾然與物同體，意果何如？」羅子曰：「天地之大德曰生，夫盈天地間，只是一個大生，則渾然亦只是一個仁。中間又何有纖毫間隔？故孔門宗旨，惟是一個『仁』字。孔門爲仁，惟一個『恕』字。如云『己欲立而立人，己欲達而達人』。分明說己欲立，不須在己上去立，只立人卽所以立己也。己欲達，不須在己上去達，只達人卽所以達己也。是以平生功課，『學之不厭，誨人不倦』。其不厭處，卽其所以不倦處，卽其所以不厭處。卽今人說好官相似，說官之廉，卽其不取民者是也。而不取於民，方見是廉。說官之慈，卽其不虐民者是也。而不虐乎民，方見是慈。統天徹地，膠固圓融，自內及外，更無分別，此方是渾然之仁，亦方是孔門宗旨。」

汝芳講學之著精神處，正在他不講理，只講事，而正在事上顯出了理。所以禪宗興起，同時便會有華嚴。華嚴講「事理圓融」，卻要講到「事事圓融」。必待講到這裏，纔如行人到了家。但行人到家了，也便無路可走了。佛學如此，宋、明理學也如此。

問：「孔門恕以求仁，先生如何致力？」曰：「方自知學，卽泛觀蟲魚，愛其羣隊戀如，以及禽鳥之上下，牛羊之出入，形影相依，悲鳴相應，渾融無少間隔。輒惻然思曰：『何獨於人而異之！』後偶因遠行路途，客旅相見，卽忻忻談笑終日，疲倦俱忘，竟亦不知其姓名。別去，又輒惻然思曰：『何獨於親戚骨肉而異之！』噫！是動於利害，私於有我焉耳。從此痛自刻責，善則歸人，過則歸己，益則歸人，損則歸己。久漸純熟，不惟有我之私不作間隔，而家國天下，翕然孚通。甚至膚髮不欲自愛，而念念以利濟爲急焉。三十年來，覺恕之一字，得力獨多也。」

這些處，全不是在講學，只是在講生活，講日常。程顥說：「觀雞雛可以識仁。」但這話仍像在講學講義理。必待一切落實到具體日常生活上，此種義理與此種學，纔如行人到了家。但行人到家了，便不再有路了。因此王學傳統，實也不必再要有何心隱、李卓吾，自會衰歇了。

汝芳孫懷智，嘗閱中峯廣錄，汝芳輙命屏去，曰：

禪家之說，最令人躲閃，一入其中，如落陷阱。更能轉出頭來，復歸聖學者，百無一二。

可見汝芳不願講禪學。但一種思想，只要眞能鞭辟近裏，眞能篤實易簡，到眞人人易知易能的階段，反身當下而卽是，用不著對古聖賢古經籍傳統再追求。這樣的思想，便早是佛教中的禪學了。汝芳決不只如禪宗祖師們，僅說運水搬柴是神通。他還要說孝弟慈，要說仁恕一體。但所說內容儘相異，而我們則仍不妨說他是理學中的禪。許多人說陸王心學是禪，正爲其早帶有這樣的精神。再追溯上去，程顥早帶有這種精神了，甚至可說連孟子也有這一種精神。禪宗本是佛教傳入中國後由中國人自己開創的新宗派。我們也可說，中國思想裏，本帶有這一種禪的意味呀！因此中國思想不易在宗教與哲學上演進。這卻是中國思想一個特殊點。但許多人不瞭解此意，如陳建學蔀通辨，把陸九淵主張教人靜坐，收拾精神，認爲是禪學。其實禪宗祖師們正反對靜坐。陳建又說王守仁是禪，但如江右王門羅洪先，儘教人靜坐，並不能說他是禪學。而汝芳則正從靜坐中解放逃出的。他嘗說：

嘗過臨清，劇病，恍忽見老人語之曰：「君自有生以來，觸而氣每不動，勌而目輒不瞑，擾攘而意自不分，夢寐而境悉不忘，此皆心之痼疾也。」愕然曰：「是則予之心得，豈病乎？」老人曰：「人之心體，出自天常，隨物感通，原無定執。君以夙生操持，強力太甚，一念耿光，遂成結習。不悟天體漸失，豈惟心病，而身亦隨之矣。」驚起叩首，流汗如雨。從此執念漸消，血脈循軌。

這一節話，可與他臨田寺閉關遇顏鈞指點一節合看。汝芳近禪的精神，正在其跳出靜坐的一關。而淺者遂認靜坐爲禪學，這不該不辨析。

但朱熹早說程門如謝良佐、楊時後梢皆沒入禪去。又明明說陸九淵近禪。陳建學蔀通辨，都引朱熹話證陸王是禪學。即王學後人亦說羅汝芳是禪。可見在中國學術傳統中，自不免有此禪的一條路，故佛門禪宗，實亦由中國僧人自創。但儒學正統，則必辨之此爲「彌近理而大亂眞」。此當通觀儒學大體，與其思想之彼此異同，乃可以知之，固不得只以儒、釋疆界一語而輕忽視之也。

或者又以不讀書爲禪。此近似而不全是。汝芳同時有趙貞吉，字孟靜，號大洲，四川內江人。六歲誦書，日盡數卷。官至大學士，以與高拱不合，罷官歸。杜門著述，擬作二通，以括古今之書。內篇曰經世通，外篇曰出世通。內篇又分二門：曰史，曰業。史之爲部四：曰統，曰傳，曰制，曰誌。業之爲部四：曰典，曰行，曰藝，曰術。外篇亦分二門：曰說，曰宗。說之爲部三：曰經，曰律，曰論。宗之爲部一：曰單傳直指。書未成。他講學卽不諱言禪，其答友人書曰：

僕之爲禪，自弱冠以來，敢欺人哉？試觀僕之行事立身，於名教有悖謬者乎？則禪之不足以害人，明矣。僕蓋以身證之，非世儒徒以口說諍論比也。

宋明理學大傳統在闢佛，尤其在闢佛學中之禪。縱有喜近禪學的，但以儒學正統而公開自認爲禪者，則似乎貞吉以前還沒有過。但他講學，也只講忠恕。他說：

曾子曰：「夫子之道，忠恕而已矣。」不欺其心爲忠，能度人之心爲恕。夫不欺自心與能度他心者，豈今之人盡不能哉？循是義也，堂堂平平，以入夫子之門，是千載而昕夕也。

當知這種精神，便是佛學中禪學的精神。宋明儒所公認儒、釋疆界者，以爲釋氏「以覺爲性」，只尊知覺，而吾儒則「以理爲性」，要在知覺中發明出義理。運水搬柴即是神通，這是佛學中之禪。必知運水搬柴有運水搬柴之理，這纔是儒。但儒中有一派，認一切理不必向外求，即我本心便會自懂得，而且只我心懂得的始是理，此即陸王一派所謂的心學。心學發展到極點，便成爲儒學中之禪。貞吉則坦率自己承認了。他又說：

> 學術之歷古今，譬之有國者：三代以前，如玉帛俱會之日，通天下之物，濟天下之用，而不必以地限也。孟、荀以後，如加關譏焉，稍察阻矣。至宋南北之儒，殆遏糴曲防，獨守谿域，而不令相往來矣。陳公甫嘗歎宋儒之太嚴。夫物不通方則用窮，學不通方則見陋。且諸子如董、揚以下，蘇、陸以上，姑不論。晦翁法程、張矣，而不信程、張；尊楊、謝矣，而力闢楊、謝。凡諸靈覺明悟通解妙達之論，盡以委於禪，目爲異端，而懼其一言之污也。顧自日看案上六經、論、孟及程氏文字，於一切事物，理會以爲極致。至太極、無極、陰、陽、仁義、動靜、神化之訓，必破碎支離之謂善。稍涉易簡疏暢，則動色不忍言，恐墮異端矣。夫謂靈覺明妙，禪者所有，而儒者所無。非靈覺明妙，則滯窒昏愚，豈謂儒者必滯窒昏愚而後爲正學耶？

從前佛學中禪學所爭，也爭這一點。他們不認爲成佛成菩薩只限一條路，人人可以各就自己方便成佛成菩薩。四面八方，都通到佛地，條條路可以去佛國。所以最簡單卻是最廣大，最徑直卻是最曲折。

邵雍誡程頤，面前路子應放令寬。後來反對宋明儒理學的，也都在這上面反對。但把這一條路眞放寬了，條條是路便成沒有路。於是上路的便易猖狂妄行，而流弊不勝了。黃宗羲批評說：

> 先生謂禪不足以害人者，亦是有說。朱子云：「佛學至禪學而大壞。」蓋至於今，禪學至棒喝而又大壞，棒喝因囑付源流而又大壞。就禪教中分之爲兩：曰如來禪，曰祖師禪。如來禪者，先儒所謂語上而遺下，彌近理而大亂眞者是也。祖師禪者，縱橫捭闔，純以機巧小慧，牢籠出沒其間，不啻遠理而失眞矣。今之爲釋氏者，中分天下之人，非祖師禪勿貴。遞相囑付，聚羣不逞之徒，教之以機械變詐，皇皇求利，其害豈止於洪水猛獸哉？故吾見今之學禪而有得者，求一樸實自好之士而無有。假使達摩復來，必當折棒噤口，塗抹源流，而後佛道可興。先生之所謂不足以害人者，亦從彌近理而大亂眞者學之。古來如大年（楊億）、東坡（蘇軾）、無垢（張九成）、了翁（陳瓘）一輩，皆出於此。若其遠理而失眞者，則斷斷無一好人也。

這一批評，可謂沉痛。宗羲正亦見於晚明狂禪僞良知流弊，而不得不發此沉痛之糾彈。禪宗精神，本在放寬路，讓人走。但循至條條是路，盡人可走了，則實際會變成沒有路。六祖不傳衣鉢是對的，但後來的禪學，卻宗派紛起，明處沒有路，暗裏另有路，公開無衣鉢，暗裏仍還有衣鉢。這便是宗羲所謂的囑付源流了。於是路隱入了暗處，自然會有機械變詐，有棒喝機鋒。流弊所及，明裏是佛菩薩人人可做，暗裏是祖師叫人難當。學術思想的流弊，到了這一步，其勢非變不可了。勢須另開道路，另定規轍，這是晚明思想界的事。

五一　晚期明學

若我們把中期宋學，認爲宋、明學裏的正統，則程顥該是中期宋學之正統。由他轉出程頤，再由程頤轉進到朱熹，那是一條路，卻由中期會合到初期。其次由顥到陸九淵，再到王守仁，轉出泰州學派而至羅汝芳，那另是一條路。這路到此而盡，如遠行人到了家，到了家就無路可跑了。若你不安於家，儘要向外跑，那須得再出門。晚期明學是承接那一條走盡頭路，到了家，又想另起身，另具一計畫再出門，既不肯隨便安居家中，也非無目的出門作閒逛。這不是件簡單事，惜乎晚明儒出門行走得不遠，撲面遇著暴風雨，阻著路，迷失了，那是明、清之際的大激變。只有臨時找一安躲處，但一躲下來又便躭擱了，而且把出門時原興趣原計畫打消了，放棄了，那纔有清代乾嘉盛時之古經學考據。我們此刻且把晚明儒初出門時，那一條路向約略指點出，這便是當時東林學派之大概。

東林學派與以前王學，顯然不同。守仁歿後，浙中、泰州，所在設教，鼓動流俗，意氣猖狂，迹近標榜。但東林諸賢卻不然。他們雖有一學會，但闇然僅作朋友私人的講習。後來東林兩字擴大到全國，一切忠義氣節全歸到東林，好像東林成爲當時一大黨派，甚至後來把明代亡國也說成東林黨禍所召致，那該由討論史學的人來替他們作昭雪。此刻則只就思想學術方面，把幾位東林學者作代表來敍述。

五二　顧憲成、允成

顧憲成字叔時，無錫人，學者稱涇陽先生。幼擅殊慧。年十五六，從學於張原洛。原洛曰：「舉子業不足以竟子學，盍問道於方山薛先生！」薛方山名應旂，武進人，嘗從學於歐陽德。然爲考功時，嘗置王畿於察典，以是一時學者不許其名王氏學。方山見憲成而大喜，授以朱熹伊洛淵源錄，曰：「洙泗以下，姚江以上，萃是矣。」這是後來東林諸賢，越過王學再尋程朱舊轍的發端。憲成以解元中進士，時張居正當國，病，百官爲之齋醮，同官署憲成名，憲成聞之，馳往削去。曾罪謫桂陽州判官，又獲罪，削籍歸田里。遂會同志創東林書院，一依朱熹白鹿洞舊規。旁邑聞風四起，皆推憲成爲祭酒。他論學主與世爲體，嘗言：

官輦轂，念頭不在君父上；官封疆，念頭不在百姓上；至於水間林下，三三兩兩，相與講求性命，切磨德義，念頭不在世道上：卽有他美，君子不齒。

這一意態，卻直返到初期的宋儒，近似范仲淹、石介之流風。因此會中多裁量人物，訾議國政。清議和講學，併成爲一事，這纔從書院直接影響到朝廷，一時也很有人想根據東林意見改革朝政，於是東林成爲譽府，亦成爲謗窟。憲成又曾一度起用，卒不赴。

當其時，王學已臻於極弊，學者樂趨便易，冒認自然。常稱：「不思不勉，當下卽是。」他則說：

查其源頭，果是性命上透得來否？勘其關頭，果是境界上打得過否？

而於王守仁自己所說，也極多嚴厲的糾駁。他曾說：

陽明先生曰：「求諸心而得。雖其言之非出於孔子者，亦不敢以爲非也。求諸心而不得，雖其言之出於孔子者，亦不敢以爲是也。」此兩言者，某竊疑之。夫人之一心，渾然天理。其是，天下之眞是也。其非，天下之眞非也。然而能全之者幾何？惟聖人而已矣。自此以下，或偏或駁。遂乃各是其是，各非其非，欲一一而得其眞，吾見其難也。故此兩言者，其爲聖人設乎？則聖人之心，雖千百載而上下，冥合符契，可以考不謬，俟不惑，無有求之而不得者。其爲學者設乎？則學者之去聖人遠矣，其求之或得或不得，宜也。於此正應沉潛玩味，虛衷以俟，更爲質諸先覺，考諸古訓，退而益加培養，洗心宥密，俾其渾然者果無愧於聖人。如是而猶不得，然後徐斷其是非，不晚也。苟不能然，而徒以兩言橫於胸中，得則是，不得則非，其勢必至自專自用，憑恃聰明，輕侮先聖，註腳六經，無復忌憚，不亦誤乎？

孟子道性善，言必稱堯舜，孟子也只把堯舜來作爲性善之實證。陸九淵也說：「東海、西海有聖人出，此心同，此理同。」九淵也只把聖人來作爲他主張「心卽理」的理論之實證。王守仁也說，良知二字，是他從千辛萬苦中得來，並不曾教人先橫一自知得一切是非的良知在胸中。但流弊所極，則憲成這番話，雖平常，實重要。當知禪學精神，正在教人求之心，更不重於質先覺，考古訓。憲成的意思，也就在排這禪。他又說：

陽明嘗曰：「心卽理也。」某何敢非之，然而談何容易？

他不反對守仁的所謂「心卽理」，但他不許人輕易說這句話。所以他又說：

朱子云：「佛學至禪學而大壞。」只此一語，五宗俱應下拜。

他又說：

余弱冠時好言禪，久之，意頗厭而不言。又久之，恥而不言。至於今，乃畏而不言。

正因王學末流很近禪，於是晚明禪學又大興。他說他厭言禪，恥言禪，終至怕言禪，我們再參合上引黃宗羲的一節話，（在趙貞吉篇中。）便可想像那時學術思想上頹波靡風之大概。

或問：「佛氏大意。」曰：「三藏十二部五千四百八十卷，一言以蔽之，曰：無善無惡。」

他對王守仁「無善無惡心之體」一語，排斥得尤厲害。他說：

管東溟曰：「凡說之不正，而久流於世者，必其投小之私心，而又可以附於君子之大道者也。」愚竊謂「無善無惡」四字當之。何者？見以爲心之本體原是無善無惡也，合下便成一個空。見以無善無惡只是心之不著於有也，究竟且成一個混。空則一切解脱，無復掛礙，高明者入而悦之。於是將有如所云，以仁義爲桎梏，以禮法爲土苴，以日用爲緣塵，以操持爲把捉，以隨事省察爲逐境，以訟悔改過爲輪廻，以下學上達爲落階級，以砥節勵行獨立不懼爲意氣用事者矣。混則一切含糊，無復揀擇，圓融者便而趨之。於是將有如所云，以任情爲率性，以隨俗襲非爲中庸，以闇然媚世爲萬物一體，以枉尋直尺爲舍其身濟天下，以委曲遷就爲無可無不可，以猖狂無忌爲不好名，以臨難苟安爲聖人無死地，以頑鈍無恥爲不動心者矣。由前之説，何善非惡？由後之説，何惡非善？是故欲就而詰之，彼其所占之地步甚高，上之可以附君子之大道。欲置而不問，彼其所握之機緘甚活，下之可以投小人之私心。即孔孟復作，其奈之何哉？

這眞描繪出了當時學術界一幅十八層地獄圖，而直從那些地獄中人的心坎深微處下筆。所以他又説：

程叔子曰：「聖人本天，釋氏本心。」季時其弟允成。謂添一語：「衆人本形」。史際時曰：「宋之道學，在節義之中；今之道學，在節義之外。」予曰：「宋之道學，在功名富貴之外；今之道學，在功名富貴之中。在節義之外，則其據彌巧；在功名富貴之中，則其就彌下。無惑乎學之爲世詬也！」

他並不在講學，只在講世道，講人心。若人心早在節義外，而又同時在富貴利達中，則世道可想，那還有學術之可講?講來講去，還是附於君子之大道，而投於小人之私心。故他說：

平居無事，不見可喜，不見可嗔，不見可疑，不見可駭。行則行，住則住，坐則坐，臥則臥。卽衆人與聖人何異?至遇富貴，鮮不爲之充詘矣。遇貧賤，鮮不爲之隕穫矣。遇造次，鮮不爲之擾亂矣。遇顚沛，鮮不爲之屈撓矣。然則富貴一關也，貧賤一關也，造次一關也，顚沛一關也。到此眞令人肝肺具呈，手足盡露，有非聲音笑貌所能勉強支吾者。

他依然不像在講學，還是在講世道，講人心。陸王所講是歷史人心之光明面，他則在指點出時代人心之黑暗面。我們若說周、邵、張、朱是外向宇宙萬物求眞理，陸王是內向人心求眞理，則憲成眼光，只針對在現實的世道時風上求眞理。這可說是東林講學的新方向。

顧允成字季時，憲成弟，學者稱涇凡先生。兄弟同師薛應旂。廷對，指切時事，以萬曆寵鄭貴妃任奄寺爲言，讀卷官見之，曰：「此生作何語，眞堪鎖榜矣。」御史房寰劾海瑞，允成疏寰七罪，奉旨削籍。嗣起復，仍以抗疏犯政府謫外任。嘗謂：

平生左見，怕言中字。以爲我輩學問，須從狂狷起腳，然後從中行歇腳。凡近世之好爲中行，而每每墮入鄉愿窠臼者，只因起腳時便要做歇腳事。

又曰：

三代而下，只是鄉愿一班人，名利兼收，便宜受用。雖不犯乎弒君弒父，而自爲忒重，實埋下弒父弒君種子。

又曰：

南皋鄒元標。最不喜人以氣節相目，僕問其故，似以節義爲血氣也。夫假節義乃血氣，眞節義卽理義也。血氣之忍不可有，理義之忍不可無。理義之氣節，不可亢之而使驕，亦不可抑之而使餒。以義理而誤認爲血氣，則浩然之氣且無事養矣。近世鄉愿道學，往往借此等議論，以消鑠吾人之眞元，而遂其同流合汙之志。其言最高，其害最遠。

一日，喟然而歎。涇陽曰：「何歎也？」曰：「吾歎夫今之講學者，恁是天崩地陷，他也不管，只管講學耳。」涇陽曰：「然則所講何事？」曰：「在搢紳只『明哲保身』一句，在布衣只『傳食諸侯』一句。」

他又說：

昔之爲小人者，口堯舜而身盜跖。今之爲小人者，身盜跖而罵堯舜。

罵堯舜好像不復是鄉愿。但當時學風卻獎勵人發高論，致於罵堯舜。這依然在對時風作阿諛，實爲鄉愿之尤巧而尤詐者。但允成也並不反對講心學。他說：

心學之弊，固莫甚於今日。然以大學而論，所謂如見其肺肝然，何嘗欺得人？卻是小人自欺其心耳。此心蠹也，非心學也。若因此便諱言心學，是輕以心學與小人也。

又曰：

道心難明，人心易惑。近來只信得六經義理親切，句句是開發我道心，句句是喚醒我人心。學問不從此入，斷非眞學問。經濟不從此出，斷非眞經濟。

涇陽嘗問先生工夫，先生曰：「上不從玄妙門討入路，下不從方便門討出路。」

正因爲講得太玄妙，遂使做來有方便。二顧兄弟講來似平常，卻使人感有一種凜然不可犯之色，截然不可踰之氣。時人評允成，說他是「義理中之鎮惡，文章中之辟邪」，洵爲的評。

五三　高攀龍

高攀龍字存之，無錫人，學者稱景逸先生。以疏彈執政謫揭陽，半載而歸，遂與憲成復興東林書院，講學其中。每月三日，遠近集者數百人。以爲紀綱世界，全要是非明白，小人聞而惡之。在林下二十八年而復出，坐移宮案，削籍爲民，並毀其書院。翌年，又以東林邪黨逮，夜半投水自盡。攀龍自序爲學次第云：

吾年二十有五，聞李元冲與顧涇陽先生講學，始有志，以爲聖人必有做處，未知其方。看大學或問，見朱子說「入道之要莫如敬」，故專用力於肅恭收斂，持心方寸間。但覺氣鬱身拘，大不自在。及放下，又散漫如故，無可奈何。久之，忽思程子謂「心要在腔子裏」，不知腔子何所指，果在方寸間否邪？覓註釋不得。忽在小學中見其解，腔子猶言身子耳。大喜，以爲心不專在方寸，渾身是心也，頓自輕鬆快活。是時只作知本工夫，使身心相得，言動無謬。己丑第後，益覺此意津津。癸巳，以言事謫官，頗不爲念。歸嘗世態，便多動心。甲午秋，赴揭陽，自省胸中理欲交戰，殊不寧帖。在武林，與陸古樵、吳子往談論數日，古樵忽問：「本體何如？」余言下茫然，雖答曰「無聲無臭」，實出口耳，非由眞見。將過江頭，是夜，明月如洗，坐六和塔畔，江山明媚，知己勸酬，然余忽忽不樂，如有所束。勉自鼓興，而神不偕來。夜闌別去，登舟猛省曰：「今日風景如彼，而余情景如此，何也？」窮自根究，乃知於道全未有見，身心總無受用，遂大發憤，曰：「此行不徹此事，此生眞負此心矣。」明日，於舟中厚設蓐席，嚴立規程，半日靜坐，半日讀書。靜坐中不帖處，只將程朱所示法門參求。於凡誠敬主靜，觀喜怒哀樂未發，默坐澄心，體認天理等，一一行之。立坐食息，念念不舍。夜不解衣，倦極而睡，睡覺復坐。於前諸法，反復更互。心氣澄清時，便有塞乎天地氣象，第不能常。在路二月，幸無人事，而山水清美，主僕相依，寂寂靜靜。晚間命酒數行，停舟青山，徘徊碧澗。時坐磐石，溪聲鳥韵，茂樹修篁，種種悅心，而心不著境。過汀州，陸行至一旅舍，舍有小樓，前對山，後臨澗，登之甚樂。偶見明道先生曰：「百官萬務兵革百萬之衆，飲水曲肱，樂在其中。萬變俱在人，其實無一事。」猛省曰：「原來如此。」一念纏綿，斬然遂絶。忽如百斤擔子，頓爾落地。又如電光一閃，透體通明。遂與大化融合無際，更無天人內外之隔。

至此見六合皆心，腔子是其區宇，方寸亦其本位。神而明之，總無方所可言。平日深鄙學者張皇說悟，此時只看作平常，自知從此方好下工夫耳。乙未春，自揭陽歸，取釋、老二家參之。觀二氏而益知聖道之高。若無聖人之道，便無生民之類，卽二氏亦飲食衣被其中而不覺也。甲辰，顧涇陽先生始作東林精舍，大得朋友講習之功。徐而驗之，終不可無端居靜定之力。蓋各人病痛不同，大聖賢必有大精神，其主靜只在尋常日用中。學者神短氣浮，須數十年靜力，方得厚聚深培。而最受病處，在自幼無小學之教，浸染世俗，故俗根難拔。必埋頭讀書，使義理浹洽，變易其俗腸俗骨。澄神默坐，使塵妄消散，堅凝其正心正氣。余以最劣之質，卽有豁然之見，而缺此一大段工夫，其何濟焉？丙午，方實信孟子性善之旨。丁未，方實信程子鳶飛魚躍與必有事焉之旨。辛亥，方實信大學知本之旨。壬子，方實信中庸之旨。程子名之曰「天理」，陽明名之曰「良知」，總不若「中庸」二字爲盡。中者停停當當，庸者平平常常。有一毫走作，便不停當。有一毫造作，便非平常。本體如是，工夫如是，天地聖人，不能究竟，況於吾人，斃而後已云爾！

黃宗羲云：

此先生甲寅以前之功如此。其後涵養愈粹，工夫愈密，到頭學力，自云心如太虛，本無生死。劉先生。宗周謂先生心與道一，盡其道而生，盡其道而死，是謂無生無死，非佛氏所謂無生死也。

這裏鈔摘他這一長篇的自序，一則宋、元、明三代已過六百年的理學，正到結穴時，我們可以把他來作這六百年理學家最後歸宿的一典型。二則他爲學一本程朱，我們若避開理論，專從實際工夫上來看程朱、陸王之異同，則在他身上，也可以看出許多極接近陸王的成分。

> 問：「陽明、白沙，學問如何？」曰：「不同。陽明、象山是孟子一脈，陽明才大於象山，象山心麤於孟子。自古以來，聖賢成就，俱有一個脈絡。濂溪、明道，與顏子一脈。陽明、象山，與孟子一脈。橫渠、伊川、朱子，與曾子一脈。白沙、康節，與曾點一脈。敬齋、康齋、尹和靖，與子夏一脈。」又問：「子貢何如？」曰：「陽明稍相似。」
>
> 問：「整庵、陽明，俱是儒者，何議論相反？」曰：「學問俱有一個脈絡，宋之朱、陸亦然。陸子之學直捷從本心入，未免道理有疏略處。朱子卻確守孔子家法，只以文行忠信爲教，使人以漸而入。然而朱子大，能包得陸子；陸子麤，便包不得朱子。」

又曰：

除卻聖人全知，一徹俱徹，以下便分兩路。一者在人倫庶物，實知實踐去。一者在靈明知覺，默識默成去。此兩者之分，孟子於夫子微見朕兆，陸子於朱子遂成異同。本朝文清薛瑄。文成王守仁。便是兩樣。宇內之學，百年前是前一路，百年來是後一路。兩者遞傳之後，各有所弊。

這些話，也顯可看出學術思想轉變之痕迹。從前都在理上爭，以謂此是則彼非，彼是則此非。此刻則漸漸轉換眼光，來看各家學派之脈絡，側重在學術本身之流變與異同。如是則爭傳統的宗教氣，將轉成爲學術史的研究。因於如此的轉變，故其論學精神，亦將不再懸空去爭辨宇宙人生的大原理，而自會更注重在針對時弊上發腳。他曾說：

姚江之弊，始也掃聞見以明心，究而任心而廢學，於是乎詩、書、禮、樂輕而士鮮實悟。始也掃善惡以空念，究且任空而廢行，於是乎名節忠義鮮而士鮮實修。

故他說：

嘗妄意以爲今日之學，寧守先儒之說，拘拘爲尋行數墨，而不敢談玄說妙，自陷於不知之妄作。寧稟前哲之矩，硜硜爲鄉黨自好，而不敢談圓說通，自陷於無忌憚之中庸。積之之久，儻習心變革，德性堅凝，自當知大道之果不離日用常行，而步步踏實地，與對塔說相輪者遠矣。

根據上引，可見攀龍與憲成，在其講學的外貌上，雖似有不同，而內裏精神，則實有他們的一致。他們都不在憑空追尋宇宙或人生之大原理，再把此原理運用到現實，或憑此原理衡量已往的歷史。他們似乎更著眼在當前時代的實際情況，和已往歷史的客觀經過上。因此他們的理論，更像是針對著現實，客觀了已往。因此他們在思想上，似乎都沒有要自己建立一完整的體系，或信守某家某派的理論和主張。這一點，顯然是一種新態度。六百年來的理學，便會在這一新態度上變了質。

五四　孫慎行、錢一本

孫慎行字聞斯，武進人，學者稱淇澳先生。曾力爭福王之國事，後以「紅丸案」論戍寧夏。崇禎改元，方大用而卒。劉宗周嘗謂：

東林之學，涇陽導其源，景逸始入細，至先生而另闢一見解。

慎行初爲學，由宗門入，與天寧寺僧靜峯，參究公案，無不了然，每於憂苦煩難中，覺心體忽現。然慎行不自以爲得，嘗謂：

儒者之道，不從悟入。

他對從來討論已發未發，中與和的問題，有他獨特的看法。他說：

昔人言中，第以爲空洞無物而已，頗涉玄虛。至謂人無未發之時，纔思便屬已發，以予觀之，殊不然。夫人日用間，豈必皆喜怒，皆哀樂，卽發之時少，未發之時多。所謂未發者，乃從喜怒哀樂看。夫天地寥廓，萬物衆多，所以感通其間，而妙鼓舞之神者，惟喜怒哀樂。如風雨露雷，造化所以鼓萬物而成歲。慶賞刑威，人主所以鼓萬民而成化。造化豈必皆風雨露雷之時，人主亦豈必皆慶賞刑威之日。故說有未發之中，正見性之實存主處。今若以爲空洞無物而已，將以何者爲未發，又將以何者爲中？而天地萬物之感通，其眞脈不幾杳然無朕邪？且所以致中者，又從何著力？毋乃兀坐閉目，以求玄妙，如世之學習靜者乃可邪？

這一說，粗看只像在解釋中庸這幾句，實則對宋明理學傳統意見，有絕大的翻新。第一，是看重了喜怒哀樂的本質和功用。喜怒哀樂發自天性，而且有感通鼓舞之大作用，正如天地之有風雨露雷般。這一意見從前理學家不愛講。只有王守仁，以好惡說良知，與此頗相似。但守仁講的本原，還似在講哲學，愼行僅從事情實狀講，才始是切實在講人生。這一個區別，仍是我上面之所指，還卽是東林學風之特點。第二，他把未發扣緊在喜怒哀樂上，對所謂未發之中的性，有了平實的看法了，纔不落到空洞與玄妙。他說：

> 中庸工夫，只學、問、思、辨、行。只要操此一心，時時用力，時時操心，原非空虛無實。如世說戒懼是靜而不動，愼獨是未動而將動，遂若學問思辨行外，另有一段靜存動察工夫，方養得中和出。不知是何時節？又不知是何境界？只緣看未發與發都在心上，以爲有漠然無心之時，方是未發。一覺纖毫有心，便是發，曾不於喜怒哀樂上指著實。不知人心決未有漠然無心之時，而卻有未喜怒未哀樂之時。如正當學問時，可喜怒可哀樂者未交，而吾之情未動，便可謂之發否？是則未發時多，發時少。君子戒懼愼獨，惟恐學問少有差遲，便於心體大有缺失。決是未發而兢業時多，發而兢業於中節不中節時少。如此看君子終日學問思辨行，便是終日戒懼愼獨。何得更有虛閒，求一漠然無心光景？

從前多認爲戒懼愼獨求未發之中，是儒者絕大的學問。此刻則說成人在學問時，便卽是未發之中，是戒懼愼獨了。這一番倒轉，在六百年理學思想史上，卻是極大的斡旋，不可輕易看。愼行在這一意見上，並舉一最淺顯之例。他說：

> 余嘗驗之，若思嗜欲，未思而中若燔矣。思詞章，久之亦有忡忡動者。儻思義理，便此心肅然不搖亂。若思道理到不思而得處，轉自水止淵澄，神清體泰。終日終夜，更不疲勞。不知何以故？且思到得來，又不盡思的時節，不必思的境路。儘有靜坐之中，夢寐之際，游覽之間，立談之頃，忽然心目開豁。覺得率性之道，本來原是平直，自家苦向煩難搜索。是亦不思而得一實證。

此卽孟子所謂「理義之悅我心，猶芻豢之悅我口」。人心能思，又能知理義。能思是人心之天性，理義也還是人心之天性。思卽未發，非已發。他又說：

> 告子以生言性，執已發而遺未發。理義之說，惟人有之，而禽獸不能。但從生言性，雖性亦生；從性言生，雖生亦性。雖性亦生，必至混人性於犬牛。雖生亦性，方能別幾希於禽獸。

禽獸有生命，故亦有性，此是告子的說法。人性異於禽獸，故人生亦必異於禽生與獸生，因此當從性言生，始是儒家性善論正義。

他把已發未發的爭辨解決了，又說到中和。他說：

> 中和尚可分說，致中和之功必無兩用。未發一致中和，已發一致中和。譬如天平，有針爲中，兩頭輕重鈞爲和。當取其鈞，非不時有斟酌。到得針對來，煞一時事。且鈞而相對，是已發時象。如兩頭無物，針原無不相對，更是未發時象。看到此，孰致中？孰致和？何時是致中？何時是致和？君子只一戒懼不忘，便中和默默在我。便是致字，無兩條心路。

這一看法也是極新鮮，極確切。宋儒以理釋性，但人性該有傾向與追求，而理字則總像是靜定著。王守仁始把好惡來說良知，但好惡指示了性的動情，卻沒有指示出性的靜態。人性在其永遠的動情中，還有它永遠的靜態，「中和」兩字卻够說明這靜態。以今語釋之，中和便是一種均衡的狀態。因人心有好惡，有時會引起對內對外的不均衡，而人性則必在不斷的動向進程中求均衡。人生複雜，遠非禽獸單純的生事可比，因其自性上之求均衡，纔有種種義理的發現。換言之，人性之好惡，得達中和均衡的狀態時始是理，始是人性之眞體段與眞要求。愼行把天平來描述內心中和的貌相，把天平兩頭無物來描述未發時氣象，可謂罕譬而喻。所以他又說：

凡學問最怕拘板，必有一種活動自得處，方能上達。天地間之理，到處流行，有可見，有不可見。有所言，有所不能言。不是以心時時體會，有活動機括，焉能日進日新！專有人工，絶無天趣，卽終身從事，轉入拘板。

程顥說：「天理二字，是我自己體貼出來。」湛若水說：「隨處體認天理。」王守仁則說「致良知」。這三家說法，都可和愼行此條說相通。愼行此條之緊要處，在他指點出「天趣」二字來。王學末流之弊，都喜講本體，忽略了工夫。而程朱一派的格物窮理說，則偏在工夫上，又使人把握不到一頭腦。愼行「天趣」二字，似乎極平常，極通俗，實則擺脫掉講學家一切玄談空理，而本體工夫早面面顧到了。正因他眞切看到心體和性體，他對宋儒相傳主靜工夫也表示他異見。他說：

古來未有實言性者，中和是實言性處。後人求之不得，往往虛言性，以爲無可名。獨禮記云：「人生而靜，天之性也」一句，儒者多宗之。周子作太極圖，以爲聖人主靜立人極。至豫章延平每教人靜坐觀中，看未發氣象。予用工久之，覺得求未發之中，是至誠立大本眞學問要領。然將一靜字替中字，恐聖賢與儒學便未免於此分別。宋儒只爲講一靜字，恐偏著靜，故云靜固靜也，動亦靜也，若費分疏幫補。聖學說中，便無偏靜氣象，不必用動字幫補。凡學問一有幫補，則心思便有一半不滿處，費了籌度。躬行便有一半不穩處，費了調停。聖賢只率性而行便爲道，故云致中和。不於中處調和，亦不於和處還中，徹始徹終，要在愼獨。

從這一條話，可見愼行學問還是從宋儒入，這是東林共同的脈絡。但愼行這一條，更有一最堪注意點，他開始指點出聖賢與儒學之分別處。換言之，卽是先秦儒與宋儒之分別處，亦卽是孔、孟與程、朱之分別處。這一看法，卻引起了此後思想史上一絕大的轉變。所以東林諸賢，我們不該專看他們是宋、明六百年理學之結穴，而實在已是此下新思想新學術之開端了。

愼行又反對宋儒「氣質之性」與「義理之性」之分別。他說：

孟子說性善，而可使爲不善。宋儒說性卽理，才稟於氣，氣有清濁，清賢而濁愚。如此則便把性來做兩件。

孟子謂形色天性也，而後儒有謂氣質之性，君子有弗性者焉。夫氣質獨非天賦乎？若天賦而可以弗性，是天命之性可得而易也。孟子謂爲不善，非才之罪也，而後儒有謂論其才，則有下愚之不移。夫使才而果有下愚，是有性不善與可以爲不善之說是，而孟子之言善非也。孟子謂故者以利爲本，而荀子直謂逆而矯之而可以爲善，此其非，人人共知。但荀子以爲人盡不善，若謂清賢濁愚，亦此善彼不善也。荀子以爲本來固不善，若謂形而後有氣質之性，亦初善中不善者也。二說未免出入孟、荀間。荀子矯性爲善，最深最辨。唐宋人雖未嘗明述，而變化氣質之說頗陰類之。

又曰：

如將一粒種看，生意是性，生意默默流行便是氣，生意顯然成像便是質。如何將一粒分作兩項，曰性好、氣質不好。

又曰：

伊川論性，謂惡亦性中所有，其害不淺。

於是又轉移到「人心」與「道心」之辨上。他說：

人心、道心，非有兩項。人之爲人者心，心之爲心者道。人心之道，只有這一些理義之道心，非道心之外，別有一種形氣之人心也。

黃宗羲說之曰：

宋儒既主有所謂氣質之性，遂以發於氣質者爲形氣之心，於是認心之所具只是知覺，而必須以理義充實之，然後乃得爲道心。於是遂主窮格天地萬物之理。若是則人生僅有知覺，更無義理。只有人心，更無道心。最多亦是兩心夾雜。

愼行此辨，足破歷來理學成見之積蔀。他又說：

易曰：「窮理盡性。」卽窮吾性之理也。陽明說致良知，纔是眞窮理。

愼行又繼此致辨到理義與氣數上，從人生界推進到宇宙界。他說：

今人言天命，多以理義氣數並言。「維天之命，於穆不已」，夫所謂不已者何也？理義立，則古今旦暮，相推相盪其間而莫之壅閼者氣也。理義行，而高下長短，日乘日除其間而莫之淆混者數也。故曰：「至誠無息」，謂理義之純而無息，而氣數爲之用也。

又說：

世說天命者，若除理義外，別有一種氣運之命雜揉不齊者然。因是則有理義之性，氣質之性。又因是則有理義之心，形氣之心。三者異名而同病。總之，不過爲爲不善者推解。以是有變化氣質之說。夫氣質善，人順之使善，是以人合天，何極易簡？若氣質本有不善，而人欲變化之使善，是以人勝天，何極艱難？且使天而可勝，則荀子矯性爲善，其言不謬矣。孟子曰：「天之高也，星辰之遠也，苟求其故，千歲之日至，可坐而致也。」是天之氣運之行，無不齊也，而獨命人於氣運之際，顧有不齊乎哉？

又曰：

萬有不齊之內，終有一定不移之天。天無不賞善，無不罰惡，人無不好善惡惡，故曰：「天命之謂性。」

又曰：

天理之流行卽氣數。善降祥，不善降殃，正莫之爲而爲，莫之致而致者。常人不知禍福，正爲見善不明。

黃宗羲說之曰：

一氣之流行往來，必有過不及，故寒暑不能不錯雜，治亂不能不循環。以人世畔援歆羨之心，當死生得喪之際，無可奈何而歸之運命，寧有可齊之理？然天惟福善禍淫，其所以福善禍淫，全是一段至善。一息如是，終古如是，否則生理滅息矣。

通觀愼行前後諸說，他是一位徹頭徹尾主張性善論的人。宋明六百年理學，主要精神，自在排佛中儒上；但他們卻擺脫不掉佛學思想裏，把一切分成本體與現象作雙層看法的那一點。這一種分別本體與現象的看法，卽西方自希臘以至近代歐洲的哲學思想大體亦如是。只中國先秦傳統則不然。但宋明理學，卻永遠陷在這雙層看法的圈套裏，周、張、程、朱都如此，王守仁晚年，也不免陷入此格套。只有陸九淵，最能避免這一點。但他論心不論性，思想體系未圓密，所以高攀龍要說他粗。愼行卻把這一格套全部糾正過，義理與氣數之合一，便不是理氣二元了。「義理之性」與「氣質之性」之合一，那便是天人合一了。道心與人心之合一，便沒有心本體的麻煩了。中和已發未發的新解釋，便不再要「主靜立人極」，來向裏尋找一本體了。到他手裏，纔把宋明再挽到先秦。他所用一切論題，則全是宋明的，但他的觀點，卻全是先秦的。因此我們可以說，他的思想體系，告訴了我們宋明理學最後的歸宿，而同時卻是此後新思想新體系之新開端。

錢一本字國端，武進人，學者稱啟新先生。他曾以敢言朝政，招致廷杖與削籍。他與顧憲成分主東林講席，所講有許多與孫愼行相通。他曾說：

> 告子曰：「生之謂性」，全不消爲，故曰：「以人性爲仁義，猶以杞柳爲桮棬。」此卽禪宗無修證之說。不知性固天生，亦由人成，故曰「成之者性」。又曰「成性存存」。世儒有專談本體而不說工夫者，其誤原於告子。

他又說：

> 有性無教，有天無人，如穀不苗，如苗不秀，如秀不實。不是有一般天道，又有一般人道。有一般不勉而中不思而得從容中道之聖人，又有一般擇善固執之賢人。如無人道之擇執，其所中所得，只如電光石火之消息，天道且茫如，而唯聖罔念亦狂矣。

這一說，爲後來王夫之所力持。黃宗羲曾說：一本之學，多得力於王時槐，而夫之則以之會通於張載。張載有「爲天地立心，爲生民立命」的主張，似乎太偏重在人道上，爲二程所不契。一本之說，黃宗羲亦加以駁議，謂：

> 性爲自然之生理，人力絲毫不得而與，故但有知性，而無爲性。聖不能成，愚不能虧，以成虧論性，失之矣。

自然生理，有爲而非知，故說無爲，但卻有「成虧」，黃說非眞能瞭解一本的見解。一本說：

> 聖賢教人下手，樹藝五穀，五穀熟而民人育。異端教人下手，芟柞荑稗，謂了妄卽眞，恐天下並無荑稗去就有五穀熟之理。

所以他又說：

> 聖學率性，禪學除情，此毫釐千里之辨。

大概一本與宗羲兩家歧見，還是一偏在本體上，一偏在工夫上。陸、王講學，往往說只要減，不要添，即程顥也如此。若照一本意見，則此種說法仍會有毛病。故他又說：

把陰陽五行全抹殺，光光要尋得太極出來，天下無如此學問。徒遏欲，非所以存理。長存理，乃所以遏欲。

他又說：

唯聖人然後可以踐形，學不在踐履處求，悉空談。

他又說：

周子太極圖說，於孔子「易有太極」之旨，微差一線。程、張「氣質之性」之說，於孟子「性善」之旨，亦差一線。韓子謂：「軻之死，不得其傳」，亦千古眼也。

他又說：

朱子於四書集註，悔其誤己誤人不小，又欲更定本義而未能。後人以信守朱說爲崇事朱子，此徒以小人之心事朱子耳。

這是明說周、程、張、朱沒有得孔、孟之眞傳，這可謂是東林諸賢中最大膽的偉論。此下明遺民都有此傾向，王夫之、顏元，全沿這一路。惟顏元較偏激。於此一本又特提一「才」字。他說：

孟子據才以論性，人所爲才，既兼三才，又靈萬物。人無有不才，才無有不善。以體謂之才性，以用謂之才情，以各盡其才，各成其才。其全謂之才德、才賢、才品、才能，其偏亦謂之才質、才氣、才智、才技、才調，並無有不可爲善之才。告子不知有所謂才，故其論性，或等之梗直之杞柳，或比之無定之湍水，或以爲不過食色而夷之物欲之中，或並欲掃除仁義而空之天理之外。但知生之爲性而不知成之爲性，卽同人道於犬牛而有所弗顧。孟子辭而闢之，與孔子繼善成性之旨，一線不移。宋儒小異，或認才禀於氣，又另認有一個氣質之性，安知不墮必爲堯舜之志？此憂世君子不容不辨。

這裏一本特提一「才」字，惟其才善，所以說性善。宋儒言性以天理，於是有人欲與天理相對立。一本言性以才，則人無有不才，只有大小之別，這亦如王守仁黃金成色與分量的譬喻。但守仁不免太看重在成色上，好像把成色與分量分開了。其實離開分量，又那裏見成色？

照一本看法，又如何分別善惡呢？他又說：

> 就一人言心，都喚做人心。就一人言性，都喚做氣質之性。以其只知有一己者爲心爲性，而不知有天下之公共者爲心性也。惟合宇宙言心，方是道心。合宇宙言性，方是天地之性。

這一分別極明白，極深透。宋儒亦本此意，但沒有說得如此明白。而又太著眼在每一人之身上立論，於是要鑽向裏面去尋找一本體的心與性，即其所謂道心與義理之性來。現在一本則教人推擴到外面去，人人所同然的卽是心之道與性之義理之眞面目與眞所在。所以他說：

> 卦必三畫，見得戴天履地者始是人，非是以一人爲人，必聯合天地而後爲人。

他又說：

心者，三才主宰之總名。天地之心，天地之主宰；人心，人之主宰。只單以人言心，一而不三。通天地人以言心，一而三，三而一，別無兩心。謂人心道心，八字打開。謂道心爲主，人心聽命。謂性是先天太極之理，心兼後天形氣。性是合虛與氣，心是合性與知覺，俱要理會通透。

這裏他把宋儒許多重要的話，都重新作一番解釋。他認爲，若照他解釋法，則宋儒許多話，還都可存在。所以他又說：

先須開闢得一個宇宙匡廓，然後可望日月代明，四時錯行於其中。

這是說，若要求眞理，不該把宇宙外界暫時擱起，各自向每一人的心和性上求，卻試把人之心性安放在整個宇宙匡廓裏來求。但他這一番意見，也不是如周、張諸人般，暫把人之心性擱起，先從宇宙外面求，於是遂有宇宙論與人生論之分別。他說：

際天蟠地，皆人道也，特分幽明而謂之人與鬼神耳。

鬼神是人道之幽，除卻人道無鬼神，也可說除卻宇宙無心性。所以他又說：

> 開闢得一個天覆地載規模，心量方現。充拓得一個天施地生氣象，性量方現。

人之心性，必向外充拓開闢去，放進宇宙，以宇宙爲量，以天地爲準，纔見得眞心性。所以說：

> 盈天地間，皆化育流行。人試自省，化不化？育不育？但有不化，直是頑礫。有不育，直是僵塊。

僵塊頑礫，那是人的心性呢？他又說：

> 孟子說求放心，求仁也。不仁則心放，仁則心存。後學忘源失委，以心爲心，而不以仁爲心，知所以求心，而不知所以求仁，卽念念操存，頃刻不違，祇存得一個虛腔子，豈所以爲心邪？

這一分辨，更直捷明白，卻更重要。單言求心，便不免要向渺茫中求本體。一言「求仁」，則所謂宇宙匡廓，便宛在目前了。所以他又說：

不見頭腦之人，儘饒有静定工夫，如池沼之水，澄静無汩，豈不亦號爲清泉，然終不稱活水。

要使人心如活水，便該把此心安放在天地間，便該先認識此心之仁。所以他又説：

如不長以天下國家爲一物，卽此混然中處之身，皆絶頭截尾之朽株，斷枝殘柯之末枯，安得謂之有本，而能以自立？

如是則人之本在天下國家。人要自立，便該自立於天下國家之裏。離開天下國家，便無本，便不能立。所以他説：

面孔上常有血。

這可説是他另一種的本體論。心性離不了人之血，義理也離不了人之血。離了才，不見性，離了血，也就不見本，又從那裏見心與性。所以俗語説血心、血性。我們可以説，血是心性義理之本體。若照傳統雅言説，則仁是心性義理之本體。他又説：

古人爲宗廟以收魂氣，死亡且然，矧於生存。一無所收，則放逸奔潰。釋收於空，老收於虛，與博弈類。聖人本天，天覆地載，天施地生，心之所也。學以聚之，收於學也。故曰：「悠久無疆。」

這我們也可說，那是他另一種的工夫論。原來義理散在天地間，卻待人來收聚集合。否則便放逸奔潰了。釋收於空，老收於虛，因他們看天地間本一空虛，一切義理都空虛，所以他們教人也收向空虛處。但如是般做工夫，必將教人面上不見血。換言之，則成了一不仁的人。那就更使天地閉，賢人隱。最好也只如博弈般，僅是無所用心戲翫過日子。他教人把宇宙間一應道理，將學問來收集會聚，纔可使那些道理悠久而長存。試問：若沒有人的心性才氣卽人之仁在那裏做工夫，天地間那會有這許多燦然明備悠久長存的道理會聚著？天地間道理正待人收集與會聚，纔像天地面上也有血，天地也有生氣和仁心了。所以說：

仁、人心，卽本體。義、人路，卽工夫。

宋、明儒長期爭辨的本體與工夫，他輕輕把先秦儒「仁義」二字來代替了。再由此推上到宇宙論，他也說：

卽氣數，卽義理，無氣數之非義理，中庸天命之謂性亦如此。

此說與孫愼行全相同。天地除卻氣數，再不見本體，再不見義理，則周敦頤所謂「無極而太極」，張載所謂之「太虛」，朱熹之所謂「理先氣」，皆都可以不再深求了。他又說：

道之廢行皆命，譬時之晝夜皆天。要有行無廢，是有晝而無夜也。只晝裏也是這個天，而處晝底道理不同於夜。夜裏也是這個天，而處夜底道理不同於晝。今或晝裏要知夜裏事，夜裏要做晝裏事，小人不知天命者便如此。

這處所謂天命，也就是氣數，義理卽在氣數中。不是除了氣數別有義理，晝有處晝的理，夜有處夜的理，氣數變，義理亦變。所以他又說：

生知之「生」字，人人本體。學知之「學」字，人人工夫。謂生自足而無待於學，古來無如此聖人。

如是則本體只是一個「生」，那是何等直捷而易知的本體？學也便限定在生，不再要離開生而別尋一種本體以爲學，那又是何等直捷而易知的工夫？這一意見，卻顯然是中國思想自先秦以來之舊傳統，但宋、明儒要繞了六百年長期的大圈子，到東林諸賢纔再明確提出此觀念，這不能不說佛學在中國思想史上影響之深刻，而東林諸賢結束宋、明下開將來之貢獻，也可想見其偉大。實亦因王學流弊，人盡逃儒歸釋，儒學全成爲禪學，人才敗壞於下，政治糜爛於上，東林講學精神，略似北宋之初期，而惜乎其終不可救藥也。

五五 劉宗周

黃宗羲曾說：

今日知學者，大概以高。攀龍劉兩先生，並稱爲大儒，可以無疑矣。然當高子遺書初出，義侍先師指宗周。於舟中，自禾水至省下，盡日繙閱，先師時摘其闌入釋氏者以示義。後讀先師論學書有云：「古之有朱子，今之有忠憲先生，皆半雜禪門。」忠憲固非佛學，然不能不出入其間，所謂大醇而小疵者。若我先師，則醇乎其醇矣。後世必有能辨者。

宗周是宗羲之老師，故宗羲這樣說。讓我們來一述宗周的思想，這可算宋明理學家最後的殿軍了。

劉宗周字起東，號念臺，山陰人，學者稱蕺山先生。萬曆間，曾劾魏忠賢，嗣告病回籍，固辭不起。內批：「矯情厭世，革職爲民。」崇禎初復起，時思宗方綜核名實，羣臣救過不遑，宗周謂刑名之術不足以治天下，見目爲迂濶。請告歸，又召對，問人才糧餉流寇。對曰：「天下未嘗乏才，只因求治太急，進退天下士太輕，所以有人而無人之用。加派重而參罰嚴，吏治日壞，民生不得其所，胥化爲盜賊，餉亦無從出。流寇本吾赤子，撫之有方，則盜賊仍爲吾民。」思宗又問兵事，對曰：「禦外亦以治內爲本。」思宗不悅，顧閣臣，曰：「迂哉劉某之言！」用爲工部左侍郎，反覆以弊政爲言。謂朝廷但下尺一詔，痛言前日所以致賊之由，與今日不忍輕棄斯民之意，招其無罪而流亡者，陳師險隘，聽其窮而自歸，誅渠之外，猶可不殺一人而定。思宗見之大怒，久始意解。諭以大臣論事，須體國度時，不當效小臣圖占地步，盡咎朝廷。遂三疏請告，許之。途中上疏論閣臣，重獲譴革職。嗣又召用，奏言：「當以一心爲天地神人之主，鎮靜以立大，安詳以應變。」又言：「十五年來，上處分未當，致有今日敗局，乃不追原禍始，更弦易轍，欲以一切苟且之政，牽補罅漏。」思宗變色，曰：「前事不可追，且問今後之圖安在？」宗周對：「今日第一義，在上能開誠布公，先豁疑關，公天下以爲好惡。」問：「國家敗壞已極，如何整頓？」宗周對：「近來持論者但重才望，不重操守，不知眞才望出於眞操守。未有操守不謹而遇事敢前者，亦未有操守不謹而軍士畏威者。」思宗曰：「濟變當先才而後守。」宗周對：「濟變愈宜先守。」因言：「上方下詔求言，而廷臣有以言得罪者。卽有應得罪，亦當敕下法司。遽置詔獄，於國體有傷。」思宗怒，曰：「朕處一二言官，如何遂傷國體？假有貪贓壞法，欺君罔上，俱可不問乎？」宗周對：「仍當付法司。」思宗大怒，復革職。福王在南京，又起宗周，敦迫再三，始受命。及起用阮大鋮，再請告。浙省降，宗周絕食二十日而卒。

宗周思想，大體還是沿襲王守仁。但亦甚有由王返朱之傾向。

王嗣奭問：「晦庵亦從禪學勘過來，其精處未嘗不采取，而不講，故妙，所謂知者不言也。象山、王陽明不出其範圍，晚年定論可見。」曰：「宋儒自程門而後，游、楊之徒浸深禪趣，朱子豈能不惑其說？故其言曰：佛法煞有高處。而第謂可以治心，不可以治天下國家，遂辭而闢之。將吾道中靜定虛無之說，一併歸之禪，闢之惟恐一托足焉。因讀大學有得，謂必於天下事物之理，件件格過以幾一旦豁然貫通之地，而求之誠正。故一面有存心之說，一面有致知之說。」又曰：「非存心無以致知，而存心者不可以不致知，兩事遞相君臣，迄無一手握定把柄之勢，既以失之支離矣。至於存心之中，分爲兩條，曰：靜而存養，動而省察。致知之中，又復歧爲兩途，曰：生而知之者義理耳，若夫禮樂名物，亦必待學而後有以驗其是非之實。安往而不支離也。蓋亦禪學有以誤之也。象山直信本心，謂一心可以了當天下國家，庶幾提綱挈領之見，而猶未知心之所以爲心也，故於窮理一路，姑置第二義。雖嘗議朱子之支離，而亦不非朱子之格致。格致自格致耳，惟其學不本於窮理，而驟言本心，是以知有本心，不知有習心，卽古人正心、洗心皆信不過。窺其意言，屢犯朱子心行路絕，語言道斷之譏。文成篤信象山，又於本心中指出良知二字，謂爲千聖滴骨血，亦既知心之所以爲心矣。天下無心外之理，故無心外之知。而其教人，惓惓於去人欲存天理，以爲致良知之實功。凡以發明象山未盡之意。特其說得良知高妙，有妄心亦照，無照無妄等語，頗近於不思善不思惡之語。畢竟以自私自利爲彼家斷案，可爲卓見。合而觀之，朱子惑於禪而闢禪，故其失也支。陸子出入於禪而避禪，故其失也粗。文成似禪而非，故不妨用禪，其失也玄。」

這是宗周對於朱、王異同的批評。但謂朱子惑於禪，陸子出入於禪，文成似禪而非禪，其說實大可商榷。因此他對程朱之性卽理說，頗有許多明快的駁論。他說：

程子曰：「惡亦不可不謂之性。」如麟鳳梟獍，其性之仁暴，皆生而有之。假令易梟獍而仁，易麟鳳而暴，則非其性矣。水清則明，清之性也。水濁則暗，濁之性也。千古性學不明，則是將做一好題目看，故或拘於一處，或限於一時，而不能相通以類萬物之情，使性善之旨反晦。

孟子道性善，本把人性與犬牛之性分別看，更說不到梟獍。程朱正要說天地萬物一體，故說性卽理。宗周此條，雖像闡發程說，其實寓糾正之意。宗周殆謂必把性字限定在人性上，始合孟子性善之旨也。於是又轉說到理，他說：

> 古今性學不明，只是將此理另作一物看，大抵臧三耳之說。佛氏曰：「性，空也。」空與色對，空一物也。老氏曰：「性，玄也。」玄與白對，玄一物也。吾儒曰：「性，理也。」理與氣對，理一物也。佛、老叛理，而吾儒障於理，幾何而勝之？

物各有性，便物各有理，有梟獍之性，也便有梟獍之理。此一「理」字，顯然已超出「善」的範圍了。但卻不能說理與氣對。程朱障於理，此乃宗周本於守仁之說，故有此辨。他又說：

> 性卽理也，理無定理，理亦無理。

若要把性釋理，則梟獍之理，不能不說是無理之理。程門說「理一分殊」，既是分殊，便無定理，便可有無理之理出現。朱熹亦說，「氣猶相近，而理絕不同」，只爲王學把此理字範圍看得太狹窄了，故來宗周之疑。所以他又說：

性無性，道無道，理無理，何也？蓋有心而後有性，有氣而後有道，有事而後有理。故性者心之性，道者氣之道，理者事之理也。

這一說像極透闢，卻有問題。他謂有心而後有性，似把性字專指在人性上，但亦有有性纔有心。至如瓦石之類無心，豈可說無性。故又說：

性無性也，況可以善惡言？

瓦石之類無心，由宗周言之，也可說無性，因此亦便無所謂善惡。但豈可便說成人類也是性無性，理無理，把程朱相傳性卽理之說，打破無遺乎？他又說：

心只有人心，而道心者，人之所以爲心也。性只有氣質之性，而義理之性者，氣質之所以爲性也。

這一說也極明快。把人心道心氣質義理全打並歸一。同時東林講學也多持此說，宗周承之，這是晚明思想界一公同意見，後來清儒大體都從此觀點來反宋儒，反程朱。其實也多失卻了程朱精義。於是再轉到天地萬物一體之說：

問：「萬物皆備之義。」曰：「纔見得有個萬物，便不親切。須知盈天地間，無所謂萬物者，萬物皆因我而名。如父便是我之父，君便是我之君。類之五倫以往，莫不皆然。然必實有孝父之心，而後成其爲我之父。實有忠君之心，而後成其爲我之君。此所謂反身而誠，至此纔見萬物非萬物，我非我，渾然一體。此身在天地間，無少欠缺，何樂如之？」

程朱說萬物一體，把我亦歸入。王學說萬物一體，則把萬物歸入於我。宗周亦承守仁「意在於事親則事親便是一物，意在於事君則事君便是一物」之舊說。但豈可謂天地間只有麟鳳其物，更無梟獍其物乎？亦豈可謂梟獍亦因我而名。宗周謂「盈天地間無所謂萬物」，此語更可商，實亦從守仁說轉演而來。但宗周對大學「格物」一訓，則有與守仁不合處。他曾說：

後儒格物之說，當以淮南爲本。

淮南格物說，指的泰州學派王艮的說法，已在前面敘述過。艮有弟子王棟，又把艮說進一步發揮。棟字隆吉，號一庵，亦泰州人。他說：

> 先師指王艮。說物有本末，言吾身是本，天下國家爲末。可見平居未與物接，只自安正其身，便是格其物之本。格其物之本，便卽是未應時之良知。至於事至物來，推吾身之矩而順事恕施，便是格其物之末。格其物之末，便卽是既應時之良知。致知格物，可分析乎？

這一說之重要處，在把王艮格物卽安身說仍挽到致知上，再把來貼切上王守仁良知說的主要點。若把來與同時錢一本說心性一比較，便可見其高下得失了。王棟又把「格」字重加新義，說：

> 先師指王艮。之學，主於格物。格字不單訓正，格如格式，有比則推度之義，物之所取正者也。物卽物有本末之物，謂吾身與天下國家之人。格物云者，以身爲格，而格度天下國家之人，則所以處之之道，反諸吾身而自足矣。

棟之此說，顯不合於大學格物之原義，且勿論。其實他說，亦像近於中庸「盡己之性可以盡人之性，盡人之性可以盡物之性」的意見。自己的良知，便是一個矩，便是一種格式或尺度。這一個矩，可以比則推度天地萬物之方。這一種格式與尺度，可以衡量規範人心事變之萬殊。這似把一已成爲宇宙天地之大本，此是王學末流說得太離本了。循此說下，又會從心轉落到性。陸王喜言心，少言性，大學本文也無性字，棟因此又別出新義來講大學的「意」字。他說：

> 舊謂意者心之所發，竊謂自身之主宰者而言謂之心，自心之主宰而言謂之意。心卽虛靈而善應，意有定向而中涵。非謂心無主宰，賴意主之，自心虛靈之中確然有主者而名之曰意耳。大抵心之精神，無時不動，故其生機不息，妙應無方。然必有主宰乎其中而寂然不動者，是爲意也。

這裏他指出心雖虛靈，因應無方，而實內涵有一定的動向。此一動向，卻是寂然而不動。所謂寂然不動者，正指其有一定之針向，若有一主宰。這一說，是否說對了大學意字之原義，我們仍然可弗論，但這已說到了人之性，他已爲陸王心學補出了「性」字之重要義，而把大學「意」字來替代。他又說：

> 獨卽意之別名，以其寂然不動之處，而單單有個不慮而知之靈體，自做主張，自裁生化，故舉而名之曰獨。

這裏說「獨」字，顯異舊注「人所不知，己所獨知」的解釋，而變成了心體的別名。宗周說：「格物之說，當以淮南爲本」，與其說是本之於王艮，毋寧說是本之於王棟。宗周說意字、獨字，都和棟說極相似。其實此等說法，仍從守仁的良知學來，只比守仁說得更深入了。宗周說：

大學之言心，曰：忿懥、恐懼、好樂、憂患而已。此四者心之體也。其言意，卽曰好好色，惡惡臭。好惡者，此心最初之機，卽四者之所自來。故意蘊於心，非心之所發也。又就意中指出最初之機，則僅有知善知惡之知而已，此卽意之不可欺者也。故知藏於意，非意之所起也。又就知中指出最初之機，則僅有體物不遺之物而已，此所謂獨也。故物卽是知，非是知之所照也。

這一節話，明本諸王棟。但棟說尚較自然，較明白，宗周因要逐字逐句解釋大學之原文，便不免糾纏模糊了。他大體是說，意蘊於心，而知藏於意，所謂知，則是此獨體，也卽便是物。因若僅以虛明靈覺說心，便必然要走上朱熹索理於外的老路。現在說心自有一主宰，此主宰卽是意。則一切知自然由意而發，不是由知起意了。至於說「物卽是知，非知之所照」，此物字卽王棟所謂的矩與格式。此矩與格式，卽在知之本身，而不在外面事物上，故說非知之所照。其實宗周說意字，似乎不如王時槐認意爲「生幾」，比較更貼切。而且王守仁早說良知是天理，是爾自家的準則，則良知便是我心之主宰，何以宗周又要把意字換出良知二字呢？宗周說：

> 爲學之要，一誠盡之矣，而主敬其功也。敬則誠，誠則天。若良知之説，鮮有不流於禪者。

正爲當時僞良知流行，守仁說：「見父自然知孝，見兄自然知弟。」浙中王門由此發揮去，要致良知，便離不開外面的事物。而又著不上工夫，便成運水搬柴盡是妙道。江西一派力反此見解，要學者回向心本體上用工。宗周則偏向江西王門的路子，所以也側重在心本體。守仁雖也竭力著重到誠意，但意字若偏在心之已發一邊了，則仍無以改變浙中王門的理論。所以宗周定要說意爲獨體，說其內蘊於心而並不是已發。用此來解釋大學，其用意則在糾挽浙中王門心只是個已發的說法。所以宗周不喜言良知，定要提出他的「意」字與「獨」字的新見解，其用意只在此。但未免愈說愈玄遠了。所以他又說：

> 靜中養出端倪，端倪卽意，卽獨，卽天。

這不是顯然要提出一心體來，而又故意要避免良知二字嗎？若說「知」，便容易連想到「照」。說照，便離不開外面的事物。若說「意」與「獨」，便挽向裏面來。這是宗周的苦心。其實這獨體之意何由來，則仍不免要回到宇宙論方面去，所以此處宗周又不免要牽拉上一「天」字。但又不肯說一「性」字，此見宗周始終跳不出王學之牢籠。

祝淵言立志之難。先生曰：「人之於道猶魚之於水。魚終日在水，忽然念曰：吾當入水。躍起就水，勢必反在水外。今人何嘗不在道中，更要立志往那裏求道？若便如此知得，連立志二字也是贅。」

他只說人心原自有主宰。這主宰，卽是意與獨。換言之，亦卽是天與道。如此則只要誠意愼獨，便一了百了，所以連立志二字也不要了。在此上，宗周便很不喜朱熹。他說：

朱子表章大學，於格物之說最爲喫緊，而於誠意反草草，平日不知作何解，至易簀，乃定爲今章句，曰：「實其心之所發」。不過是就事盟心伎倆，於法已疏矣。至愼獨二字，明是盡性喫緊工夫，與中庸無異旨，而亦以心之所發言，不更疏乎？朱子一生學問，半得力於主敬，今不從愼獨二字認取，而欲掇敬於格物之前，眞所謂握燈而索照也。

可見宗周學派，還是王學一路，只把「愼獨」來換出「致良知」。因此對於朱熹的格物說，自要不贊成。如此則豈不只要本體，可以不問工夫了。於是遂使他又回到周敦頤之「主靜立人極」。他說：

周子主靜之靜，與動靜之靜，迥然不同。蓋動靜生陰陽，兩者缺一不得，若於中偏處一焉，則將何以爲生生化化之本乎？然則周子何以又下個靜字？曰：只爲主宰處著不得註腳，只得就流行處討消息，亦以見動靜只是一理，而陰陽太極只是一事也。

他又說：

無極而太極，獨之體也。動而生陽，卽喜怒哀樂未發謂之中。靜而生陰，卽發而皆中節謂之和。纔動於中，卽發於外，發於外則無事矣。是謂動極復靜。纔發於外，卽止於中，止於中則有本矣。是謂靜極復動。一動一靜，互爲其根，分陰分陽，兩儀立焉。若謂有時而動，因感乃生，有時而靜，與感俱滅，則性有時而生滅矣。

這番話，描寫心態卻深細。他說纔動於中，卽發於外，纔發於外，卽止於中，因見心體無可分內外。發了便無事，故說動極復靜，而並不是發了便沒有，故又說靜極復動，因見心體也無可分動靜。這些話，審察心體都是很精密。但若說太極只是一心體，心體便是一太極，這問題卻大了。從近代西方哲學術語說，這已不是人生論上的問題，已轉到形上學的本體論去了。本來王守仁的良知學，專就人生界講心卽理，這是無可非難的。但守仁晚年也有好些話侵入了形上學本體論的界域去。所以他要說：「充天塞地，中間只有這個靈明。」又說：「人的良知，就是草木瓦石的良知。」又說：「天地無人的良知，亦不可爲天地。」現在宗周顯示已落進這圈套，他只把「獨體」二字來換了良知，於是便說太極卽獨體。而此獨體，又卽是人心內蘊之意，愈說愈向裏，這是良知學中一極大迷人的歧途。可惜守仁當年，沒有詳細地剖析，而宗周則把此心之獨體，轉成爲宇宙萬物之獨體。如是則轉成了宇宙卽心，心卽宇宙。宗周曾說：「朱子失之支，陸子失之粗，陽明失之玄。」但宗周說到這裏，豈不更是玄之又玄了。所以他要說：

釋氏之學本心，吾儒之學亦本心，但吾儒自心而推之意與知，其工夫實地卻在格物，所以心與天通。釋氏言心，便言覺，合下遺卻意。無意則無知，無知則無物。其所謂覺，亦只是虛空圓寂之覺，與吾儒體物之知不同。其所謂心，亦只是虛空圓寂之心，與吾儒盡物之心不同。象山言心，本未嘗差，到慈湖言無意，分明是禪家機軸。

他又說：

心以物爲體，離物無知。今欲離物以求知，是張子所謂反鏡索照也。然則物有時而離心乎？曰：無時非物。心在外乎？曰：惟心無外。

這裏他所說體物之知，盡物之心，心以物爲體，離物無心，而物又不能在心外。這許多「物」字，似乎又是指的宇宙中之萬物，與上引王棟格物說所謂矩與格式的物義大殊了。於是遂有他的「體認親切法」。他的體認親切法共分四項：

身在天地萬物之中，非有我之得私。
心在天地萬物之外，非一膜之能囿。
通天地萬物爲一心，更無中外可言。
體天地萬物爲一本，更無本心可覓。

這裏第一項，比較易解釋。第二項下一句，也還易解釋，但上一句便不然，這顯然是一個無極而太極的獨體了。第三第四項，依隨第二項上一句而來，這近於像西方哲學如黑格爾之所謂絕對精神了。如此般的來體認，實也不易得親切。

王守仁的良知學，若偏主在「卽知卽行，事上磨練」的那一面，便成爲浙中與泰州，這一派演進到羅汝芳，滿街都是聖人，捧茶童子亦是良知與天理，那就發展到極點，無可再進了。若偏在「主靜歸寂」的一面，便成爲江右派。羅洪先是其中翹楚，演進到東林高攀龍，工夫已到盡頭處，宗周卻要說他半雜禪門了。但若像宗周般，說成一太極之獨體，在思想進展上，也就無可再說了。黃宗羲乃宗周及門弟子，他說：「姚江之學，惟江右得其傳。」又說：「今日知學者，大概以高、劉二先生，並稱爲大儒。」但高攀龍與劉宗周畢竟學派有不同，此處暫不深辨，要之無論是高或是劉，他們講王學，總得要回頭牽到朱子來講，是他們都帶有由王返朱之傾向。只攀龍可說是新朱學，而宗周則仍可說是王學到了盡頭了。宗周也有靜坐說，他謂：

人生終日擾擾，一著歸根復命處，乃在向晦時。卽天地萬物，不外此理。於此可悟學問宗旨，只是主靜。此處工夫最難下手，姑爲學者設方便法，且教之靜坐。日用之間，除應事接物外，苟有餘刻，且靜坐。坐間本無一切事，卽以無事付之。既無一切事，亦無一切心。無心之心，正是本心，瞥起則放下，沾滯則掃除，只與之常惺惺。此時伎倆，不合眼，不掩耳，不跏趺，不數息，不參話頭，只在尋常日用中。有時倦則起，有時感則應，行住坐臥，都作坐觀。食息起居，都作靜會。昔人所謂勿忘勿助間，未嘗致纖毫之力，此其眞消息也。故程子每見人靜坐，便歎其善學。善學云者，只此是求放心親切工夫。從此入門，卻從此究竟，非徒小小方便而已。會得時，立地聖域。不會得時，終身只是狂馳了。更無別法可入，且學坐而已。學坐不成，更說怎學？坐如尸，坐時習。學者且從整齊嚴肅入，漸進於自然。詩云：「相在爾室，尚不愧於屋漏。」又曰：「神之格思，不可度思，矧可射思。」

這仍與高攀龍所謂靜坐之法只平平常常默然靜去者，一色無兩樣。從前王守仁在龍場驛，萬苦千辛中，悟出了良知，那裏是平平常常，既無一切事，亦無一切心的靜坐著？羅汝芳說：捧茶童子便卽是聖人。現在說平平常常，默然靜去，立地是聖域。這已是禪家味。但不甘心去做捧茶童子。於是仍只在一室中默然靜去。可見宗周在工夫上，自己也不脫「半雜禪門」之四字。但在他的思想理論上，卻又轉變出黃宗羲。宗羲明儒學案序，開宗明義的說：

盈天地皆心也。變化不測，不能不萬殊。心無本體，工夫所至，卽其本體。故窮理者窮此心之萬殊，非窮萬物之萬殊也。是以古之君子，寧鑿五丁之間道，不假邯鄲之野馬，故其途亦不得不殊。奈何今之君子，必欲出於一途，使美厥靈根者，化爲焦芽絶港。

宗羲這番話，若和上引宗周的體認親切法四項目對看，便知他的思想來源。但如此說來，雖像完成了陸王之心卽理，而所以窮此心之萬殊的工夫，則止在窮萬物之萬殊，如是則格物窮理便是盡心知性。豈不又像在調和了程朱與陸王？而實際則可說是出陸王又轉回到程朱來。但這裏卻又和程朱、陸王的理學精神，露出一絕大的不同點。無論是程朱或是陸王，都要在宇宙人生界找出一最高的指導原則，無論是心卽理，或是性卽理，理總是一切的準繩。他們因於針對著佛教，自身均不免染上些教主氣，因此都要爭傳統。現在黃宗羲的觀念，卻把這傳統觀念沖淡了，把這統總一切的大原理忽視了。循此而起的新學術與新思想，如綱解綱，就宋明理學言，不免要放散了。道術將爲天下裂，下面顯然會走上一新方向。縱使時代不變，思想也要變，何況是滿清入關，又來一時代變動的大刺激？於是宋、元、明三代七百年理學傳統，終於在明末諸儒手裏，宣告結束了。

五六　明末諸遺老

思想史上劃時期的大轉變，這不是件易於出現的事。宋明理學發展到朱熹與王守仁，可謂已攀登上相反方面之兩極峯，把宋明理學家所要窺探的全領域，早已豁露無遺了。再循著兩路線前進的，自然會逐漸轉成下坡路。但只要繼續地向前，必然會踏上新原野，遇見新高峯。這是思想史演進的自然趨勢。明末諸遺老，在北方有孫奇逢，有張爾岐，有李顒，有顏元。南方有黃宗羲，有陳確，有顧炎武，有王夫之，有張履祥，有陸世儀，有胡承諾。還有數不盡的在學術思想史上傑出的人物。較之宋初、明初一片荒涼，是天淵相隔了。這便已告訴了我們，宋明七百年理學所積累所蘊蓄的大力量。但他們面貌上雖沿襲前軌，精神上已另闢新蹊。有一部分，我已在二十年前的另一書，中國近三百年學術史裏敍述過。但那書主要在敍述清代的經學與考據。其實有清一代，承接宋明理學的，還成一伏流，雖不能與經學考據相抗衡，依然有其相當的流量與流力，始終沒有斷。這又告訴我們，宋明七百年理學，在清代仍有其生命。這是下半部中國思想史裏不可磨滅的一番大集業。關於這一部分的材料，我在十年前，避日寇，流寓成都，曾廣爲搜集，另成一部清儒學案，交與國立編譯館。不幸遲遲未出版，而在勝利回都時，此稿拋落在長江裏。我手邊並未存一底稿，只留序目一篇，還可約略推見此書纂編之大概。但若我們眞能瞭解了宋明兩代的理學，有清一代對此方面之造詣，其實則精華已竭，無法再超越宋明了。

跋

本書創稿在一九五二年之冬，迄於翌年之春。其時余在臺北鶯聲堂受覆屋壓頂之災，死而復蘇，大病新愈。又值新亞書院在極度困阨中。每夜得暇，在桂林街一小屋中，振筆草此，窮一百夜之力而成。頃已逾二十三年，版絕重排，適值酷暑，又從頭重閱一遍。自問對宋、明理學，又薄有所獲。惟此稿仍存往年之舊，不再追加。僅於明代王學一部分，取材雖未增減，案語闡釋略有改定。讀者或保有舊刻，取此對讀，可知余前後見解有不同。余又有研朱餘瀋一書，①自宋、元之際黃震東發以下，述朱有功者，網羅不少。其間各家，與本書所敍有重複，而益加詳。他日出版，可與本書互參，惟不增入本書中，幸讀者諒之。

一九七六年八月二十三日校閱後自記。錢穆識於臺北士林外雙溪之素書樓，時年八十有二。

---

① 編者按：錢先生撰成朱子新學案，即有意續撰研朱餘瀋，起自元初，迄於清末，述朱學之流衍。後決意彙編中國學術思想史論叢，遂并此諸篇納入其（六）、（七）、（八）三編中，不另成書，以便觀省。

《錢穆作品集》（典藏本）

第一輯

孔子傳
論語新解
四書釋義
莊老通辨
宋明理學概述
陽明學述要
學籥
人生十論

第二輯

中國思想史
中國歷代政治得失
中國歷史精神
中國歷史研究法
中國史學名著
秦漢史
國史新論
讀史隨劄